Marie Louise Fischer
Sanfte Gewalt

Marie Louise Fischer

Sanfte Gewalt

Roman

Ungekürzte Lizenzausgabe
für die Bertelsmann Club GmbH, Gütersloh
die Buchgemeinschaft Donauland Kremayr & Scheriau, Wien
und die angeschlossenen Buchgemeinschaften
Copyright © 1991 by Wilhelm Heyne Verlag GmbH & Co., KG.
Umschlag- und Einbandgestaltung: Manfred Waller
Umschlagillustration: Eva Kausche-Kongsbak
Druck und Bindung:
Graphischer Großbetriebe Pößneck GmbH
Printed in Germany · Buch-Nr. 03885 1

»Der hier gefällt mir!« sagte die junge Frau, die gerade etwas zögernd und unsicher das Handarbeitsgeschäft betreten hatte, und trat dicht an einen grau-weiß-gelben Pullover, der über einen niedrigen Paravent drapiert war.
Katrin Lessing lächelte. »Ja, der ist sehr schön.«
Sie wußte, was als nächstes kommen würde, und es kam.
Die potentielle Kundin drehte das Preisschildchen um. »Aber unverschämt teuer!«
»Reine Seide«, erklärte Katrin, immer noch lächelnd.
Das Telefon klingelte.
Katrin wünschte den Hörer abnehmen zu können, aber sie wußte, daß ihr das nicht gelingen würde. Es gelang ihr nie. Ihre Mutter, die jetzt in ein Gespräch mit einer alten Dame verwickelt war, wäre ihr zuvorgekommen. Sie stand dem Apparat näher, rechts hinter dem Verkaufstisch; das war eine Position, die sie sich nicht nehmen ließ.
Auch in der Wohnung über dem Laden war das andere Telefon im Wohnraum gleich neben der Tür zu ihrem Zimmer aufgestellt, so daß sie, Frau Helga Großmann, immer die erste sein konnte, wenn es läutete. Weder Katrin noch ihre Tochter, die zehnjährige Daniela, hatten eine Chance.
»Trotzdem!« widersprach die kritische Kundin. »Zu dem Preis werden Sie das gute Stück nie und nimmer losschlagen.«
Katrin verzog keine Miene. »Das wäre halb so schlimm. Dann würde ich ihn eben selber tragen.«
Das Telefon klingelte weiter.
»Ein schlechtes Geschäft für Sie.«

»Immer noch besser, als ihn unter seinem Wert zu verschleudern.«
Die beiden Frauen musterten sich, und die Kundin las wohl in dem sanftmütigen, aber festen Blick Katrins grauer, leicht kurzsichtiger Augen, daß es hier nichts zu handeln gab.
»Schade«, sagte sie.
Das Telefon klingelte weiter, ohne daß Helga Großmann sich darum gekümmert hätte. Katrin stieß die Mutter leicht mit dem Ellenbogen an. Helga Großmann reagierte nur mit einem Kopfschütteln.
Katrin blieb nichts anderes übrig, als sich wieder ihrer Kundin zuzuwenden. »Ich mache Ihnen einen anderen Vorschlag. Warum stricken Sie sich das Modell nicht selber? Die genaue Anleitung finden Sie hier, in der Zeitschrift ›Libertà‹.« Sie zog das bunte Blatt aus einem Stapel und schlug die Seite mit der Abbildung auf.
»Tatsächlich. Das ist er. Haben Sie ihn danach gestrickt?«
»Ja und nein. Ich habe ihn für die Zeitschrift entworfen.«
»So etwas können Sie? Donnerwetter!«
»Das ist mein Beruf.«
Jetzt endlich, Katrin hatte nicht mitgezählt, wie oft es geklingelt hatte, nahm Helga Großmann den Hörer ab. »Hier ›Die kleine Strickstube‹«, meldete sie sich und lauschte dann.
»Ich weiß nicht, ob ich das fertigbringe.«
»Es ist ganz einfach. Nur rechte und linke Maschen und hier ein paar Stäbchen ...«
»Es ist für dich«, erklärte Helga Großmann in einem Ton gezwungener Sachlichkeit und reichte ihrer Tochter den Hörer.
Katrin griff zu, während sie noch »Bitte, entschuldigen Sie mich einen Moment«, sagte. »Katrin Lessing.«
»Schön, daß ich dich erwische, chérie!« ertönte Jean-Pauls tiefe Stimme mit dem besonderen, halb französischen, halb süddeutschen Akzent. »Wie geht es dir? Ich hoffe gut?«

Katrin spürte, wie das Blut ihr zu Kopf stieg. Ihre Stimme zitterte. »Tut mir leid. Ich kann mich nicht unterhalten. Ich bin im Geschäft.«
»Meine arme Petite, immer in Geschäften«, erwiderte er mit leichtem Spott.
»Jean-Paul, du weißt genau...«
»Ich weiß, ich weiß, ich bin ein lästiges Subjekt...«
»Nein, überhaupt nicht!«
»Hättest du Lust, mich heute abend zu treffen? Kannst du es einrichten?«
Heute abend? Das war knapp. Katrin überlegte kurz.
»Wenn es nicht geht, fahre ich gar nicht über Düsseldorf.«
»Doch, natürlich läßt sich das machen. Ich werde dich erwarten. Wann?«
»So genau kann ich das nicht sagen. Zwischen acht und zehn Uhr, ja?«
»Also bis dann! Ich freue mich!« sagte Katrin und legte hastig auf.
»Wegen mir«, sagte die Kundin belustigt, »hätten Sie sich nicht so beeilen müssen.«
»Sehr nett von Ihnen.«
»Ich habe Zeit.«
Katrin atmete tief durch, um sich zu beruhigen. Sie warf einen raschen Seitenblick auf ihre Mutter. Helga Großmann tat, als wäre sie immer noch ganz vertieft in ihr Gespräch mit der alten Frau Lindner. Aber Katrin war sicher, daß sie, auch wenn sie das Gespräch nicht mitgehört, so doch wenigstens jedes ihrer Worte registriert hatte.
Sie rang sich ein Lächeln ab. »Wenn Sie Zeit haben, um so besser. Ich meine, wenn Sie über reichlich Mußestunden verfügen. Dann wird Ihnen das Stricken sogar Spaß machen. Natürlich werde ich Ihnen gerne mit Rat und Tat zur Seite stehen.«
»Sie meinen, es ist 'ne Methode, die Zeit totzuschlagen?«
»Nein, ganz und gar nicht. Die Beschäftigung mit schönen

Materialien ist doch genußvoll, und am Ende kommt auch noch was dabei heraus. Wenn Sie sich entschließen könnten, sollten Sie vielleicht andere Farbtöne wählen.«
»Aber gerade die Zusammenstellung von grau, weiß und gelb gefällt mir.«
»Dabei soll es ja auch bleiben. Ich habe nur an leicht veränderte Nuancen gedacht.« Sie beugte sich leicht vor und griff nach den Seidensträngen, die auf einer Leine quer durch den Verkaufsraum aufgereiht waren. »Ein etwas wärmeres Gelb ... dies hier vielleicht? Und das Weiß gedeckter? Das Grau mehr zu Granit hin?«
Katrin war bemüht, ihre ganze Aufmerksamkeit der neu erworbenen Kundin und dem geplanten Projekt zu schenken. Aber mit den Gedanken und dem Herzen – wie hätte es anders sein können? – war sie schon ganz bei Jean-Paul. Sie war entschlossen, die Verabredung einzuhalten. Schwierig war nur, das zu schaffen, ohne bei ihrer Mutter eine Verstimmung und bei ihrer Tochter Protest auszulösen.

An diesem Vormittag lief das Geschäft gut – was durchaus nicht immer der Fall war. Erst gegen zwölf, als Katrin die Tür zur Mittagspause verschlossen hatte, blieben Mutter und Tochter allein. Sie räumten auf.
»Diese neue Kundin ist nett, nicht wahr?« sagte Katrin leichthin. »Wenn ihr dieser erste Pullover gelingt ...«
»Du willst also wieder einmal nach Düsseldorf fahren«, bemerkte Helga Großmann, und es war weniger eine Frage als eine Feststellung.
»Mutter, bitte, du hast doch nichts dagegen? Es kommt selten genug vor.«
»Das fällt dir also selber auf.«
»Natürlich. Wir haben uns jetzt schon wieder einen Monat nicht gesehen.«
Helga Großmann schwieg, faltete, ohne ihre Tochter auch nur anzusehen, Pullover zusammen.

Katrin fühlte, daß es auch für sie besser gewesen wäre, den Mund zu halten, aber sie fühlte sich provoziert. »Auf was willst du eigentlich hinaus?«
»Ich finde, diese Frage kannst du dir selber beantworten.«
»Er hat unheimlich viel zu tun, reist kreuz und quer durch die Welt...« Katrin brach ab, als ihr bewußt wurde, daß sie dies der Mutter schon unzählige Male zu erklären versucht hatte.
»Ja, sicher«, bestätigte Helga Großmann mit zur Schau gestellter Gelassenheit.
»Du kannst ihm also keinen Vorwurf daraus machen...«
Unvermittelt hob Helga Großmann den Kopf und blickte Katrin an, aus Augen, die das gleiche klare Grau zeigten wie die ihrer Tochter, denen jedoch die funkelnden Brillengläser einen harten, fast herrischen Ausdruck gaben. »Ich? Ihm einen Vorwurf machen? Wie käme ich denn dazu?«
»Alles, was du sagst, zielt doch darauf hinaus.«
»Aber durchaus nicht. Du bist eine erwachsene Frau, und ich respektiere das. Ich denke gar nicht daran, mich in deine Angelegenheiten zu mischen.«
»Aber dann...«
»Ich würde nur wünschen, daß du über deine Situation nachdenkst.«
»Ich bin mit meiner Situation voll und ganz zufrieden.«
Helga Großmann lächelte, wobei sich ihre makellosen dritten Zähne zeigten. »Glaub mir, mein Liebes, dann bin ich es auch. Ich freue mich doch, daß du gelegentlich hier herauskommst, dich amüsierst, einen Flirt hast.«
Katrin wußte, daß es klug gewesen wäre, es bei dieser Erklärung bewenden zu lassen. Aber wieder konnte sie den Mund nicht halten. »Wenn das so ist, weißt du es aber sehr gut zu verbergen.«
»Nichts liegt mir mehr am Herzen als dein Glück, und ich glaube, das habe ich dir schon oft genug bewiesen.«
Plötzlich fühlte Katrin sich beschämt. Sie hatte das Gefühl,

daß sie es war, die Schwierigkeiten heraufbeschwor, nicht die Mutter. »Verzeih mir«, bat sie zerknirscht, »bitte, verzeih!«
»Ist ja schon gut, Liebes.« Helga Großmann strich ihr mit der gepflegten, schön manikürten Hand über das rabenschwarze Haar.
Katrin schluckte. »Dann geh' ich jetzt nach oben und kümmere mich um das Essen.«
»Tu das! Ich komme nach.«
Katrin hatte das Hinterzimmer schon erreicht, von dem eine schmale Innentreppe in den ersten Stock und damit in ihre gemeinsame Privatwohnung führte, da wurde sie zurückgerufen.
»Katrin!«
»Ja?«
»Wir haben Karten für die Stadthalle.«
»Unser Abonnement, ja, natürlich.« Katrins Augen weiteten sich, wurden schwarz. »Das hatte ich ganz vergessen.«
Helga Großmann sagte nichts dazu, stand einfach da, sehr beherrscht und gefaßt, vom gut frisierten und sorgsam blondierten Haar bis zu den Spitzen ihrer eleganten Pumps ein einziger wortloser Vorwurf.
Katrin war wütend und betroffen zugleich. Es mußte der Mutter weh tun, so mir nichts dir nichts versetzt zu werden. Wahrscheinlich empfand sie es als beleidigend, daß Katrin ein Theaterabend, auf den sie sich seit langem gefreut hatten, auf einmal ganz unwichtig geworden war. Trotzdem hatte Katrin das Gefühl, daß ihr wieder einmal mehr der Schwarze Peter zugeschoben werden sollte. Sie wand sich unter dem funkelnden Blick, der sich bis in die Tiefen ihrer Seele zu bohren schien.
»Ach, mach dir nichts draus!« entschied Helga Großmann unerwartet und mit einem wegwerfenden Achselzucken. »Wahrscheinlich kriege ich die Karten noch mit Kußhand an der Abendkasse los.«

»Aber nein, warum denn?« gab Katrin hastig zurück; inzwischen war ihr wieder eingefallen, daß eine Aufführung von Bernard Shaws Komödie »Pygmalion« durch eine Kölner Theatertruppe auf dem Spielplan stand. »Daß ich nicht da bin, ist doch kein Grund für dich zu verzichten. Nimm einfach Daniela mit.«
»Das Kind?«
»So klein ist sie doch nun auch nicht mehr, und das Stück ist doch lustig. Auch wenn sie nur die Hälfte versteht, wird es ihr bestimmt gefallen.«
»Aber sie ist kein Ersatz für dich.«
»Niemand ist ein Ersatz für irgendwen. Aber wenn ich jetzt nicht die Kartoffeln aufsetze, werden sie nicht mehr rechtzeitig gar.« Katrin lief davon, und sie spürte selber, daß es wie eine Flucht war.

Das Mittagessen nahmen Großmutter, Mutter und Kind an dem hohen Tisch im Wohnraum ein, in dem sie sich auch nach Feierabend aufzuhalten pflegten. Hier standen auch der Farbfernseher und die Stereoanlage, und es war oft schwierig, sich über das Programm einig zu werden.
Anfangs bestritt Daniela, die sich von ihren Freundinnen Danny nennen ließ, die Unterhaltung mit Schulgeschichten. Aber bald spürte sie, daß etwas in der Luft lag, und wurde stumm.
Sie hatte das gleiche rabenschwarze Haar wie ihre Mutter, trug es aber jungenhaft kurz geschnitten. Die braunen Augen ihres verstorbenen Vaters gaben ihr etwas Zigeunerhaftes. Statt Röcken, Blusen oder gar Kleidern, in denen die beiden Frauen sie gern gesehen hätten, bevorzugte sie Jeans und T-Shirts. Auch die selbstgestrickten Pullover, für die man sie immer mal wieder zu erwärmen suchte, lehnte sie ab.
Katrin konnte sich nicht vorstellen, daß ihrer Tochter die wirklich hübschen und tragbaren Modelle, die sie mit ihren

flinken Händen für sie gearbeitet hatte, tatsächlich nicht gefielen. Sie sah in dieser Zurückweisung einen Widerstand, der direkt gegen ihre Person und ihre Bevormundung gerichtet war. Einmal war sie nahe daran gewesen, ein Drama daraus zu machen, hatte aber gerade noch rechtzeitig eingesehen, daß es sinnlos gewesen wäre. Also verzichtete sie darauf, Daniela etwas aufzuzwingen, was das Mädchen aus welchen Gründen auch immer nicht mochte. Dabei blieb das Gefühl, daß diese Haltung dem äußerlichen Frieden zwar zugute kam, das eigentliche Problem jedoch nicht löste. Es lag vielleicht darin, daß Daniela ohne Vater aufwachsen mußte. Doch daran war nichts zu ändern.
Das war eine Beunruhigung, die Katrin stets empfand, wenn sie Daniela in einem ihrer geliebten Baumwollhemdchen vor sich sah, die entweder ausgewachsen waren und in der Taille hochrutschten oder, zwei Nummern zu groß gewählt, formlos um ihren schmalen Körper flatterten.
Bei dem heutigen, bedrückenden Mittagessen waren ihre Gedanken ausnahmsweise weit weniger bei ihrer Tochter als bei dem geliebten Mann. Die erste glühende Wahnsinnsfreude auf das Wiedersehen war ihr zwar schon durch den Zusammenstoß mit der Mutter getrübt worden, aber sie wußte, sie würde neu entflammen, sobald sie in seinen Armen lag. Jetzt galt es, alles so reibungslos wie möglich zu organisieren. Sie pflegte ihr langes Haar nicht jeden Tag zu waschen, sondern hatte es statt dessen zu einem lockeren Knoten hochgesteckt. Jean-Paul aber liebte es offen. Es dauerte seine Zeit, bis sie es trockengeföhnt hatte. Das würde nur jetzt, in der Mittagspause, möglich sein, denn gleich nach Geschäftsschluß mußte sie los, wenn sie nicht abgehetzt in Düsseldorf ankommen wollte. Dafür aber mußte sie Mutter und Tochter bitten, das Abräumen und Aufräumen der Küche allein zu übernehmen, was ihr schwerfiel, denn sie fürchtete auf Unverständnis zu stoßen.
›Verdammter Jean-Paul!‹ dachte sie. ›Warum kannst du

mich nicht wenigstens einen Tag vor deiner Ankunft verständigen!‹
Sie ahnte nicht, daß ihre Mutter im gleichen Augenblick fast das gleiche dachte. Helga Großmann empfand es als Unverschämtheit, ja, geradezu als eine Mißachtung ihrer Tochter, daß dieser Mann es wagte, sie so kurzfristig zu einem Rendezvous zu bestellen. – ›Er behandelt sie wie ein Callgirl. Daß sie sich das gefallen läßt! Wenn sie eine alleinlebende junge Frau wäre – Single nennt man das jetzt ja wohl – wäre es vielleicht noch verständlich. Nein, auch dann nicht. Aber er weiß, daß sie Familie hat. Er zwingt auch mich rücksichtslos und brutal, meine Pläne umzuwerfen. Woher nimmt er diese Chuzpe?‹
»Danny...«, begann Katrin unsicher.
Daniela blickte von ihrem Teller hoch, sofort alarmiert. Die Mutter benutzte diese Kurzform ihres Namens nur, wenn sie etwas Besonderes von ihr wollte.
Katrin setzte noch einmal an. »Danny, hast du Lust, heute abend mit Oma ins Theater zu gehen?«
»Warum?«
Katrin stocherte nervös in ihrem Gemüse. »Ich habe dir eine ganz einfache Frage gestellt. Willst du sie mir, bitte, genauso einfach beantworten.«
»Erst will ich wissen, was dahintersteckt.«
»Du darfst heute abend mit der Oma in die Stadthalle, wenn du jetzt gleich den Küchendienst für mich übernimmst.«
»Ach so! Du ziehst mal wieder auf den Judel-Fudel.«
»Daniela!« rief Katrin empört.
»Sei nicht so ungezogen«, tadelte Helga Großmann.
»Aber wenn es doch wahr ist! Du hast doch was vor, Mutti, oder etwa nicht?«
»Es ist doch wohl nicht zuviel verlangt, wenn ich einmal im Monat nach Düsseldorf fahren will.«
»Du warst vorige Woche da.«
»Mit deinem Großvater. Du wolltest ja nicht mit.«

»Und mit wem triffst du dich diesmal?«
»Mit einem guten Freund.«
»Mit dem, der dir immer die bunten Ansichtskarten schickt?«
»Ja.«
Daniela sprang auf. »Du, den möchte ich kennenlernen!«
Katrin überlegte. Bestimmt würde es eine Enttäuschung für Jean-Paul sein, wenn sie Daniela mitbrächte. An eine Liebesnacht wäre in diesem Fall ja nicht mehr zu denken. Aber vielleicht hatte Daniela ja das Recht, den Mann kennenzulernen, der ihr selber so viel bedeutete.
Aber Helga Großmann kam ihrer Antwort zuvor. »Setz dich, Daniela«, sagte sie scharf, »wir sind noch bei Tisch. Außerdem gehört es sich nicht für ein kleines Mädchen, sich Erwachsenen aufzudrängen.«
Daniela ließ sich wieder auf ihren Stuhl sinken. »Wer drängt sich denn wem auf?«
»Nun tu nicht so! Du verstehst genau, was ich meine. Es ist unmöglich, daß deine Mutter dich zu ihrem Freund mitnimmt.«
»Es war ja bloß ein Spaß«, behauptete Daniela.
»Du kannst ihn gerne kennenlernen«, sagte Katrin, »aber ein anderes Mal.«
»Bildest du dir ein, daß mir was daran liegt?«
»Aber du sagtest doch eben ...«, begann Katrin, unterbrach sich dann aber, weil sie begriff, daß ihre Tochter sie nur hatte ärgern wollen. »Wie kannst du nur so sein, Daniela!«
»Na, wie bin ich denn?«
»Alles andere als lieb.«
»Schluß der Debatte!« bestimmte Helga Großmann. »Du darfst mich heute in die Stadthalle begleiten, Daniela. Du hast allen Grund, dich darüber zu freuen. Es wird ›Pygmalion‹ gegeben.«
»Kenne ich nicht.«

»Es gibt vieles, was man in deinem Alter noch nicht kennt.«
»Es ist die gleiche Geschichte wie ›My fair Lady‹«, erklärte Katrin, »nur ohne Musik.«
»Ich werde dich nicht noch einmal auffordern«, sagte die Großmutter, »wenn du keine Lust hast, nehme ich jemand anderen mit. Ich brauche nur ein bißchen herumzutelefonieren.«
»Brauchst du nicht. Ich komm' schon mit.«
»Mach bloß keine Gnade daraus!«
Überraschend setzte Daniela ihr gewinnendstes Lächeln auf, das ihr kleines, dunkles Gesicht aufstrahlen ließ, als würde es von einer inneren Sonne erleuchtet. »Fällt mir im Traum nicht ein, Omi. Ich freu' mich ja wie ein Schneekönig.«
Katrin und ihre Mutter sahen sich über den Tisch hinweg an, und auch ihre Züge entspannten sich. Es war dieses Lächeln, das sie immer wieder erweichte, gleichgültig, was Daniela angestellt hatte oder wie ungezogen sie gewesen war.
»Na, dann wäre das ja zur allgemeinen Zufriedenheit geregelt«, sagte Katrin, »darf ich schon aufstehen?«
Helga Großmann erhob sich und sammelte die Teller ein. »Ich denke, wir sind alle fertig. Laß dir nur Zeit bei deiner Toilette. Ich halte die Stellung auch allein. So groß wird der Ansturm nach der Mittagspause ja nicht sein.«
Katrin verstand, was das bedeuten sollte. »Ich bin pünktlich, Mutter«, versprach sie, »nur keine Sorge.«

Tatsächlich nahm Katrins Schönheitspflege nicht viel Zeit in Anspruch. Ihre schlanken Hände mit den rundgefeilten, rosapolierten Nägeln waren ohnehin in Ordnung, mußten es sein, weil sie stets im Blickfeld der Käuferinnen und auch der vereinzelten männlichen Kunden lagen. Ihre schmalen Füße waren genauso gepflegt, Achselhöhlen und Beine glattrasiert. Es dauerte nur, bis sie das dichte lange Haar, das sie unter der Dusche gewaschen hatte, mit dem Fön getrocknet hatte.

Beim Bürsten entdeckte sie ein silberweißes Haar. Es war nicht das erste, und dennoch gab ihr der Anblick einen Stich. War es möglich, daß sie genauso früh ergrauen würde wie die Mutter, an die sie sich mit dunklem Haar gar nicht mehr erinnern konnte?

»Da bin ich über Nacht ergraut«, pflegte Helga Großmann zu behaupten, wenn sie davon erzählte, wie sie entdecken mußte, daß ihr Mann sie betrogen hatte.

Alle Freundinnen und sogar Daniela kannten diese Geschichte, was zur Folge hatte, daß das kleine Mädchen in ihrem Großvater einen Verräter und Bösewicht sah. Auch Katrin war mit dieser Vorstellung aufgewachsen und hatte sich erst als Erwachsene mit ihrem Vater versöhnen können.

Helga Großmann hatte seinerzeit rigoros die Konsequenzen gezogen. Keinen Entschuldigungen und Beteuerungen zugänglich, hatte sie ihren Mann verlassen, die Scheidung eingereicht und war in das elterliche Haus in Hilden heimgekehrt. Katrin war damals fünf Jahre alt gewesen, noch ganz unfähig zu begreifen, was eigentlich vor sich ging. An die Zeit vor der Scheidung konnte sie sich auch heute noch nur sehr vage erinnern. Sie sah sich an der Hand des Vaters über eine Mauer balancieren, auf Vaters Schoß sitzend, die Ärmchen um seinen Hals geschlungen, auf seinen breiten Schultern – inzwischen kamen sie ihr gar nicht mehr so breit vor – reitend. Das Gefühl war noch da, daß sie damals in einer heiteren, glücklichen und festgefügten Welt gelebt hatte.

Danach war alles verwirrend geworden. Die fremde Wohnung, der Umgang mit den Großeltern, die ihr uralt vorkamen, Streit unter den Erwachsenen, den man vor ihr verbergen wollte, den sie aber doch mitbekam.

Den Vater sah sie erst nach der Scheidung wieder, an den gerichtlich festgesetzten Besuchstagen. Damals hatte er sich redlich um sie bemüht. Aber sie war schon blockiert gewesen.

»Er liebt uns nicht mehr«, hatte die Mutter ihr eingehämmert.
Einmal hatte er ihr eine Babypuppe geschenkt, die sie sich sehnlichst gewünscht hatte. Trotz ihrer Verbocktheit hatte sie ihre Freude nicht verbergen können. Als sie strahlend mit ihr nach Hause kam, hatte die Mutter gesagt: »Laß dich nicht einwickeln. Das tut er doch nur, um mich zu ärgern.« Sie hatte die Tür des Kleiderschranks aufgerissen und einen Karton herausgenommen. »Sieh mal! Die gleiche Puppe solltest du von mir zum Geburtstag bekommen.« Sie öffnete den Karton, und das Puppenkind, das Katrin daraus entgegenlächelte, sah genau wie die Puppe aus, die der Vater ihr geschenkt hatte, das gleiche blaue Strampelhöschen, das gleiche weiße Jäckchen und das gleiche weiche blonde Lockenhaar.
Katrin hatte kein Wort hervorgebracht.
»Nimm sie dir nur!« hatte die Mutter gesagt. »Ich mag sie nicht länger verstecken.«
Katrin war fassungslos gewesen. Wenn sie die zweite Puppe zurückwies, würde sie die Mutter damit verletzen. Der Vater war weg. Ihn konnte sie nicht erreichen. Seine Puppe konnte sie ihm also nicht zurückgeben.
»Da siehst du, was dein Vater mal wieder angestellt hat.« Unvermittelt, wahrscheinlich doch von Katrins Verwirrung berührt, wurde die Mutter weicher. »Denk dir einfach, es sind Zwillinge, Liebes. Mit Zwillingen kann man bestimmt herrlich spielen.«
Katrin hatte ihren Rat befolgt. Sie hatte es jedenfalls versucht. Aber aus ihr unerklärlichen Gründen mochte sie beide Puppen nicht mehr leiden. Das Lächeln ihrer lackierten Lippen, in die man einen Schnuller oder den Sauger eines Fläschchens stecken konnte, schien ihr voller Hohn zu sein. Die blauen Kulleraugen blickten kalt wie Eis.
›Warum‹, dachte Katrin, während sie sich das weiße Haar mit der Pinzette auszupfte und achtsam prüfte, ob es das

einzige gewesen war, ›muß ich immer wieder über diese alten Geschichten nachdenken? Sie liegen so weit zurück und haben doch gar nichts zu bedeuten. Ich sollte mich lieber beeilen, damit Mutter nicht böse wird‹.
Sie streifte den Bademantel ab und, bevor sie sich anzog, betrachtete sie sich kurz im Spiegel. Sie war zu dünn, stellte sie wieder einmal mehr fest. Wenn nicht der spitze kleine Busen gewesen wäre, hätte sie ein mageres Neutrum sein können. Angezogen wirkte sie mit ihrer schmalen Taille, den langen Beinen, den geraden Schultern und dem kleinen Po nur schlank. Alles, was sie trug, sah gut an ihr aus. Ihre Freundinnen fanden ihre schlanke Linie beneidenswert. Aber nackt war sie einfach zu dünn. Das sagte auch ihre Mutter, und sicher fand das auch Jean-Paul, wenn er es auch nicht aussprach.
Man konnte fast die Rippen zählen. Wenn sie nur ein bißchen mehr Fleisch ansetzen könnte. Sie wollte ja nicht rundlich sein, und schon gar nicht dick, aber ein bißchen mehr Po, vielleicht sogar ein kleiner Bauch, vor allem aber vollere Schultern wären ein wahrer Segen gewesen. Aber da war nichts zu machen.
Dabei aß und trank sie gerne gut. Nur setzte es bei ihr nicht an, und wenn sie ihre Magenschmerzen hatte, brachte sie überhaupt nichts herunter.
Inzwischen hatte sie sich Strümpfe und Schuhe angezogen, war in ihren Büstenhalter und in einen glockenförmig geschnittenen Rock aus weichem rostfarbenen Leder geschlüpft. Prüfend brachte sie ihr Gesicht nahe an den Spiegel. ›Wenn das so weitergeht‹, dachte sie, ›werde ich bald eine Schminkbrille brauchen!‹ – Das war eine Vorstellung, die sie nicht erschreckte, sondern die sie sogar ganz lustig fand. Noch sah sie sich gut genug. Ihre kurzsichtigen grauen Augen, von schwarzen dichten Wimpern umschattet, beherrschten ihr schmales Gesicht. Mit ein paar raschen Zupfern brachte sie die glänzenden Brauen in Form, strich sie

mit dem angefeuchteten Mittelfinger glatt und gab den Wimpern Schwung nach oben. Dann legte sie sich ein sanftes Rosa auf die Lippen. Mehr bedurfte es nicht. Ihre Haut, sehr rein und von Natur aus hell, war jetzt, am Ende des Sommers, leicht gebräunt. Hätte sie sich in die Sonne gelegt, wäre sie dunkel wie eine Haselnuß geworden. Aber das tat sie nicht, weil sie fand, daß es nicht zu ihr paßte. Lange Jahre hatte sie sich über die sieben kleinen Sommersprossen auf ihrem Nasenrücken geärgert, die, was immer auch sie dagegen unternommen hatte, spätestens im April dort auftauchten. Inzwischen gefielen sie ihr fast, weil Jean-Paul sie liebte, und sie hatte es aufgegeben, sie mit Schminke oder Puder zu vertuschen.
Nach einigem Überlegen zog sie einen weiten, wollig weichen Pullover über, weiß, mit einem kunstvoll eingestrickten bunten Papagei auf der Brust. – ›Ich hätte mir die Lippen jetzt erst nachziehen sollen‹, dachte sie. Aber nun war es vorbei. Der Stift hatte sich nicht verschmiert. Sie bürstete noch einmal ihr Haar, bis es wie eine rabenschwarze Wolke ihr Gesicht umrahmte und in einer glatten Welle auf den Rücken hinabfloß.
›Vielleicht‹, dachte sie, ›werde ich in Düsseldorf Lidschatten auflegen‹. – Aber sie wußte schon, daß sie es nicht tun würde, falls Jean-Paul nichts Besonderes mit ihr vorhatte. Ihre klaren Augen, strahlend vor Vorfreude, waren auch ohne Ummalung ausdrucksvoll genug.
In den letzten fünf Minuten vor Geschäftsöffnung vervollständigte sie den Inhalt ihres Kosmetikkoffers, packte die wenigen Sachen ein, die sie in Düsseldorf brauchen würde, dazu einen Beutel mit einem begonnenen Schultertuch. In der Küche versorgte sie sich mit Butter, Brot, Kaffeebohnen und Sahne, alles sorgfältig in Alufolie verpackt.
Dann sauste sie die Innentreppe zum Laden hinunter und rief: »Mutter, da bin ich!«
Es war schon eine Kundin im Geschäft.

»Du hättest dich gar nicht so beeilen müssen«, sagte Helga Großmann, »Frau Kübler und ich sind ganz gut allein zurechtgekommen.«
Die Kundin, eine Frau in mittleren Jahren, hatte über Katrins Auftritt gelächelt. »Heute sehen Sie wieder mal ganz besonders hübsch aus, Frau Lessing.«
»Ich habe mir gerade die Haare gewaschen.«
»Meine Tochter hat was vor. Deshalb kann sie mich auch nicht ins Theater begleiten.« – Es klang vorwurfsvoll.
›Mutter, das ist doch kein Thema!‹ hätte Katrin beinahe gesagt, aber sie zog es vor, den Mund zu halten.
Sie war froh, daß die Kundin nicht darauf einging. »Einen entzückenden Pullover haben Sie da an!« bemerkte Frau Kübler statt dessen. »Meinen Sie, den könnte ich auch hinkriegen?«
»Ja, natürlich«, versicherte Katrin, ohne eine Miene zu verziehen, obwohl sie sich diese schon vom Alter gezeichnete Frau schwer in einem solchen Modell vorstellen konnte.
»Für meine Tochter!« erklärte Frau Kübler. »Es wäre vielleicht eine nette Überraschung zu Weihnachten. Ob ich es bis dahin hinkriege?«
»Wenn Sie fleißig sind, sicher. Nur das Vorderteil ist ja ein bißchen kompliziert. Ärmel und Rücken werden glatt gestrickt.«
»Und wo finde ich die Anweisung? In der ›Libertà‹ war sie jedenfalls nicht. Die lese ich regelmäßig.«
»Stimmt. Denen war der Entwurf zu ausgefallen oder auch zu auffallend.«
»Nicht ganz zu unrecht!« befand Helga Großmann. »Wenn Hunderte von Frauen mit diesem grellen Papagei auf der Brust herumliefen ... nicht auszudenken.«
»Jetzt gibt es ihn jedenfalls nur einmal?« staunte Frau Kübler.
»Ja, nur dieses einzige Exemplar. Aber ich habe die Unterlagen noch«, erklärte Katrin, »ich kann sie Ihnen gerne geben.«

»Und was würde das kosten?«
»Nichts. Für eine gute Kundin, wie Sie es sind, Frau Kübler.«
»Das klingt wunderbar. Und es würde Ihnen wirklich nichts ausmachen, Frau Lessing? Ich meine, daß Sie dann nicht mehr die einzige mit einem solchen Pullover wären?«
Katrin lächelte vergnügt. »Aber gar nicht, Frau Kübler. Sie wissen ja, wenn es nach mir gegangen wäre, liefen jetzt schon bald Hunderte von Frauen damit herum.«
Während Katrin ihre Aufzeichnungen holte, Frau Kübler beriet und die entsprechende Wolle verkaufte, bediente Helga Großmann zwei kleine Mädchen, die Baumwolle für die Handarbeitsstunde wollten.
Obwohl es auch an diesem Nachmittag viel zu tun gab, verging er Katrin nur langsam. Sie platzte innerlich fast vor Ungeduld, endlich fortzukommen. Aber auch, als sie das Geschäft endlich schließen konnte, ließ sie es sich nicht nehmen, noch beim Aufräumen zu helfen.
»Laß nur, ich mache das schon allein«, sagte die Mutter.
»Kommt gar nicht in Frage. Du mußt dich doch auch noch umziehen.«
»Hoffentlich macht Daniela kein Theater, wenn sie ein Kleid anziehen muß. In Jeans nehme ich sie jedenfalls nicht mit.«
»Du wirst schon mit ihr klarkommen.«
»Ich lasse mir jedenfalls nicht von ihr auf der Nase herumtanzen.«
Katrin empfand den unausgesprochenen Vorwurf wohl, ging aber nicht darauf ein, sondern ließ statt dessen den Staubsauger an und machte damit jeglichem Gespräch ein Ende.
Als sie dann später hintereinander die enge Treppe hinaufgingen, sagte Helga Großmann über die Schulter zurück: »Also amüsier dich gut, Liebes. Ich wünsche dir einen wundervollen Abend. Aber, bitte, vergiß nicht anzurufen.«
Katrin blieb unvermittelt stehen. »Muß das sein?«

»Aber ja, Liebes, das weißt du doch. Gerade heute. Wie soll ich Daniela denn zu Bett kriegen nach all der Aufregung? Sie kann bestimmt nicht schlafen, bevor sie dir nicht alles erzählt hat.«
Katrin setzte sich wieder in Bewegung. »Ich kann dir das beim besten Willen nicht versprechen, Mutter.«
»Macht nichts, Liebes. Dann rufen wir dich eben an. Wir haben ja deine Nummer.«

Helga Großmann wartete, bis Katrin sich verabschiedet hatte und die Wohnungstür hinter ihr ins Schloß gefallen war. Dann schenkte sie sich einen Cognac ein und nahm das Glas mit in ihr Zimmer. Es wäre an der Zeit gewesen, sich umzuziehen, aber ihre Hände zitterten so sehr, daß sie nicht in der Lage war, etwas für ihre Schönheit zu tun. Sie war wütend, aufgebracht und tief gekränkt.
Was hatte sie nicht alles für ihre Tochter getan – seit ihrer Scheidung hatte sie nur für Katrin gelebt, und doch, dieser Kerl brauchte nur anzurufen oder ein Telegramm zu schicken, dann war sie von einer Sekunde zur anderen völlig abgemeldet.
Sie hatten sich auf diesen Theaterabend gefreut, hatten sogar das Stück noch einmal gelesen und über die verschiedenen Schlußszenen diskutiert, die Shaw entworfen hatte, aber das galt jetzt nichts mehr. Mit arglosem, leicht irritiertem Blick wagte Katrin zu behaupten: »Das habe ich ganz vergessen!«
Helga Großmann nahm einen Schluck, empfand fast wohltuendes Brennen im Magen und mußte sich zurückhalten, den Inhalt des Glases nicht in einem Zug hinunterzustürzen.
Am liebsten hätte sie laut geflucht. Immer war sie für Katrin dagewesen, auch in der Zeit dieser törichten, überstürzten Ehe, die nicht gut hatte enden können. Was wäre aus Katrin geworden, wenn sie nicht die Mutter gehabt hätte, die ihr

stets zur Seite gestanden, ihr Heim, Schutz und Schirm geboten hätte? Nein, Helga erwartete keine Dankbarkeit, darauf hatte sie nie spekuliert. Aber sie hatte doch wenigstens damit gerechnet, daß Katrin irgendwann mal zu der Einsicht kommen würde, daß es keinen Menschen gab, der sie so liebte und so gut verstand wie ihre Mutter.
Wozu brauchte Katrin einen Mann? Es war die reine Triebhaftigkeit, die sie in die Arme dieses Kerls trieb, nichts anderes konnte es sein. Zudem war dieser Jean-Paul verheiratet. Die ganze Geschichte war einfach abstoßend, widerwärtig.
Der entsetzliche Schmerz, den sie erlitten hatte, als sie erfahren mußte, daß Gustav sie betrog – sie konnte ihn nicht mehr nachempfinden, zum Glück war das vorbei, aber vergessen war es nicht. Es würde nie vergessen sein. Und jetzt spielte ausgerechnet ihre Tochter die gleiche Rolle im Leben eines Ehemannes wie seinerzeit die kleine Josefine.
Helga nahm noch einen Schluck, wurde mit Erleichterung gewahr, daß das Zittern ihrer Hände nachzulassen begann.
›Nein, ganz so war es natürlich nicht‹, räumte sie sich selbst gegenüber ein. Sie hatte damals ihrem Mann voll und ganz vertraut, war überzeugt gewesen, ihn glücklich zu machen, nie auch nur auf den Gedanken gekommen, daß er Interesse an einer anderen Frau haben könnte. Bis heute noch war sie außerstande zu begreifen, was ihn in die Arme dieser billigen kleinen Josefine getrieben hatte. Sex allein konnte es nicht gewesen sein, Sex hatten sie doch in ihrer Ehe genügend gehabt. Jedenfalls war Gustavs Untreue für sie wie ein Blitz aus heiterem Himmel gekommen.
Hingegen Jean-Pauls Ehefrau – Wie hieß sie? Was tat sie? Wie alt war sie? Hatte sie Kinder? Warum erzählte Katrin nie etwas über sie? – mußte wissen, daß er ihr nicht treu sein konnte. Wie hätte sie das von einem Mann erwarten können, der dauernd unterwegs war, einem sogenannten

Reiseschriftsteller. Reiseschriftsteller, wie das schon klang, unseriös wie sonst etwas. Ganz sicher war Katrin für ihn nur eine unter vielen. Wie konnte ihre gutgezogene Tochter sich zu so etwas hergeben?
Wenn sie ihr nur einmal die Wahrheit hätte auf den Kopf zusagen können. Aber das hätte zu nichts geführt als zu Geschrei, Tränen, harten Worten. Sinnlos. Als Gustav sie enttäuscht hatte, hatte sie auch darauf verzichtet, Szenen heraufzubeschwören. Sie hatte ihre Koffer gepackt, das Kind an die Hand genommen und ihn verlassen.
Wenn sie sich je dazu hinreißen lassen sollte, Katrin vorzuhalten, was sie von ihrem Benehmen dachte, mußte sie auch die bittere Konsequenz ziehen und sie aus dem Haus werfen. Und was sollte dann aus Katrin werden? Und aus Daniela? Sie, Helga, war durchaus imstand, allein mit dem Leben fertig zu werden.
Das hatte sie bewiesen, als sie Gustav verlassen hatte. Sie hatte kein Geld von ihm genommen, denn das wäre ihr schmählich erschienen nach dem, was er ihr angetan hatte. Statt dessen hatte sie ihre Eltern dazu gebracht, eine Hypothek auf das in der Mozartstraße gelegene Haus zu nehmen, das später ihr Erbe sein würde. Mit dem Geld hatte sie den Laden im Erdgeschoß ausgebaut und sich mit der »Kleinen Strickstube« selbständig gemacht. Es war ihr eine Genugtuung gewesen, ihm zu beweisen, daß sie ihn nicht brauchte. Am liebsten hätte sie ihren Mädchennamen wieder angenommen. Nur um Katrins willen hatte sie darauf verzichtet.
Jetzt tat er sich eine Menge darauf zugute, daß er Katrin diese Wohnung in Düsseldorf verschafft hatte. Wie albern das doch war. Er wäre nicht so rasch zu Geld gekommen, wenn sie, Helga, ihn hätte bluten lassen, wie andere Frauen es nach der Scheidung taten. Wozu brauchte Katrin schon diese Wohnung? Gustavs Absicht war ganz klar: er wollte einen Keil zwischen sie und ihre Tochter schieben. Aber das

war ihm bisher nicht gelungen und würde es auch nie. Sollte Katrin sich doch ruhig hin und wieder nach Düsseldorf zurückziehen, mit einem Kerl oder allein, sie, Helga, würde weiterhin den Mund halten. Irgendwann würde Katrin doch noch begreifen, wie gut sie es zu Hause hatte und daß man nicht unbedingt einen Kerl brauchte, um glücklich zu sein. Sie hatte es ihrer Tochter ja vorgelebt. Dabei hätte sie jederzeit einen haben können.
Helga leerte ihr Glas und stellte es auf der Glasplatte vor ihrem Toilettenspiegel ab. Sie zog Rock und Twinset aus und besprühte die Achselhöhlen. Der schwenkbare ovale Spiegel war nicht groß genug, um sich von Kopf bis Fuß zu betrachten. Aber das brauchte sie auch nicht. Sie wußte, daß sie mit ihrer Figur zufrieden sein konnte. Die Taille war zwar nicht mehr die eines jungen Mädchens, und der Busen war ein wenig schwer geworden, aber Wunder durfte man in ihrem Alter nicht erwarten. Dafür waren ihre Fesseln immer noch schlank, die Schenkel straff und die Arme makellos. Es machte sich bezahlt, daß sie jeden Morgen eine gute halbe Stunde auf dem großen weißen Teppich vor ihrem Bett turnte. Den kleinen Bauchansatz bekam sie dadurch nicht weg. Aber wenigstens war er fest und fühlte sich nicht übel an. Auf Essen und Trinken mochte sie nun einmal nicht verzichten, sie gehörten zu den guten Dingen des Lebens.
Helga nahm ihre Brille ab, klappte sie zusammen und legte sie, die Bügel nach unten, auf die Glasplatte. Ihr Gesicht wirkte jetzt weicher und, da sie sich selber nicht mehr klar sehen konnte, jünger und schöner. Sie war mit ihrem Anblick sehr zufrieden und machte sich daran, ihr Make-up aufzufrischen und zu erneuern. Auch sie benutzte dazu keine Schminkbrille, sondern hielt sich einen kleinen Handspiegel dicht vor die Augen.
Die Zufriedenheit mit ihrer äußeren Erscheinung – sie entdeckte kaum ein Fältchen und nicht den Anflug eines Doppelkinns – wirkte sich auf ihre Gemütslage aus. – ›Wie

immer Katrin sich aufführt‹, dachte sie, ›ich kann es nicht ändern. Es ist ganz sinnlos, sich darüber aufzuregen. Immerhin habe ich es mir nicht anmerken lassen, habe Haltung bewahrt. Haltung in allen Lebenslagen, das ist es, worauf es ankommt. Ich habe ihren unglückseligen Mann überstanden, und ich werde auch diesen Jean-Paul überstehen. Das wäre doch gelacht, wenn es anders käme!‹ Sie trug Lidschatten auf.
›Aber sie hätte mir doch wenigstens sagen können, wann sie zurückkommt. Danach fragen konnte ich sie ja nicht gut, denn das hätte so aussehen können, als wollte ich ihre Freiheit beschneiden. Wahrscheinlich wird sie morgen mittag wieder da sein. Aber wenn sie länger bleibt? Auf alle Fälle muß ich Tilly wieder mal bitten, für sie einzuspringen. Die wird ihre Kleine mitbringen, weil sie sie sonst nirgends lassen kann. Na wenn schon. Evchen ist schon zufrieden, wenn man ihr ein paar Wollreste und eine Häkelnadel in die Hand drückt.
Ein Jammer, daß Daniela sich fürs Handarbeiten so überhaupt nicht interessiert!‹
Wie aufs Stichwort steckte Daniela genau in dem Moment, als Helga an sie dachte, den Kopf zur Tür herein. »Gewaschen habe ich mich jetzt, Omimi, und auch die Nägel saubergemacht. Was soll ich anziehen?«
Helga lächelte ihr über die Schulter zu. »Was du willst, Liebes...«
»Au, fein!« rief das Mädchen, schon im Begriff, die Tür wieder zu schließen.
»Nicht so hastig, laß mich erst ausreden! Was du willst – aber keine Jeans, überhaupt keine Hosen, seien sie nun lang oder kurz.«
Daniela verzog den Mund. »Aber was bleibt mir dann noch?«
»Geh an deinen Kleiderschrank und sieh nach! Ich werde dir keine Vorschriften machen.«

Katrin hatte ihre Brille aufgesetzt und fuhr in die hereinbrechende Dämmerung. Eben gingen die Laternen an, und sie schaltete die Scheinwerfer ein.

Da sie selten Gelegenheit hatte, Auto zu fahren, genoß sie es noch. In Hilden brauchte man kein Auto, alles ließ sich leicht zu Fuß erledigen, und die Mutter war sehr gegen diese Anschaffung gewesen. Aber da der Vater ihr das wendige kleine Fahrzeug – gebraucht natürlich – sehr billig verkauft, ja, fast geschenkt hatte, war es Katrin gewesen, die sich durchgesetzt hatte.

»Und was ist mit der Steuer? Der Versicherung? Den Kosten fürs Benzin?« hatte Helga zu bedenken gegeben, bevor sie sich geschlagen gab.

»Die können wir doch von der Steuer absetzen.«

Tatsächlich benutzte Katrin ihr Auto, um Garnhersteller zu besuchen und die neuesten Produkte gleich an Ort und Stelle zu begutachten. Sie fuhr auch zu Modeschauen, um über die neuesten Trends auf dem laufenden zu sein. Privat brauchte sie das Auto nur, um damit zum Stadtwald oder zur Ohligser Heide zu gelangen, wo sie, wenn das Wetter es eben zuließ, täglich frühmorgens joggte – und natürlich für ihre Fahrten nach Düsseldorf, zwei- oder dreimal im Monat. Am Steuer ihres eigenen Autos zu sitzen gab ihr ein Gefühl von Freiheit, das sie liebte, wenn sie auch wußte, daß es trügerisch war.

Aber immerhin hatte sie Grund, auf ihren sicheren und eleganten Fahrstil stolz zu sein. Sie nahm Gas weg, sobald sie sich einer Ampel näherte, um nicht im letzten Moment jäh auf die Bremse treten zu müssen, brachte niemals die Reifen zum Quietschen oder das Getriebe zum Jaulen, verstand es stets, frühzeitig Zeichen zu setzen.

Es war ihr ein sportliches Vergnügen, auch jetzt, in dem sehr lebhaften vorabendlichen Verkehr, sich durchzuschlängeln und ihr Ziel zu erreichen. Sie empfand das geliebte kleine Auto fast als einen Teil ihrer selbst.

Die Innenstadt von Düsseldorf meidend, erreichte sie in einer knappen Stunde den Vorort Ratingen-West, wo ihr Vater in einem riesigen Gebäudekomplex eine Wohnung als Bauherrenmodell erworben hatte. Aus steuerlichen Gründen hatte er die Tochter, wie er vorgab, für den Zeitraum von fünfzehn Jahren als Nutznießerin eingesetzt, unter der Bedingung, daß sie die Wohnung auch benutzte. Aber natürlich hatte sie die eigentliche Absicht sofort erkannt, ohne daß die Mutter sie mit der Nase darauf hatte stoßen müssen: er wollte ihr und Daniela mit dieser Wohnung die Möglichkeit geben, das Haus in Hilden zu verlassen.
Aber das hatte nicht geklappt.
Es hatte nicht klappen können, dachte Katrin, als sie – sie hatte ihr Auto auf der hellerleuchteten Parkfläche abgestellt – zum 8. Stock hinauffuhr und die Wohnung aufschloß. Es war eine zu halbherzige Maßnahme gewesen. Zwei Zimmer, Bad und Küche boten zuwenig Platz für sie und Daniela, die beide zudem großzügig geschnittene Räume mit höheren Decken gewohnt waren. Wäre es wenigstens eine Drei-Zimmer-Wohnung gewesen, hätte es ihnen vielleicht gefallen können. Vielleicht. Daniela hatte in Hilden ihre Freundinnen und fühlte sich nur in Hilden zu Hause. Und was war mit ihr selber?
Darauf konnte Katrin sich keine Antwort geben.
Sie knipste die Lampen an, öffnete alle Fenster, um frische Luft hereinzulassen, und drehte die Heizkörper auf. Dann legte sie ihre Jacke ab, verstaute die mitgebrachten Lebensmittel im Kühlschrank. Er war mit Wein, Wasser und Bier noch ausreichend bestückt. Katrin zog Rock und Pullover aus – es war keineswegs zu erwarten, daß Jean-Paul früher als angesagt erscheinen würde –, band sich ein Tuch um das frisch gewaschene Haar und eine Schürze vor und machte sich ans Putzen und Staubsaugen. Die Brille behielt sie dabei auf, um nur ja keinen Schmutz zu übersehen.
Als diese Arbeit erledigt war, schloß sie die Fenster wieder,

zog Gardinen und Vorhänge zu, schaltete die Stehlampe im Wohnzimmer an und die Deckenlichter aus. Jetzt wirkte das Zimmer gemütlich. Sie wusch sich die Hände, zog sich wieder an und kämmte ihr Haar. Ihre Brille legte sie in das Etui.
Was nun? Sie hatte sich eine Handarbeit mitgebracht, hätte lesen können, aber wie immer überfiel sie in dieser Wohnung eine seltsame Lähmung. Sie, die im Haus der Mutter unentwegt beschäftigt war, wußte hier nichts mit sich anzufangen.
Dabei hatte sie sich das Wohnzimmer, wenn auch nicht teuer, so doch gemütlich eingerichtet. Die Vorhänge wie der Schirm der Stehlampe leuchteten in einem warmen goldenen Ton, die vielen Kissen, die auf dem Sofa und den Sesseln verteilt lagen, wiederholten diese Farben von einem blassen Ecru bis zu einem tiefen Goldbraun. Auf dem grauen Teppichboden lag eine indische, in hellem Blau, Silber und Gold gehaltene Brücke. An der Wand, gegenüber dem Fenster, stand ein kleiner Schreibtisch, im Chippendalestil gearbeitet, davor ein hochlehniger Schaukelstuhl. Man hätte sich hier durchaus wohl fühlen können. Warum tat sie es nicht?
Anders als in Hilden, wo die Geräusche der viel befahrenen Gerresheimer Straße, die gleich um die Ecke lag, Tag und Nacht, auch bei geschlossenen Fenstern, aufbrausten, war es hier oben still, der Straßenlärm kaum als ein unterschwelliges Summen zu hören.
Obwohl ihr Zimmer in Hilden größer und höher war und obwohl sie auch darin eine Sitzecke und einen Arbeitstisch untergebracht hatte, war und blieb es, durch das breite Bett gekennzeichnet, ein Schlafraum. Sie hatte schon oft erwogen, dieses Möbelstück durch eine Couch zu ersetzen. Aber die Mutter hatte ihr abgeraten. »Ein Bett ist ein Bett«, pflegte sie zu sagen, »da geht nichts drüber.«
Katrin hatte ihr recht geben müssen. Ein Bett, das man abends nur aufschlagen mußte, war zweifellos in vieler Beziehung bequemer und verlockender als eine Couch, die erst

zum Schlafen hergerichtet werden mußte. Aber sie hatte sich ein Zimmer wie dieses immer gewünscht, zwei Zimmer vielleicht, eines zum Wohnen und eines zum Schlafen, wie sie es jetzt seit ein paar Jahren in Düsseldorf hatte.
Warum konnte sie sich nicht eingewöhnen? Weil sie zu selten hier war? Einmal hatte sie eine ganze Woche in Ratingen gewohnt, war abends ausgegangen, meist sehr spät nach Hause gekommen. Doch die Beklemmung war geblieben.
Natürlich fehlten Blumen. Doch die waren in Hilden auch nicht immer im Haus, ohne daß jemand darunter litt. Ein hübscher Blumenstrauß machte Freude, jedoch keinen Kummer, wenn er nicht vorhanden war.
Um der Wohnung eine ganz persönliche Note zu geben, sozusagen als Ersatz für Blumen, hatte Katrin einen großen Gobelin gestickt, auf Holz aufziehen lassen und an die freie Wand gehängt. Er zeigte eine Meeresbucht, blau mit weißen Wellen, Booten mit bunten Segeln, Schwimmern und einem Delphin, dahinter ein Sandstrand, Berge und Himmel. Sie hatte diesen Gobelin selbst entworfen und ausgearbeitet, und er ermunterte sie auch jetzt.
Sie zog den Schaukelstuhl vom Schreibtisch und stellte ihn so, daß er zu dem bunten Trostpflaster hin gerichtet war. Sie stieß sich ab und bewegte sich vor und zurück, vor und zurück, vor und zurück, bis sie in einen Zustand leichter Trance fiel. Das war eine Angewohnheit, die sie aus Kindertagen behalten hatte und die sie sich zu Hause seit Jahren nicht mehr erlaubt hatte. Die Mutter nannte es »wackeln« und hatte es ihr mit viel Strenge und Aufmerksamkeit ausgetrieben. Jean-Paul, der sie einmal dabei überrascht hatte, unterstellte, daß sie meditierte. Es war eine Erleichterung gewesen, daß er es nicht schlimm gefunden hatte. Sie wußte sehr wohl, daß sie nicht wirklich meditierte, sondern sich nur von Gedanken, Erwartungen und Erinnerungen befreite und sich einem Nichts hingab, weniger als einem Traum. Sie merkte nicht einmal, wie die Zeit verging.

Als es klingelte, fuhr sie zusammen, stürzte in den winzigen Vorraum hinaus, betätigte den Drücker und riß die Wohnungstür auf.
Jean-Paul Quirin stand vor ihr, wettergebräunt, das dichte dunkelblonde Haar von weißen Fäden durchzogen, Lachfältchen um die braunen Augen, mit wohlgestutztem Oberlippenbart.
»Oh, Jean-Paul!« rief sie überwältigt und ein bißchen töricht.
Er reagierte empfindlich. »Wen hattest du sonst erwartet?«
»Dich natürlich, nur dich!«
»Dann bereitest du mir aber einen etwas seltsamen Empfang.«
Es war immer das gleiche: beim Wiedersehen prallten sie aufeinander. Katrin wußte nicht, wie sie es hätte verhindern können, und nahm es einfach hin.
»Ich hatte gedacht, versteh doch«, versuchte sie zu erklären, »daß du erst unten wärst.«
»Willst du mich nicht endlich einlassen?«
»Doch, ja, natürlich.« Sie wich zur Seite und schloß die Tür hinter ihm.
Er stellte eine Art Koffer-Ranzen zu Boden, den er fast immer bei sich trug, obwohl sie ihn noch nie auf seinen Rücken geschnallt gesehen hatte. »Ein Reisender«, pflegte er zu erklären, »muß immer auf eine Panne gefaßt sein. Mit Koffern kann man sich dann nicht abschleppen. Aber auf dem Buckel trägt man mit Leichtigkeit das Notwendigste.« – Katrin hielt es für eine Marotte, aber sie hütete sich, ihn damit aufzuziehen.
Jetzt ließ er sich von ihr aus seinem gefütterten Lodenmantel helfen, den sie an einen Garderobenarm hängte. In der Enge des Vorraums fielen sie einander in die Arme. Mit fast schmerzhafter Heftigkeit zog er sie an sich. Sie küßten sich voller Leidenschaft, sein Schnurrbart kitzelte, und seine

Wangen waren rauh. Wie durch ein Wunder war die ungeliebte kleine Wohnung mit Leben, Wärme, Helligkeit erfüllt. Katrin empfand es wie eine Explosion.
»Oh, ma petite, wie habe ich mich nach dir gesehnt«, stammelte er zwischen zwei Küssen.
»Und ich erst nach dir!«
»Den ganzen Tag war ich unterwegs, in aller Frühe aufgebrochen, ohne Pause gefahren, nur um rasch zu meiner Kleinen zu kommen.«
»Du Ärmster!«
»Nein, ich bin nicht arm, sondern reich, reich, endlich bei dir zu sein!«
Sie empfand sehr wohl das Theatralische seines Auftritts, war aber selber so außer sich vor Freude, daß es sie nicht im geringsten störte. Er schob seine Hand unter ihren Pullover, und sie wußte, daß er imstande war, sie hier und jetzt und sofort zu nehmen.
»Wieder im BH«, beschwerte er sich.
»Du weißt doch, ich kann nicht ohne gehen.«
»Zieh das Ding aus!«
Sie nutzte die Gelegenheit, da er sie freigab, ihn mit sich ins Wohnzimmer zu ziehen.
»Es wirkt aufreizend ohne«, erklärte sie.
Er warf sich in einen Sessel. »Dann sei doch ruhig mal aufreizend.«
Sie blieb vor ihm stehen. »Würde es dir wirklich nichts ausmachen, wenn alle Männer mich anstarrten?«
»Willst du mich etwa eifersüchtig machen?«
Sie lachte beglückt. »Nein, ganz bestimmt nicht.«
»Dann zieh ihn aus.«
»Dann müßte ich doch auch den Pullover...« Sie erwartete, daß er eine Bemerkung über ihren effektvollen Papagei machen würde; aber er tat es nicht.
Statt dessen sagte er: »Eigentlich sollte ich erst ein Bad nehmen.«

Sie wandte sich sofort zur Tür. »Wenn du möchtest . . .«
»Du weißt, was ich wirklich will. Aber ich bin schmutzig und verschwitzt.«
»Sieht man dir aber nicht an.«
Jean-Paul konnte sehr distinguiert auftreten, aber heute war er nach Cowboyart gekleidet, Jeans in wadenhohe Lederstiefel gesteckt, dazu ein buntkariertes, am Hals offenes Baumwollhemd. Er war Mitte vierzig, wirkte aber sehr viel jünger, und in dieser sehr legeren Aufmachung ganz besonders.
»Schnupper mal!«
Er hob den Arm, und sie steckte ihre Nase in seine Achselhöhle, sog seinen herben Körpergeruch, gemildert durch den Hauch eines Eau de Toilette tief in sich ein. »Oh, wie gut«, stöhnte sie mit geschlossenen Augen, »wundervoll.«
Er umschlang ihre Hüften und nahm sie auf den Schoß.
»Ma petite sorcière!«
Sie öffnete die Augen, und sein schönes Gesicht war sehr nahe vor ihr. »Was heißt das?«
»Daß du ein Hexenmädchen bist!«
»Bin ich nicht! Das hat noch niemand von mir gesagt.«
»Du läßt mir nicht einmal Zeit, die Stiefel auszuziehen.«
»Im Gegenteil! Ich werde dir dabei helfen.«
»Nein, erst du!« Er schob ihren Pullover hoch und nestelte am Verschluß ihres Büstenhalters.
Sie ließ ihn gewähren, weil sie fühlte, daß ihm diese Prozedur Freude machte. Seine braunen Hände waren warm und trocken.
»Wie schön du bist!« sagte er andächtig, als er ihren weißen Oberkörper entblößt hatte.
›Ja, der Busen ist noch das Beste an mir!‹ hätte sie beinahe erwidert, verbiß es sich aber, weil sie wußte, daß er gewisse Flapsigkeiten nicht ertragen konnte.
Mit spielerischer Wonne zogen sie einander aus, streichelten und küßten sich und landeten dann auf dem seidigen indi-

schen Teppich, wo der heilige Ernst der Leidenschaft sie übermannte. Danach blieben sie eng umschlungen liegen, bis der Rhythmus ihrer Herzen ruhiger wurde.
»Was machst du nur aus mir!« sagte er endlich. »Wie ein Holzfäller aus dem Gebirge komme ich mir vor.«
Stumm bedeckte sie seine Brust, auf der ein schmaler Streifen leicht gelockter Haare vom Nabel bis zum Halsansatz wuchs, mit zärtlichen kleinen Küssen.
»Wenn die aus dem Wald kommen, bumsen sie ihre Frauen noch mit dem Rucksack auf dem Rücken.«
Sie hätte ihm sagen können, daß der Vergleich in vielen Punkten hinkte, aber sie lachte nur zärtlich.
»Und jetzt«, erklärte er unvermittelt, »habe ich Hunger!«
»Viel habe ich nicht da, du weißt ...«
Er ließ sie nicht ausreden. »Das hast du nie, ma petite. Andere Frauen hätten ein köstliches kleines Dinner vorbereitet.«
Diese Bemerkung gab ihr einen kleinen Stich ins Herz; sie war sich sicher, daß es andere Frauen in seinem Leben gab, aber sie wollte nicht darüber reden, nicht danach fragen und nicht einmal daran denken. »Es tut mir leid«, sagte sie schwach, und sie fragte sich, warum sie nicht daran gedacht hatte, aber er war so impulsiv, daß sie sich nur schwer auf ihn einstellen konnte. Manchmal bestand er darauf, sie zum Essen auszuführen, manchmal hatte er überhaupt keinen Hunger oder behauptete, fasten zu müssen. Es war schwer, es ihm recht zu machen, und deshalb hatte sie sich angewöhnt, alles auf sich zukommen zu lassen. Einmal hatte sie ihn, um ihm eine besondere Freude zu machen, im Negligé empfangen, und das war ganz verkehrt gewesen.
»Schon verziehen«, sagte er großmütig.
»Wenn du willst, werde ich das nächste Mal ...«
Er zerzauste zärtlich ihr rabenschwarzes Haar. »Ich wette, du kannst gar nicht kochen.«
»Nicht sehr viel«, gestand sie, »aber immerhin kann ich

einen sehr guten Schinken-Käse-Toast machen. Magst du so etwas?«
»Kommt darauf an.«
»Das ist das Schwierige mit dir«, seufzte sie, »man kann nie voraussagen, was du dir wünschst, und Überraschungen liebst du schon gar nicht.«
»Das macht's doch interessant, oder etwa nicht?«
Es schoß ihr durch den Kopf, daß ihre Beziehung ruhig etwas weniger aufregend sein dürfte. Sie hätte viel darum gegeben, wenn sie gewußt hätte, wie sie sich ihm gegenüber einstellen sollte. Wieviel angenehmer wäre es gewesen, wenn er seine Besuche wenigstens ein paar Tage vor seiner Ankunft signalisieren würde. Aber sie war nicht in der Stimmung – und sie fühlte auch, daß dies nicht der rechte Moment gewesen wäre –, sich zu beklagen, und so sagte sie nur: »Du bist der interessanteste Mann, den ich kenne.« Und das war nicht einmal gelogen.
»Mein Herz!« Er zog sie noch enger an sich, und sie dachte schon, daß das Liebesspiel erneut beginnen würde. Vielleicht war dies sogar seine Absicht. Aber unvermittelt gab er sie frei und war mit einem eleganten Sprung auf den Beinen.
»Genug geflirtet«, entschied er, »jetzt wird gekocht.«
Sie richtete sich auf. »Aber ich habe nicht viel ...«
»... im Haus«, ergänzte er, »das hat der gute Jean-Paul ja gewußt. Deshalb hat er dir was Schönes mitgebracht.«
»Ja?« fragte sie erwartungsvoll.
Er reichte ihr beide Hände und half ihr auf die Füße. »Eine Schürze!« befahl er.
Zum Glück hatte sie in einer Küchenschublade eine saubere Schürze, aber noch während sie sie herausholte und auseinanderfaltete, um festzustellen, ob sie ihm passen mochte, überlegte sie, was sie selber anziehen könnte. Sie mochte ihn nicht nackt umtanzen, eine Schürze genügte ihr nicht, um ihre Blöße zu bedecken, und ihr seidener Morgenrock eignete sich nicht zum Küchendienst. Erleichtert fiel ihr ein, daß im

Kleiderschrank vom Sommer her ein einfaches Baumwollkleid hängen mußte. Sie lief, die Schürze in der Hand, erst ins Schlafzimmer, fand das Kleidchen, zog es über den Kopf und schüttelte sich das Haar in den Nacken.
Er war inzwischen in die Küche gegangen und gerade dabei, eine Kühltasche zu öffnen, die er seinem Koffer-Ranzen entnommen hatte. »Das hat aber ...«, begann er, im Begriff, sich zu beschweren, dann sah er sie an und unterbrach sich. »Perfekt!«
Sie band ihm die Schürze um, machte einen Knoten statt einer Schleife, und so paßte sie ihm. Obwohl es eine Frauenschürze war, sah er alles andere als unmännlich damit aus.
»Du solltest dich immer so kleiden«, erklärte er.
Sie blickte an ihrem knappen Gewand herab und lachte.
»Das dürfte nicht gut möglich sein.«
»Du wirkst darin wie une toute petite fille ... ein ganz, ganz kleines Mädchen.«
»Aber eben das bin ich nicht mehr.« Neugierig versuchte sie ihm über die Schulter zu lugen. »Was hast du uns denn mitgebracht?«
Er holte eine dicke schwarze Knolle aus dem Behälter und zeigte sie ihr in der offenen Hand. »Voilà!«
Sie staunte.
»Une truffe ... kennst du das nicht?«
»Nein«, mußte sie zugeben.
»Ein Trüffel aus dem Périgord, etwas ganz Besonderes, nur für dich und mich, ich habe ihn selber gefunden.«
Sie wußte, daß Trüffel sehr tief in der Erde steckten und nur von Schweinen oder besonders dressierten Hunden aufgespürt werden konnten, und sie glaubte ihm nicht. Aber sie nahm ihm seine Schwindelei auch nicht übel, denn er war ja nur bemüht, den Dingen einen besonderen Glanz zu verleihen, was ihm auch meist gelang. »Ist ja toll!« bemerkte sie, amüsiert und ein bißchen gerührt.

»Naturellement ich kannte die Stelle unter einer bestimmten Eiche auf dem Gehöft von Monsieur Gravinac, der ein guter Freund von mir ist. Also war es nicht schwer.«
›Ob er vielleicht doch die Wahrheit sagt?‹ dachte sie.
»Weißt du, was die wirkliche singularité an diesem truffe ist?«
»Wie sollte ich?«
»Nun, du könntest denken.«
»Zu schwer.«
»Die ersten Trüffel kommen gewöhnlich im Dezember, aber dies hier ist ein ganz, ganz früher Trüffel, ein Herbsttrüffel, sehr sehr selten. Hast du Sherry im Haus?«
Katrin war froh, daß sie diese Frage bejahen konnte, und nahm sich vor, ihre Alkoholbestände nie ausgehen zu lassen.
»Brühe?«
Sie öffnete ein Schrankfach und musterte die darin enthaltenen Päckchen. »Brühwürfel, Hühnerbrühe ...«
»Hühnerbrühe ist sehr gut.«
Sie gab ihm das Schächtelchen und lief ins Wohnzimmer, um ihm die Flasche Sherry zu holen. »Sonst noch etwas?«
Er hatte ein scharfes Messer gefunden und begann den Trüffel zu schälen. »Brot und Butter ist da, ja?«
Sie nickte.
»Dann können wir in einer guten halben Stunde essen.«
»Kann ich dir helfen?«
»Nein, nein, nichts da. Deck du den Tisch, aber gieß mir erst ein Glas Wein ein, damit ich nicht verdurste bei meiner Kocherei.«
Sie tat, um was er sie gebeten hatte, und ging dann ins Wohnzimmer, um erst einmal Stiefel, Schuhe und die verstreuten Kleidungsstücke einzusammeln und ordentlich im Schlafzimmer unterzubringen. Sie zog sich Sandalen an; Hausschuhe waren etwas, was er an einer Frau – oder jedenfalls an ihr – nicht leiden konnte. Sie kämmte sich das

rabenschwarze Haar und wußte beim Anblick ihres glühenden Gesichtes, daß Jean-Paul es war, der es zum Strahlen gebracht hatte. Sie liebte ihn so sehr.
Es war zwei Jahre her, daß sie ihn kennengelernt hatte. Damals hatte er in der Stadthalle von Hilden einen Vortrag gehalten, über die weltweiten Gefahren der Umweltverschmutzung. Sie war ausnahmsweise allein hingegangen. Die Mutter hatte keine Lust gehabt. »Das ist ein Problem, über das schon viel zuviel geredet und geschrieben worden ist. Nur praktische Lösungen können noch interessant sein.«
Katrin hatte seinen Vortrag genossen, seine umfassenden Kenntnisse bewundert und sich von seinem Charme bezaubern lassen. An der anschließenden Diskussion hatte sie sich lebhafter beteiligt, als es sonst ihre Art war.
Es waren nicht sehr viele alleinstehende Frauen dort gewesen, die meisten waren in Begleitung gekommen. Dennoch war es ihr fast unglaublich erschienen, daß er sie, ausgerechnet sie, gefragt hatte, wo man gut essen könnte, und als sie ihm den »Gasthof Zum Hagelkreuz« genannt hatte, hatte er sie gebeten, ihm Gesellschaft zu leisten.
So hatten sie sich kennengelernt.
Katrin hatte sich nicht leichten Herzens in dieses Abenteuer gestürzt. Seit sieben Jahren Witwe – ihr Mann war gestorben, als Daniela noch ein Baby gewesen war –, hatte sie sich ihr Leben mit Mutter und Tochter durchaus gemütlich eingerichtet. Ihre Mitarbeit bei der »Libertà«, für die sie nicht nur Modelle entwarf, sondern auch meist jahreszeitlich bedingte Artikel schrieb, füllte sie aus. Dazu kamen Reisen, nicht zu lange und nicht zu weit, um das Kind nicht zu überanstrengen, aber immerhin Paris, London und Rom hatten sie erobert, und New York stand als nächstes auf der Liste ihrer Ziele. Katrin hatte geglaubt, mit ihrem Leben zufrieden sein zu können. Wenn sie dann doch immer wieder ein Gefühl ziehender Sehnsucht überfallen hatte, so hatte sie es nicht wahrhaben wollen.

Aber Jean-Paul war nicht der Mann, der sich auf Distanz halten ließ. Es gab ja auch keine schwerwiegenden Argumente, die sie seinem Werben hatte entgegenstellen können. Sie war jung und frei, und die Tatsache, daß er verheiratet war, wischte er mit einer Handbewegung fort. Sie war für ihn bedeutungslos, wie er behauptete, und da er nur sehr selten über seine Frau sprach, störte sich auch Katrin nicht an ihrer Existenz, oder jedenfalls redete sie es sich ein. Wenn sie sich gegenüber ehrlich gewesen wäre, hätte sie sich zugeben müssen, daß das Wissen darum wie ein Widerhaken in ihrem Herzen saß.

Kam zwischen ihnen doch einmal die Rede auf dieses Thema, pflegte er zu sagen: »Madame ist Französin, vergiß das nicht. Sie hat eine ganz andere Einstellung zu diesen Dingen.«

Sie kam sich dann immer ein wenig provinzlerisch vor.

Auch Jean-Pauls Mutter war Französin gewesen, sein Vater Schweizer, und er war in den Bergen von Graubünden aufgewachsen. Er beherrschte mehrere Sprachen perfekt, und daß er sein Deutsch gern mit französischen Ausdrücken zu schmücken pflegte, entsprach, wie Katrin annahm, nicht der Notwendigkeit, sondern war eine Masche von ihm, entsprang einer gewissen Affektation. Als sie einmal zusammen in London gewesen waren, hatte sie erlebt, daß er auch seinem sehr gepflegten Oxfordenglisch französische Lichter aufzusetzen pflegte. Ihr gefiel das, wie sie alles an ihm mochte. Er besaß zwar die Schweizer Staatsangehörigkeit, sah sich jedoch als Europäer, wenn nicht gar als Weltbürger.

Die Tage in London waren übrigens kein Erfolg gewesen. Er war dort von Termin zu Termin gejagt, so daß sie ihn nur am frühen Morgen zu Gesicht bekommen hatte, und auch dann war er in Gedanken nicht bei ihr, sondern bei bevorstehenden Verhandlungen gewesen. Es war für sie eine Erleichterung, daß sie sich schon zuvor ein wenig in der Riesenstadt

ausgekannt hatte, so daß es ihr nicht schwerfiel, sich selbständig zu machen. Aber zusammen mit der Mutter, wenn auch ein wenig behindert durch die Tochter, war es netter gewesen. Auch Jean-Pauls schlechtes Gewissen, sie so vernachlässigt und sie sogar am letzten Abend noch versetzt zu haben, bot keinen Trost. Von da an zogen sie es vor, sich in Düsseldorf zu treffen. Wenn er sie dort besuchte, konnte sie jedenfalls sicher sein, daß er Zeit für sie hatte.
Und jetzt stand er also in der Küche, während sie sich ein Höschen angezogen hatte und den Tisch deckte, so rasch wie möglich, denn wenn sie ihm schon nicht helfen durfte, wollte sie ihm wenigstens zusehen. Sie kam gerade zurecht, wie er zwei Tauben – »Wildtauben aus dem Périgord«, erklärte er – pfefferte, salzte und in einer Pfanne anbriet. Danach stellte er Keulen und Brüstchen unter Alufolie warm, löschte den Bratfond mit Brühe und Rotwein und löste danach den Satz aus der Pfanne. Er machte das alles so gekonnt und mit solcher Leichtigkeit, daß es eine reine Freude war, ihn dabei zu beobachten.
Katrin hatte sich auf die Anrichte geschwungen und die Beine hochgezogen, um ihm nur ja nicht im Wege zu sein.
»Wenn wir mal länger zusammen sind ...«, begann sie, stockte aber sogleich, weil sie befürchtete, etwas Falsches gesagt zu haben.
»Ja?« fragte er, ohne aufzublicken.
»Nichts, nichts«, versicherte sie hastig, »dummes Gerede von mir.«
»Laß mich nur hören dein dummes Gerede.«
Sie holte tief Atem. »Ich bewundere, wie du das alles machst, und da habe ich mir gedacht, ich würde gern bei dir in die Kochlehre gehen. Aber dazu wird es ja nie kommen.«
»Oh, wer weiß, wer weiß.« Er rührte sachte mit dem hölzernen Löffel. »Wo sind die Teller? Hast du Suppentassen?«
»Steht alles auf dem Tisch.«

»Bring sie her. Wir wollen sie ein wenig warm stellen.« Als sie das Geschirr geholt hatte, schob er es in den Backofen. »Lehre Nummer eins: warmes Essen ist nur gut auf heißen Tellern.«
»Werde ich mir merken«, versicherte sie und kletterte wieder auf ihren Aussichtsplatz zurück.
»Wieso hast du nicht kochen gelernt bei deiner Mutter? Kocht sie nicht gut?«
»Doch. Sehr gut sogar. Bürgerlich natürlich. Nicht so wie du.«
»Und warum hast du ihr nichts abgesehen?«
»Sie hat das nicht gern.« Katrin hatte ihre Knie umschlungen und dachte nach. »Es macht sie nervös, wenn ich in der Küche bin.«
Er lachte. »Genau wie meine Frau. Sie liebt es auch nicht, wenn ich koche, weil sie weiß, daß ich es besser mache.«
»Davor brauchte Mutter sich ja nun wirklich nicht zu fürchten.«
»Vielleicht doch. Viele Kochkünstler wollen sich ihre Tricks nicht abschauen lassen. Es gibt Frauen, die räumen ihre Küche immer mal wieder um, nur daß der Mann sich nachher nicht zurechtfindet. Oder die Tochter.«
»Das klingt komisch.«
»Die Hausfrau verteidigt ihren Arbeitsplatz. Ich wette, du darfst die Kartoffeln schälen.«
»Stimmt. Und das Gemüse putzen, abspülen und aufräumen. All die niederen Dienste.«
»Du mußt versuchen, ihr in die Töpfe zu gucken.«
»Früher«, sagte Katrin, »habe ich das getan. Aber es hat nur zu Unfrieden geführt.«
»Und mein kleines Mädchen will seinen Frieden haben, n'est-ce pas?«
»Stimmt«, gab sie unumwunden zu.
Jean-Paul tat sich mit dem Löffel Sauce auf einen Unterteller und schmeckte ab. »Hm, très bon!«

»Vielleicht ist es ja auch netter«, gab Katrin zu bedenken, »jemanden bei Tisch zu haben, der sagt: ›Oh, wie hast du wieder gut gekocht!‹ – als jemanden, der meint: ›Mit ein bißchen Thymian würde die Sauce noch besser schmecken!‹«
»Woher weißt du?« fragte er erstaunt.
»Was?«
»Daß ich das tue, wenn ich Elsa ärgern will.«
Katrin lachte. »Ach, das war nur ein Schuß ins Dunkle. Aber du siehst, wie gut ich dich schon kenne – bis auf den Grund deiner schwarzen Seele.«
Später aßen sie, etwas unbequem, am Couchtisch im Wohnraum, die in hauchdünne Scheiben geschnittenen Trüffel. Katrin mußte sich erst an den herben, erdigen Geschmack gewöhnen, aber um nichts in der Welt hätte sie zugegeben, daß ihr diese Delikatesse nicht auf Anhieb mundete. Dazu gab es Brot mit eiskalter Butter und die mit Sherry veredelte Hühnerbrühe. Katrin hatte Kerzen angezündet, aber Jean-Paul ließ es nicht zu, daß sie die Stehlampe ausknipste. Sie hätte das romantischer gefunden.
»Es gibt kaum eine schlechtere Angewohnheit, als im Halbdunkel zu essen«, behauptete er.
Nach dieser ungewohnten Vorspeise war sie schon gesättigt, aber sie sprach es nicht aus, um ihn nicht zu enttäuschen. Zudem waren die Taubenbrüstchen, die er zuvor in der Küche in Scheiben geschnitten und mit dem Fond getränkt hatte, köstlich. Sie tranken Wein dazu.
›Wenn nur mein Magen jetzt nicht streikt‹, dachte sie erschrocken.
Aber es gelang ihm, sie mit seinen Erzählungen über das historische Périgord abzulenken. Anschaulich schilderte er die verkarsteten Kalkplateaus, die durch abgrundtiefe Täler jäh zerschnitten wurden.
»Eine malerischere Kulisse ist kaum denkbar«, meinte er, »es ist meine Lieblingslandschaft, und dann die altsteinzeitlichen Fundstätten im Tal der Vézère, von den interessanten

und liebenswerten Landsleuten ganz zu schweigen – du mußt mich einmal dorthin begleiten.«
Sie hatte ihm gebannt zugehört. »Wann?« fragte sie jetzt.
»Irgendwann einmal«, sagte er leichthin, »es wird sich arrangieren lassen.«
Sie hätte es ihm nur zu gern geglaubt.
Als er ihr ein Taubenkeulchen vorlegte, lehnte sie ab. »Das wird zuviel für mich.«
»Zuviel?« fragte er erstaunt. »Bisher haben wir doch nur geknabbert.«
»Iß du sie, bitte!«
»Merci, non! Ich mag keine Frauen, die sich für mich aufopfern.«
»Oh, das glaube ich dir nicht!« rief sie spontan.
»Du hältst mich für einen Egoisten?«
»Ja«, gab sie zu.
»Nun gut, dann lasse ich mich nicht länger bitten!« Er nahm die Keule in die Hand.
»Warte, ich hole dir was zum Umbinden!« Sie sprang auf, kam mit einem großen, sauberen Küchentuch zurück und stopfte einen Zipfel in den weißen Bademantel, den er jetzt trug – ein Kleidungsstück, das sie ständig für ihn in der Wohnung hatte. »Stoffservietten habe ich leider nicht.«
»Il n'y a pas de mal!«
Fasziniert sah sie zu, wie er die Keulen, eine nach der anderen, abnagte. Zum Schluß tunkte er die Sauce mit abgebrochenen Brotstückchen auf.
Sie kam auf die Idee, ihm eine Schüssel mit lauwarmem Wasser zu bringen, reichte sie ihm, indem sie vor ihm niederkniete. Er spülte sich die Hände darin ab, beugte sich gleichzeitig zu ihr herab und küßte sie. »Braves Mädchen«, lobte er sie.
Obwohl er zu ihr wie zu einem wohldressierten Hündchen sprach, strahlte sie ihn an. »Habe ich gut gemacht, nicht wahr?«

Er runzelte in gespieltem Mißfallen die Stirn. »Es fehlt die Zitronenscheibe.«
Einen Augenblick war sie verwirrt, dann begriff sie, daß er nur Spaß machte, rief: »Elender Pascha!« und sprang so ungestüm wieder auf die Füße, daß das Wasser überschwappte.
Er hatte sich inzwischen die Hände abgetrocknet und warf ihr das Tuch zu. Sie tupfte damit die Spritzer vom Boden, brachte Schüssel und Tuch in die Küche und kam mit einer neuen Flasche Wein, Korkenzieher und Tablett zurück. Während sie abräumte, öffnete er die Flasche und hatte schon wieder eingeschenkt, als sie abgeräumt hatte und sich neben ihn auf die Couch setzte.
»Darf ich jetzt das Licht ausmachen?« fragte sie.
»Nein. Es ist mir lieber, dich zu sehen. Liebe im Dunkel ist genauso reizlos wie essen ohne Licht.«
»Oh«, sagte sie daraufhin nur und kuschelte sich an ihn.
Er erzählte von einer Reise in die Abruzzen, die er plante, und von Erlebnissen, die er beim letzten Aufenthalt dort gehabt hatte. Er war ein großartiger Erzähler, und sie hätte ihm stundenlang zuhören können.
Trotzdem unterbrach sie ihn plötzlich. »Du hattest recht.«
»Habe ich immer«, stimmte er ihr zu, »aber wie kommst du jetzt darauf?«
»Es ist so schön, dich anzusehen.«
Ihre Bewunderung machte ihn nicht im mindesten verlegen; er lächelte nur. »Und das ganz kostenlos.«
»Erzähl weiter! Gibt es wirklich noch Wölfe in den Abruzzen?«
»Leider nein. Die Wintersportler haben sie vertrieben.«
»Bedauerst du das wirklich?«
»Ja, ma petite. Jede Tierart, die verschwindet, bedeutet ganz natürlich einen Verlust für die Menschheit. Gerade der Wolf ist ein schönes und ein besonders kluges Tier. Er ist ja auch der Stammvater unserer Haushunde.«

»Ja, das hat mich schon immer gewundert. Junge Wölfe lassen sich zähmen, nicht wahr? Aber wie man aus einem Wolf einen Mops oder einen Pudel oder einen Terrier züchten kann, das verstehe ich nicht.«
Er sprang so unvermittelt auf, daß sie fast das Gleichgewicht verloren hätte.
»Was ist los?« fragte sie.
Er hatte begonnen, in großen Schritten den Raum zu durchmessen. »Fast hätte ich es vergessen. Mein Verleger erwartet eine Nachricht von mir. Setz dich, bitte, an die Schreibmaschine!«
»Jetzt?« rief sie. »Unmöglich!«
Er unterbrach seinen Gang und blieb vor ihr stehen. »Entschuldige, daß es mir jetzt erst einfällt...«
»Aber ich nehme es dir doch gar nicht übel, Jean-Paul. Nur könnte ich jetzt beim besten Willen nicht mehr tippen. Dazu bin ich viel zu beschwipst.«
»Versuch es, simplement, bitte!«
»Nein, das wäre sinnlos. Du weißt, ich komme mit der alten Maschine sowieso kaum noch zurecht.« – Tatsächlich hatte sie in ihrer Ratinger Wohnung nur eine mechanische Reiseschreibmaschine, während sie sich für ihre Arbeit in Hilden einen elektronischen Apparat mit Display angeschafft hatte.
»Wenn ich dich einmal um einen Gefallen bitte, sagst du nein.«
»Morgen früh«, versprach sie, »gleich nach dem Frühstück, werde ich tun, was in meinen Kräften steht. Jetzt sag nur nicht: ›Dann ist es zu spät!‹«
»Das könnte leicht sein.«
»Warum rufst du nicht einfach an, wenn es so wichtig ist?«
»Es gibt Abmachungen, die muß man schriftlich niederlegen.«
Katrin fühlte sich in die Enge gedrängt, aber sie wußte, das

war genau das, was er beabsichtigte. Er wollte sie zwingen, diesen Brief für ihn zu schreiben, um ihm dadurch einen Beweis ihrer Liebe zu erbringen. Sie fand das ärgerlich, denn er riß sie aus ihrer sorglosen, beschwingten Stimmung. Andererseits amüsierte und belustigte er sie aber auch.
»Du bist wie ein kleiner Junge«, sagte sie, »alles muß immer nach deinem Kopf gehen.«
»Ja, aber es ist ein guter Kopf.« Er pochte sich mit der Faust auf die Schläfe. »Er hilft mir, den Zusammenhang der Dinge zu durchschauen.«
»Glaubst du das wirklich?« fragte sie. »Ich meine, bist du überzeugt, daß du das kannst?«
Er zögerte mit der Antwort. »Soweit es möglich ist.«
»Also doch nicht ganz.«
»Mein liebes Kind, ein sehr kluger Mann hat einmal gesagt – laß mir Zeit, ich bemühe mich zu zitieren – ›Der Versuch, das Universum zu verstehen, ist eines der wenigen Dinge, welches die menschliche Existenz aus der Lächerlichkeit in die Eleganz der Tragik erhebt‹.«
»Klingt höchst eindrucksvoll. Wiederholst du es mir noch einmal?«
Er tat es.
»Und von wem stammt diese Ansicht?«
»Von Steven Weinberg.«
Sie machte große Augen, denn sie wußte mit diesem Namen nichts anzufangen.
»Er war Nobelpreisträger der Physik.«
»Einstein hat behauptet, je tiefer der Mensch in die Geheimnisse des Weltalls dringt, desto stärker wird sein Glaube an Gott.«
»Mein kluges kleines Mädchen. Ich denke, daß die beiden großen Physiker wohl das gleiche meinten.«
In diesem Augenblick klingelte das Telefon.
»Laß es läuten!« riet er. »Bestimmt eine falsche Verbindung. Wer weiß schon, daß du hier bist.«

»Meine Familie«, erwiderte sie, lief zum Schreibtisch, nahm den Hörer ab und meldete sich.
»Hallo, Mammi!« Danielas Stimme klang sehr klein, sehr müde und sehr aufgeregt. »Ich sollte dich doch noch anrufen und dir erzählen, wie das Theater war.«
›Sie sollte mich anrufen‹, dachte Katrin, ›also hätte sie es von sich aus gar nicht getan, oder drückt sie sich nur komisch aus?‹ – »Also los«, sagte sie laut, »wie war es?«
»Der Professor Higgins war blöd, ein uralter Knopf. Wegen dem hätte sich bestimmt kein richtiges Mädchen ein Bein ausgerissen.«
»Und die Elisa?«
»Wie schlecht er die behandelt hat! Ich hätte ihm schon längst die Pantoffeln an den Kopf geworfen.«
»Laß dir von Oma das Buch geben. Dann kannst du die Geschichte nachlesen.«
»Jetzt kenn' ich sie doch schon.«
»Auch wieder wahr. Aber wir können uns noch ausführlich darüber unterhalten. Jetzt, ab ins Bett mit dir.«
»Mutti, wann kommst du nach Hause?«
Katrin hielt die Sprechmuschel zu. »Wie lange kannst du bleiben?« flüsterte sie.
»Morgen abend muß ich in Frankfurt sein.«
»Morgen abend, Daniela«, erklärte sie.
»Erst?«
»Sag Oma, sie soll Tilly bitten . . .«
»Hat sie doch längst getan.«
»Dann ist es ja gut, Liebling. Einen lieben Gruß an Oma. Und schlaf jetzt schön.«
Katrin wollte den Hörer nicht als erste auflegen, um ihre Tochter nicht zu kränken.
»Warte!« bat Daniela. »Vielleicht will Oma dich noch sprechen.«
Wieder deckte Katrin die Sprechmuschel mit der Hand zu. »Einen Augenblick noch!«

Auch am anderen Ende der Leitung wurde getuschelt.
»Nein, doch nicht!« beschied Daniela dann. »Gute Nacht, Mutti!«
Katrin wartete auf das Klicken, das das Gespräch beendete, und legte auf. »So, das war's«, sagte sie erleichtert.
»Sehr erfreut warst du aber nicht«, stellte er fest.
»Wie sollte ich! Der Anruf war doch ganz unnötig.«
»Warum hast du dann abgenommen?«
»Von Kindern«, sagte Katrin, »scheinst du keine Ahnung zu haben. Daniela hätte bis Mitternacht versucht mich zu erreichen. Und vielleicht hätte sie sich Sorgen um mich gemacht.«
»Aber deine Mutter ist doch auch noch da. Sie hätte es der Kleinen ausreden können.«
»Ja. Vielleicht. Ich weiß es nicht.« Katrin wollte sich nicht einmal vor sich selber zugeben, daß ja erst ihre Mutter es gewesen war, die Daniela zu diesem späten Anruf aufgehetzt hatte, und daß es ihr durchaus zuzutrauen war, sich nicht abwimmeln zu lassen. »Jetzt ist es jedenfalls vorbei, und – weißt du was: – ich fühle mich total ernüchtert. Diktier mir deinen Brief.« Sie bückte sich, um die Maschine, die neben dem Schreibtisch stand, aufzuheben.
»Laß das jetzt!« Er gab ihr einen leichten Klaps auf den Po.
»Aber du wolltest doch ...«
»Ich hab's mir anders überlegt. Wir wollen schlafen gehen.«
Sie hatte sich aufgerichtet und stand jetzt vor ihm. »Oh ja«, sagte sie und küßte ihn auf den Mund.
»Aber damit du nicht zu ernüchtert bist, trinken wir vorher noch einen Armagnac, ja?«
»Einverstanden oder – d'accord! – wie der Franzose sagen würde.«

Als Katrin am nächsten Morgen erwachte, schlief Jean-Paul noch tief und fest, den Kopf mit dem zerzausten Haar auf dem Unterarm gebettet.
Sehr vorsichtig, um ihn nicht zu wecken, stieg sie aus dem breiten Messingbett mit den zerknüllten Kissen und lief, ihre Kleidung zusammenraffend, ins Bad, um sich ungestört frisch zu machen.
Danach warf sie noch einen Blick ins Schlafzimmer, um sich zu vergewissern, daß er noch schlief – tatsächlich hätte er natürlich gerufen, wenn er aufgewacht wäre –, nahm ihre Jacke und ihre Handtasche und verließ leise, leise die Wohnung, um für das Frühstück einzukaufen.
Es war ein kühler grauer Tag, dennoch hatte sie das Gefühl – sie empfand es als sonderbar –, auf Urlaub in einem fremden Land zu sein. Sie war glücklich.
Zurück in ihrer Wohnung, band sie sich eine Schürze vor, deckte den Tisch, setzte Wasser auf und spülte das Geschirr vom vergangenen Tag. Sie hatte gerade die letzte Tasse fortgeräumt, als Jean-Paul in der Tür erschien, mit leicht verquollenen Augen, aber dennoch ansehnlich wie immer.
»Du kommst gerade richtig, Liebster! In zehn Minuten gibt es Frühstück. Kaffee oder Tee?«
»Bonjour, ma petite!« Er zog sie an seine behaarte Brust, und sie küßten sich lange. »Habe ich noch Zeit zum Duschen?«
»Wenn du dich beeilst, ja!«
»Kaffee, bitte, und Orangensaft, wenn's geht.«
»Apfelsinen habe ich zum Glück mitgebracht. Magst du ein Ei?«
»Nur nicht übertreiben!«
»Wie meinst du das?«
»Sei nicht so übertrieben munter und hausfraulich!«
Sie lachte. »So fühle ich mich aber. Da kannst du nichts machen.«
Sie frühstückten in aller Ruhe. Vom Diktat eines Briefes war keine Rede mehr. Statt dessen überlegten sie, was sie zu-

sammen unternehmen sollten, und einigten sich auf einen Spaziergang den Rhein entlang.

In seinem Auto fuhren sie bis hinter das Ausstellungsgelände beim Planetarium, parkten dort den Wagen und liefen, immer wieder stehenbleibend, nach den Möwen und den Wolken schauend, die schweren Schleppkähne und die schon selten gewordenen Vergnügungsdampfer bewundernd, bis nach Kaiserswerth. Unterwegs tauschten sie Küsse und hielten sich die meiste Zeit an der Hand.

Inzwischen war es Zeit zum Mittagessen, und sie kehrten in der Wirtschaft zur »Alten Fähre« ein. Katrin bestellte sich Eisbein mit Sauerkraut und Jean-Paul, trotz ihrer Warnung, ein Reisgericht. Der Reis war, wie sie nicht anders erwartet hatte, zerkocht, und von einer Sekunde zur anderen sank seine Laune auf den Nullpunkt.

»Ärgere dich doch nicht!« sagte sie. »Ich gebe dir von meinem Eisbein ab. Es ist sowieso zuviel für mich.«

»Eisbein! So etwas Barbarisches!«

»Probier nur mal! Es schmeckt prima.«

Aber er lehnte ihr Angebot ab, stocherte statt dessen lustlos in seinen Pilzen herum. »Rheinische Küche«, raunzte er, »épouvantable!«

»Dies ist ein Ausflugslokal, Geliebter, und kein Feinschmeckerrestaurant.«

Unvermittelt fragte er: »Was macht ›Die Berta‹?«

Es gab ihr einen Stich, aber da sie wußte, daß er sie absichtlich verletzen wollte, gab sie sich gelassen. »Der ›Libertà‹ geht's gut«, erklärte sie und gab genüßlich einen Klacks Senf auf ihre Schweinekeule.

Es war ihr bekannt, daß es Leserinnen gab, die tatsächlich am Kiosk »Die Berta« verlangten, wenn sie »Libertà« haben wollten. Auch Daniela pflegte sie damit aufzuziehen. Die Zeitschrift war mit dem Anspruch auf den Markt gekommen, emanzipationswilligen Frauen zu helfen, sich von den Fesseln der Hausarbeit zu befreien, den Horizont zu erwei-

tern und sie, wenn auch behutsam, mit politischen Fragen vertraut zu machen.
Sehr rasch hatte sich dann herausgestellt, daß die Leserinnen nicht damit zufrieden waren zu erfahren, wie man ganz rasch und mit wenig Mühe ein preiswertes Essen auf den Tisch bringen kann. Sie wollten auch lernen, festliche Mahlzeiten zu bereiten. Für Politik waren sie kaum zu interessieren, eher noch für das Privatleben der Politiker und ihrer Frauen, ihre Gewohnheiten und Kümmernisse. So hatte »Libertà« sich im Laufe der Zeit dem Niveau anderer Frauenzeitschriften angeglichen, war aber immerhin doch ein wenig pfiffiger geblieben.
»Eins verstehe ich nicht«, behauptete er, »daß du dir für ein solches Weibermagazin nicht zu schade bist.«
»Das kann ich dir ganz leicht erklären. Ich komme ja von der Handarbeit her, darin liegt meine Begabung, und du wirst wohl einsehen, daß man damit die Männerwelt kaum hinterm Ofen vorlocken kann.«
»Findest du das gut?«
»Ich sehe es realistisch.« Sie wunderte sich, daß es ihr trotz seiner Sticheleien schmeckte und sie nicht einen Anflug von Magendrücken spürte. »Übrigens erwarte ich meinen Chef in nächster Zeit.«
»Wen?«
»Claasen.«
Klirrend fiel seine Gabel auf den Teller. »Der? Aber er ist nicht dein Chef. Du bist nicht seine Angestellte.«
»Stimmt. Ich bin nur freie Mitarbeiterin bei der ›Libertà‹. Trotzdem betrachte ich ihn als meinen Chef. Ich muß mich ja nach seinen Anweisungen richten.«
»Daß du dir dazu nicht zu gut bist.«
»Bin ich mir nicht. Darüber sprechen wir nicht das erste Mal, Jean-Paul.«
»Was will er überhaupt hier?«
»Mich sprechen. Wenn man eine Zeitschrift macht, genügt

es nicht, miteinander zu telefonieren und zu korrespondieren, das solltest du wissen.«
»Ach was. Der Kerl ist scharf auf dich.«
»So ein Unsinn!«
»Da gibt es nichts zu lachen. Würde er dich nach Hamburg zitieren, könnte es noch harmlos sein. Aber deinetwegen extra nach Düsseldorf zu kommen...«
»Er fliegt nach München und macht hier Station.«
»Läßt du ihn etwa bei dir übernachten?«
»Nein, nein, wo denkst du hin! Natürlich nicht. Er unterbricht seinen Flug für eine Stunde oder zwei. Das ist alles.«
»Ich will nicht, daß du dich mit ihm triffst.«
Sie starrte ihn über die Gabel, die sie gerade zum Mund hatte führen wollen, mit weit geöffneten Augen an. »Ich muß mich wohl verhört haben«, sagte sie verblüfft.
»Sag ihm ab!«
»Unmöglich. Das kann ich nicht.«
»Dann liebst du mich auch nicht.«
»Jetzt hör mal zu, Jean-Paul, du fährst dauernd in der Weltgeschichte herum, ich weiß nie, wo du bist...«
»Stimmt nicht!« unterbrach er sie. »Ich schicke dir Postkarten.«
»Die immer erst eintreffen, wenn du schon wieder woanders bist. Ich sitze die ganze Zeit treu und brav zu Hause und bin für dich da, sobald du deinen Lockruf ertönen läßt.«
Jetzt grinste er. »Das ist ja auch ganz richtig. So gehört es sich.«
»Ich habe mich ja auch nie beklagt, aber wenn du mir jetzt verbieten willst...«
»Ich verbiete dir nichts. Ich bitte dich. Daß du dich so darüber aufregst, beweist mir, wie berechtigt mein Verdacht ist.«
»Dein Verdacht? Du verdächtigst mich?«
»Daß dir der Typ mehr bedeutet, als du zugeben willst.«
»Claasen? Er bedeutet mir nichts, gar nichts.«

»Dann wird es doch ganz einfach sein, ihm klarzumachen, daß du ihn nicht sehen willst.«
»Unter welchem Vorwand? Soll ich ihm sagen, daß mein Freund dagegen ist?«
»Warum nicht? Das wäre die Wahrheit.«
»Mit der ich dich und mich lächerlich machen würde.« Katrin geriet in Fahrt. »›Und wer ist Ihr Freund?‹ würde er dann vielleicht fragen. – ›Jean-Paul Quirin, Sie werden ihn sicher dem Namen nach kennen.‹ – ›Ist der denn nicht verheiratet?‹ – ›Das schon.‹ – ›Aber ansonsten ist er Ihnen treu?‹ – ›Das hat er nie behauptet‹.« Sie unterbrach ihren Dialog. »Hast du auch nicht, und selbst wenn du es tätest, könnte ich dir nicht glauben.«
»Du bist eifersüchtig?«
»Nein, du! Und dazu hast du kein Recht. Ich bin immer davon ausgegangen, daß wir eine zwanglose Beziehung haben.«
Sein Gesicht wurde rot, sein Kopf schien geradezu anzuschwellen. »Eine – was?«
»Eine zwanglose Beziehung.«
Er schlug mit der Faust auf den Tisch. »Wie kannst du nur wagen, so etwas auch nur auszusprechen.«
Unwillkürlich dämpfte sie die Stimme. »Aber es ist doch so. Ich lasse dir deine Freiheit und habe nie versucht, dich in eine wie immer geartete Bindung zu drängen, und du revanchierst dich jetzt damit, daß du mir Fesseln anlegen willst.«
»Du gibst also zu, daß du mit diesem Typen etwas vorhast?«
»Nein, nein und nochmals nein! Aber, bitte, laß uns zahlen und gehen, bevor sie uns hier rausschmeißen.« –
Als sie dann wieder am Rhein entlangliefen, jetzt gegen den Strom, in Richtung Altstadt, bat er zerknirscht: »Verzeih mir, ma petite!«
Sie wußte nicht, ob seine Reue echt war, hielt sie eher für

gespielt. »Daß du mich nicht mal mein Eisbein in Ruhe hast aufessen lassen? Niemals!«
»Das war sowieso zu groß für dich. Hast du selber gesagt.«
Sie lachte und hängte sich bei ihm ein. »Ich hätte es geschafft. Aber was ist mit dir, du Ärmster? Du hast so gut wie nichts gegessen.«
»Eine schlechte Mahlzeit läßt sich nicht wieder nachholen. Das ist das Tragische daran.«
Er ließ sich dann aber doch überreden, auf halbem Weg zurück im Restaurant »Schnellenburg« einzukehren, und verzehrte dort zwei Blätterteig-Pastetchen mit gutem Appetit, während Katrin ihm bei einer Tasse Kaffee zusah. Auf dem langen Weg zurück zu seinem Auto stritten sie sich nicht mehr. Es war, als wäre nichts zwischen ihnen vorgefallen.
Doch als er dann vor dem Wohnblock in Ratingen hielt, sagte er: »Du wirst diesen Claasen nicht treffen. Versprich es mir!«
»Es ist eine rein berufliche Angelegenheit.«
»So etwas gibt es nicht – nicht für ein Mädchen wie dich.«
»Doch, Jean-Paul. Und außerdem bin ich kein Mädchen mehr, sondern eine Witwe mit Kind.«
»Für mich bist du ein Mädchen.«
»Na gut. Aber dann ein Mädchen, das sich ihr Brot selber verdienen muß.«
»Wenn es eine Frage des Geldes ist...«
»Komm jetzt bloß nicht auf die Idee, deine Brieftasche zu zücken! So habe ich das nicht gemeint.«
»Versuch ihn abzuwimmeln, ja?«
»Du verrennst dich da in was, Jean-Paul. Dieser Claasen ist als Mann für mich völlig uninteressant, ja, geradezu indiskutabel.«
»Was ist er für ein Typ?«
»Absolut farblos.«

»Trotzdem will ich nicht, daß du ihn triffst. Wenn dir wirklich nichts an ihm liegt, wirst du schon eine Möglichkeit finden, ihm aus dem Weg zu gehen.«
Seine Hartnäckigkeit zermürbte sie. »Na gut«, sagte sie, »ich werde mich bemühen. Ich verspreche es dir.« Sie schlang die Arme um seinen Hals und küßte ihn zum Abschied. »Aber es ist der reine Wahnsinn.«
Er faßte sie bei den Handgelenken und schob sie zurück, so daß er ihr in die Augen sehen konnte. »Was soll das heißen?«
»Nun, ob du es wahrhaben willst oder nicht, Claasen ist mein Chef oder jedenfalls mein Brötchengeber. Ich kann ihm nicht mein ganzes zukünftiges Leben aus dem Weg gehen.«
»Das verlange ich ja auch nicht von dir. Es geht mir nur um dieses eine Mal.«
»Und danach?«
»Werden wir weitersehen.«
»Weißt du, was du bist, Jean-Paul? Ein scheußlicher Tyrann und ein Ränkeschmied zudem. Aber du hast Glück mit mir. Ich liebe dich nämlich.«
Sie küßten sich lang. Dann stieg sie aus.
Sie sah ihm nach, als er abfuhr. Das Herz war ihr schwer.
Aber der Trennungsschmerz war nicht ohne Süße. Es war schön, sich geliebt zu wissen.

Zu Hause in Hilden gab es für Katrin keinen herzlichen Empfang. Aber das hatte sie auch nicht erwartet. Sie wußte, daß Mutter und Tochter immer die Beleidigten spielten, wenn sie alleine fortgewesen war.
Die beiden saßen am Wohnzimmertisch, spielten Rommé und sahen kaum auf, als sie eintrat.
»Guten Abend, da bin ich wieder!« rief sie vergnügt, als würde sie die gespannte Stimmung nicht bemerken.
»Wir hatten dich früher erwartet«, sagte die Mutter.

»Tut mir leid. Ich mußte noch aufräumen, die Betten abziehen ...« Katrin verstummte mitten im Satz, als ihr bewußt wurde, daß die Mutter diese Details als anstößig empfinden könnte.
»Niemand macht dir einen Vorwurf, Liebes. Wir müssen uns vielmehr bei dir entschuldigen. Wir haben schon ohne dich gegessen.«
»Wenn es weiter nichts ist! Ich mache mir einfach ein Brot, falls ich Hunger kriege. Vorläufig bin ich noch satt bis zum Hals. Ich hatte Eisbein heute mittag.«
Niemand ging darauf ein.
»Ich kann raus, Oma!« Daniela legte eine Anzahl Karten auf den Tisch. »Eine Gruppe und eine Folge.«
»Werd bloß nicht fertig!«
»Keine Bange, werd' ich nicht.«
Es war Katrin, als hätte sie diesen oder einen ganz ähnlichen Dialog schon tausendmal gehört. Es wurde immer wieder das gleiche gesprochen, ob beim Spiel oder bei den Mahlzeiten. – ›Die Butter, bitte!‹ – ›Eine Scheibe Schinken!‹ – ›Kann ich sie dir zu Fuß geben?‹
Immer war es dasselbe. War das in allen Familien so? Oder nur in ihrer? Oder war das ganz normal und fiel nur ihr so auf?
Katrin wußte es nicht. Aber sie wußte, es war absurd, daß sie nicht von ihrem Spaziergang am Rhein und dem verpatzten Mittagessen erzählen konnte, daß niemand ihr eine Frage stellte oder auch nur bereit war zuzuhören.
Alle Freude am Nachhausekommen – denn sie hatte sich auf zu Hause gefreut – war mit einemmal dahin. »Ich gehe auf mein Zimmer«, erklärte sie.
»Spielst du nicht mit?« fragte Daniela enttäuscht.
»Laß Mutti, sie ist müde!« wies Helga Großmann ihre Enkelin zurecht. »Ruh dich nur aus, Liebes«, fügte sie zu Katrin gewandt hinzu, »erhol dich gut.«
»Wie ist es mit Tilly gegangen?«

»Recht und schlecht. Wie immer.« Helga sagte es ganz freundlich.
Dennoch hörte Katrin einen Vorwurf heraus. »So bald werde ich dich nicht wieder allein lassen«, versprach sie.
»Du weißt, ich komme ganz gut zurecht.«
»Ich werde Claasen wahrscheinlich nicht treffen.«
»Nicht?« Jetzt hob Helga den Kopf und sah Katrin durch ihre funkelnden Brillengläser aufmerksam an. »Ich dachte, es wäre wichtig für dich.«
»So wichtig auch wieder nicht. Nicht so wichtig, daß ich seinetwegen alles stehen- und liegenlassen muß, meine ich.«
»Das ist deine Entscheidung, Liebes. Aber meinetwegen brauchst du ihm nicht abzusagen. Das möchte ich auf keinen Fall.«
»Es ist nicht deinetwegen, Mutti.«
»Dann laß es auch, bitte, nicht so klingen. Du weißt, ich habe noch nie ein Opfer von dir verlangt.«
»Das habe ich ja auch nicht gesagt.«
»Dann ist es ja gut, Liebes. Wolltest du dich nicht zurückziehen? Es ist sehr ungemütlich, wenn du da herumstehst und uns in die Karten guckst.«
»Eigentlich bin ich noch gar nicht müde«, sagte Katrin und überraschte sich selber mit dieser Erklärung.
Daniela wandte ihr das lebhafte kleine Zigeunergesicht zu. »Na los! Worauf wartest du dann noch? Setz dich zu uns und spiel mit! Zu dritt ist es lustiger.«
»Wartet nur, bis ich meine Jacke ausgezogen und meinen Krempel verstaut habe. Dann komme ich zu euch.«
Zehn Minuten später leistete sie Mutter und Tochter Gesellschaft. Sie hatte Rock und Pullover abgelegt und statt dessen einen bequemen Kaftan übergezogen. Jetzt war sie wieder richtig zu Hause.

Ein paar Tage später kam der Anruf von der Redaktion der »Libertà«. Katrin hatte gerade das Geschäft geschlossen, und

wie immer war die Mutter als erste am Apparat und meldete sich.
Dann hielt sie die Sprechmuschel zu. »Herr Claasen! Soll ich sagen, daß du nicht da bist?«
»Nein, gib nur her!« Katrin übernahm das Gespräch.
»Schönen guten Tag, Frau Lessing!« sagte eine Sekretärin. »Einen Moment, bitte. Ich verbinde mit Herrn Claasen.«
Dann war Ernst Claasen selber in der Leitung. Seine sehr norddeutsche, sehr nüchterne Stimme drang an Katrins Ohr. Mit zurückhaltender Freundlichkeit erkundigte er sich nach dem Wetter im Rheinland und nach ihrem Befinden.
Katrin antwortete zerstreut, denn ihre Gedanken waren schon darauf konzentriert, wie sie dem Treffen, das er vorschlagen würde, aus dem Weg gehen könnte.
»Und was macht die Arbeit?« wollte er wissen.
»Die neuen Entwürfe sind fast fertig. Ich schicke sie morgen oder übermorgen los.«
»Nein, halten Sie sie fest. Sie können sie mir dann selber übergeben. Ich komme am Fünfzehnten nach Düsseldorf.«
»Oh, das ist ganz schlecht«, behauptete sie nervös, »der Fünfzehnte ist ein Montag, nicht wahr, und da ist meine Mutter nicht da. Ich kann das Geschäft unmöglich schließen.«
»Nun, dann werde ich eben auf dem Rückflug Station machen. Am Achtzehnten. Einverstanden?«
»Nein, leider nein. Da kann ich mich auch nicht freimachen.«
Claasen schwieg einen Augenblick, und Katrin dachte: ›Was spiele ich hier nur für eine verdammt blöde Rolle! Er muß mich für die größte Wichtigtuerin aller Zeiten halten. Und dabei möchte ich ihn doch eigentlich sehen. Ob er jetzt vor den Kopf gestoßen ist?‹
Doch seine Stimme klang ganz gelassen und nicht die Spur gekränkt, als er wieder das Wort ergriff: »Nun, dann drehen

wir den Spieß doch einfach um«, schlug er vor, »Sie sagen mir jetzt, wann es Ihnen passen würde, liebe Frau Lessing.«
Sie schnappte nach Luft. »Aber das ist ausgeschlossen. Ich kann doch nicht von Ihnen verlangen, daß Sie sich nach meinen Terminen richten, Herr Claasen.«
»Sie haben es ja auch nicht verlangt, sondern es ist meine Idee.«
Katrin saß in der Falle, und sie wußte es. »Herr Claasen, bitte, lassen Sie mich mit meiner Mutter sprechen.« Sie drückte den Handballen fest auf die Sprechmuschel und sah flehend zu ihrer Mutter hinüber, die, Gleichgültigkeit heuchelnd, in einer Modezeitschrift blätterte. ›Warum läßt sie mich nicht allein?‹ dachte Katrin anklagend. ›Sie hätte doch schon nach oben gehen können‹. – Dann sagte sie laut ins Telefon hinein: »Herr Claasen, ja, Mutter ist einverstanden. Sie bleibt am Montag hier, und ich kann zum Flughafen fahren.«
»Hoffentlich macht sich die alte Dame meinetwegen keine allzu großen Umstände.«
Katrin ging nicht darauf ein. »Wann?« fragte sie.
»Meine Maschine landet um zwölf Uhr siebenundzwanzig in Düsseldorf-Lohausen. Wir können also zusammen essen gehen.«
»Sehr schön, Herr Claasen. Ich freue mich. Ich werde Sie also in der Ankunftshalle erwarten.«
»Und die Entwürfe bringen Sie, bitte, mit!«
Gleichzeitig legten sie beide auf.
»Du hast da ja einen feinen Schwindel aufgezogen«, sagte die Mutter.
»Da du alles mitgehört hast ...«
»Nicht alles, nur das, was du gesagt hast«, stellte die Mutter fest.
Katrin ließ sich nicht unterbrechen. »... weißt du auch, wie sehr ich mich bemüht habe, ein Treffen zu vermeiden.«

»Warum eigentlich?«
»Nun sag bloß, du siehst es gern, wenn ich mit ihm zusammenkomme.«
»Das ist mir ganz und gar gleichgültig, mein Liebes.«
»Nein, das nehme ich dir nicht ab!«
»Ich habe dir immer deine Freiheit gelassen. Oder kannst du mir ein Gegenbeispiel nennen?«
»Nein«, mußte Katrin zugeben.
»Na also. Es geht mich auch nichts an, warum du versucht hast, ihm auszuweichen. Wenn du mir das nicht erklären willst, ziehe ich die Frage zurück. Ich will auch gar nicht wissen, wie du dich so rasch hast umstimmen lassen.«
»Er wollte, daß ich einen Termin bestimme, und ich konnte ihm doch nicht vormachen, daß ich nie und unter keinen Umständen für ihn Zeit hätte.«
»Du brauchst mir das nicht zu erklären, mein Liebes. Es geht mich nichts an.«
»Es wäre doch absolut unnormal, wenn du dich nicht für mein Tun und Treiben interessieren würdest.«
›Ich hoffe nur, es wird nicht zuviel Treiben daraus!‹ hätte die Mutter beinahe gesagt, aber sie verbiß sich diese Bemerkung.
»Wir treffen uns zu einem Arbeitsessen, wenn du es genau wissen willst. Was ist denn Schlimmes dabei?«
»Nichts. Ich erinnere mich nicht, daß jemand das behauptet hätte.«
»Warum muß ich mich dann verteidigen?«
»Weil du dich ständig angegriffen fühlst. Warum, kann ich dir auch nicht sagen.«
»Ich bin also verrückt?«
»Ein bißchen, ja. Aber wer ist das nicht?«
Katrin wurde sich plötzlich bewußt, daß es ja nicht die Mutter gewesen war, die ihr Rendezvous mit Ernst Claasen hatte verhindern wollen, sondern Jean-Paul. »Es tut mir leid, wenn ich mich aufgeführt habe«, sagte sie zerknirscht.

»Schon gut, mein Liebes, ich nehme es dir ja nicht übel. Du machst das alles ganz bestimmt richtig. Ich denke nur, daß Claasen dein Verhalten – erst nein, dann ja – als ziemlich kokett empfinden könnte. Du mußt da vorsichtig sein. Ich will dir keinen Rat geben, aber es ist nun mal gefährlich, einen Mann aufzureizen. Es kann dann leicht passieren, daß er es anders auffaßt, als es gemeint war.«

Beinahe hätte Katrin aufgeschrien; es gelang ihr gerade noch, sich zu beherrschen. »Ich werde aufpassen«, versprach sie.

»Ich fürchte, Tilly wird diesmal nicht einspringen können. Ihrem Evchen geht es nicht gut.«

»Wirklich?«

»Jedenfalls sagt sie es. Das letzte Mal war die Kleine noch ganz vergnügt.«

Beide Frauen waren sich einig in der Annahme – und das nicht nur sie allein –, daß Tilly, die von der Sozialfürsorge und von der Unterstützung von Evchens Vater lebte, sich hinter der angeblichen Kränklichkeit des Kindes verschanzte, um nicht arbeiten zu müssen. Sie lebte in der billigsten Wohnung des Hauses, in der Mansarde, und jobbte nur zuweilen.

»Wahrscheinlich muß sie aufpassen, daß sie nicht zuviel verdient.«

»Schon möglich. Aber das hilft mir nicht weiter.«

»Und wenn du Daniela darum bätest? Ich falle ja nur ein paar Stunden aus, und das in der Mittagszeit.«

»Du weißt, Daniela haßt das Geschäft.«

»Du übertreibst. Sie mag nicht handarbeiten, aber das müßte sie ja auch gar nicht. Es würde doch genügen, wenn sie dir zur Seite stünde, Kartons holte, aufräumte und dergleichen.«

»Wir sollten sie zu nichts zwingen, was sie innerlich ablehnt.«

»Ach was. Ich könnte mir oft auch was Schöneres vorstellen,

als hinter dem Ladentisch zu stehen, und trotzdem tue ich es.«
»Du bist erwachsen, Liebes.«
»Und du bist zu rücksichtsvoll, Mutti. Ich werde selber mit ihr sprechen.«

Katrin wartete, bis Daniela am Abend zu Bett gegangen war. Dann betrat sie, wie üblich, ihr Zimmer – nicht um ihr einen Kuß zu geben, denn in der kleinen Familie pflegte man sich nicht mit Zärtlichkeiten zu überschütten, sondern nur um ihr eine gute Nacht zu wünschen.
»Alles in Ordnung, Liebes?« fragte Katrin.
Danielas dunkle Augen funkelten sie mißtrauisch an. »Was soll nicht in Ordnung sein?«
»Es war nur eine Floskel, Liebes. Sie besagt, daß ich um dein Wohlergehen besorgt bin.«
»Ha, ha, ha!«
»Nun sei doch nicht so!« Katrin setzte sich auf die Bettkante.
»Los! Sag schon, was du von mir willst!«
Katrin lächelte verletzt. »Du kennst mich sehr gut, nicht wahr?«
»Na klar, mein ganzes Leben. Du bist immer zimperlich, wenn du mit der Wahrheit herausrücken mußt.«
»Ich habe eine Bitte an dich.«
»So was Ähnliches habe ich mir schon gedacht.«
»Könntest du mich ausnahmsweise mal im Geschäft vertreten?«
»Ich verstehe nichts von Handarbeiten!«
Tatsächlich hatte Daniela als kleines Mädchen eifrig gehäkelt, gestickt und sogar gestrickt. Mutter und Großmutter waren von ihrem Talent begeistert gewesen. Aber von einem Tag auf den anderen hatte sie die Lust verloren. Sie hatte den riesengroßen Unterschied zwischen den eigenen ungeschickten Versuchen und den makellosen Werken ihrer Mut-

ter erkannt. Es hatte sie frustriert, ihr auf die flinken Finger zu sehen und zu beobachten, wie sie eins, zwei, drei ein fehlerhaftes Stück in Ordnung brachte. Das Gefühl, daß sie diese Kunstfertigkeit nie erreichen würde, hatte sie befallen und gelähmt, und so hatte sie auch jeden Versuch aufgegeben. Weder Katrin noch Helga hatten die wahren Beweggründe erkannt, sie hatten sich mit ihrem plötzlichen Desinteresse wohl oder übel abfinden müssen. Auch Daniela war nicht bewußt, warum sie nicht mehr weitermachen wollte.

»Ich hasse das!« rief sie jetzt.

»Darum geht's ja gar nicht. Du sollst Oma nur ein bißchen helfen. Stell dir einfach vor, wir hätten einen Obst- und Gemüseladen.«

Darüber mußte Daniela lachen. »Dann könnte ich mir einen Apfel klauen!«

Katrin war erleichtert. »Es ist ja nur für ein, zwei Stunden am Montag. Nach der Mittagspause. Ich muß meinen Chef am Flughafen treffen.«

»Den, der ›Die Berta‹ macht?«

»Genau den.«

»Aber warum besucht er dich nicht hier bei dir zu Hause?«

»Möchtest du das?« fragte Katrin erstaunt.

Daniela brauchte nicht nachzudenken. »Nein, ganz bestimmt nicht. Ich wollte es nur wissen.«

»Er hat wenig Zeit. Er unterbricht in Lohausen nur einen Flug nach München.«

»Deinetwegen?«

»Ich denke schon. Es gibt bestimmt einen Direktflug von Hamburg nach München.«

»Dann steht er auf dich.«

»Daniela, ich bitte dich, was für ein Ausdruck! Laß so was nur nicht die Oma hören. Außerdem ist es Quatsch. Er hat was mit mir zu besprechen.«

»Was denn?«

»Wenn ich das jetzt schon wüßte, brauchte ich ihn ja gar nicht zu sehen. Aber ich erzähl's dir, wenn ich nach Hause komme. Einverstanden?« Katrin stand auf.
»Was bekomme ich dafür, wenn ich Oma helfe?«
»Wir sind eine Familie, Liebes. Ich habe dir schon oft erklärt, daß in einer Familie jeder mit anpackt, damit alles reibungslos läuft – ohne Belohnung oder Bezahlung.«
»Kriegst du denn kein Gehalt?«
»Doch. Aber das geht im Haushalt mit drauf, für dich und unsere Reisen. Eigenes Geld – Geld, mit dem ich tun und lassen kann – bekomme ich nur von der ›Libertà‹.«
»Ach so«, sagte Daniela enttäuscht.
»Aber ich werde dir was vom Flughafen mitbringen, ein Comic-Heft oder ein Taschenbuch, denk mal darüber nach, was du dir wünschst.« Katrin lächelte ihrer kleinen Tochter zu.
»Aber jetzt schlaf schön, mein Liebes! Bis morgen früh.«

Es war 12 Uhr 30. Die elektronische Tafel zeigte an, daß die Maschine aus Hamburg pünktlich gelandet war. Katrin stand in der Inland-Ankunftshalle des Flughafens Düsseldorf-Lohausen und blickte von den Flugsteigen hereinströmenden Passagieren entgegen. Sie hatte ihre Brille nicht abgenommen, dennoch entdeckte sie Ernst Claasen nicht. Dabei hätte er, da er nicht auf sein Gepäck zu warten hatte, einer der ersten sein müssen.
Dann stand er plötzlich dicht vor ihr. »Hallo, Frau Lessing.«
»Herr Claasen!« sagte sie überrascht.
Seine Lippen verzogen sich zu einem sparsamen Lächeln. »Sie hatten mich nicht erwartet?«
»Ja, doch, natürlich«, stotterte sie, »es ist nur, ich wundere mich, daß ich Sie nicht schon von weitem erspäht habe.« – ›Dabei ist es gar nicht verwunderlich‹, dachte sie bei sich, ›er sieht so unauffällig aus, gleicht in seinem korrekten Anzug, den Trench über dem Arm, die Aktentasche in der Hand,

all den anderen Geschäftsleuten, von denen es hier wimmelt‹.
Sie reichte ihm die Hand. »Jedenfalls – willkommen in Düsseldorf.«
Sein Händedruck war kräftig und trocken. »Ich danke Ihnen, daß Sie sich für mich freigemacht haben.«
Er blickte sie dabei ganz ernst aus seinen hellen blauen Augen an. Trotzdem hatte sie das Gefühl, daß er sich über sie lustig machte. Vielleicht kam es ihr aber auch nur so vor, weil sie wußte, daß sie sich ihm gegenüber albern benommen hatte.
Sie versuchte, das Beste aus ihrer Situation zu machen. »Das war gar nicht so einfach«, erklärte sie, »ich habe noch vor einer knappen Stunde im Laden gestanden.«
»Ihre Mutter mußte also doch fort?«
»Nein, aber ...« Katrin unterbrach sich. »Sie hätte mich bestimmt auch früher fahren lassen, wenn ich sie gedrängt hätte. Aber das mochte ich nicht.«
»Und warum nicht?«
»Schwer zu erklären.« Katrin zuckte die Achseln. »Irgendwie habe ich immer ein bißchen ein schlechtes Gewissen, wenn ich sie allein lasse.« Sie fragte sich, wie sie dazu kam, ein so persönliches Gespräch mit einem fast fremden Menschen zu führen, und dazu noch mitten auf dem Flughafen.
»Gehen wir zum Grill«, sagte er und dirigierte sie, indem er den Weg zum Terminal 2 einschlug, in die gewünschte Richtung.
Sie hoffte, daß diese für ihren Geschmack allzu intime Unterhaltung damit zu Ende wäre, und öffnete, kaum daß sie einen Platz im Restaurant gefunden hatten, ihre Mappe.
Aber er winkte ab. »Lassen wir das für später!«
»Aber Sie wollten doch meine Entwürfe ...«
»Nach dem Essen.« Er winkte einen Ober heran. »Was können Sie uns empfehlen?«

»Ich möchte nur eine Kleinigkeit«, sagte Katrin rasch.
»Ich auch«, stimmte Claasen ihr zu, »wir haben nur wenig Zeit.«
»Wie wäre es mit einem Pfeffersteak?« schlug der Ober vor.
»Flambiert?«
Ernst Claasen sah Katrin fragend an. Sie nickte.
»Also zweimal Pfeffersteak!« bestellte er. »Aber flambieren Sie es, bitte, in der Küche. Wir haben viel zu reden.«
Der Ober notierte die Bestellung. »Die Weinkarte?«
»Wünschen Sie einen Wein, Frau Lessing?«
»Nein, danke. Für mich ein Perrier.«
»Für mich auch – nein, doch lieber ein Pils.«
Der Ober zog sich zurück.
Sie saßen am Fenster und hatten einen interessanten Blick auf die Startbahn und die alte »Ju« auf dem Besucherdeck. Aber sie hatte nur Augen für ihn. Sie hatte noch nie Gelegenheit gehabt, ihn so nah und so deutlich zu sehen wie jetzt, im gnadenlos klaren Licht des Vorwinters. Sie stellte fest, daß es seine Farblosigkeit war, die ihn so unauffällig machte. Die Haut war blaßbraun, das Haar blaßblond, genau wie die Wimpern, und sein fester Mund blaßrot. Aber seine Züge waren gut geschnitten, seine Nase gerade und kräftig, die Stirn ausgeprägt.
Er hatte nachdenklich nach draußen gesehen und einer aufsteigenden Maschine nachgesehen. Als er sich ihr jetzt zuwandte, senkte sie rasch die Lider und hoffte, daß er ihr Anstarren nicht bemerkt hatte.
»Sie verdanken Ihrer Mutter viel«, stellte er fest.
»Ja, stimmt!« gab sie zu. »Aber wie kommen Sie darauf?«
»Es ist ungewöhnlich, daß eine junge Frau so viel Rücksicht auf die Mutter nimmt.«
»Unsere Beziehung ist gewissermaßen ungewöhnlich.«
»Ja, das habe ich mir gedacht. Sie werden sich nicht von Ihrer Mutter trennen wollen.«

»Die Idee ist mir noch nie gekommen!« behauptete sie, aber gleich darauf mußte sie sich innerlich zugeben, daß das nicht stimmte; sie hatte ja, wenn auch nur sehr zaghaft, versucht, von Hilden fortzugehen und in ihrer Düsseldorfer Wohnung ein eigenes Leben zu führen.
»Es wird Ihnen durchaus möglich sein, Ihre Mutter – und natürlich auch Ihre kleine Tochter – mit nach Hamburg zu nehmen.«
Unwillkürlich setzte Katrin ihre Brille ab und begann sie mit der Serviette zu polieren, als würde sie besser verstehen, wenn sie nur besser sehen könnte.
»Mein Vorschlag überrascht Sie?« fragte er mit seinem sparsamen Lächeln und blickte ihr tief in die jetzt ungeschützten Augen.
»Warum sollte ich nach Hamburg?« fragte sie, weiterhin nervös polierend.
»Weil unsere Frau Pöhl ein Kind erwartet und sich, vorübergehend oder auch für immer, ins Privatleben zurückziehen will. Sie, Frau Lessing, sind die geeignete Nachfolgerin.«
»Als Leiterin der Handarbeitsabteilung?«
»Nicht nur. Wenn Sie sich erst eingearbeitet haben, kann mehr daraus werden. Sie schreiben doch auch sehr gut.«
»Ach, meine kleinen Stimmungsbilder...«
Er ließ sie nicht ausreden, sondern ergänzte: »... gehören zum Schwierigsten, was es auf diesem Gebiet gibt.«
Sie schluckte. »Sie wollen mich also wirklich?«
»Ja, ganz unbedingt.«
»Aber ich kann nicht aus Hilden fort.«
»Und warum nicht?«
»Wir leben im eigenen Haus, das heißt, das Haus gehört meiner Mutter.«
»Um so besser. Dann können Sie die Wohnung in Hilden vermieten und die Geschäftsräume auch – ich nehme an, der Laden liegt im gleichen Haus.«
»Ja.«

»Lohnt es sich heutzutage überhaupt noch, ein Handarbeitsgeschäft zu führen? Es hat einige Zusammenbrüche gegeben, soviel ich weiß. Wirkliche Chancen haben doch nur noch die Kettenläden, die im großen einkaufen können.«
Katrin setzte endlich ihre Brille wieder auf. »Darüber haben Mutter und ich uns natürlich auch schon oft unterhalten. Unser Vorteil liegt darin, daß wir ein Familienunternehmen sind und keine fremden Arbeitskräfte zahlen müssen. Außerdem haben wir keine Verluste. Mir fällt immer noch ein, wie ich zurückgebrachte Docken noch zu etwas Ansehnlichem verarbeiten kann, das sich dann auch verkaufen läßt.«
»Darin eben liegt Ihr Genie«, erklärte er ruhig.
»Genie?« wiederholte sie fassungslos.
»Das mag in Ihren Ohren übertrieben klingen, Frau Lessing. Aber für mich bedeutet ein einzigartiges schöpferisches Talent nun einmal Genie.«
Katrin war erleichtert, als der Ober das Pilsener brachte und ihr aus einem Fläschchen Mineralwasser einschenkte. So wurde das Gespräch unterbrochen, und ihr blieb Zeit, ihre Gedanken zu ordnen.
»Sie überschätzen mich, Herr Claasen«, sagte sie dann, »ich bin wirklich nichts Besonderes. In den meisten Frauen steckt sehr viel mehr Kreativität, als sie selber wissen. Seit langem schwebt mir vor, eine Anleitung zu schreiben, wie man selber Muster erfinden kann, selbst entworfene Bilder in Strick- oder Stickmuster übertragen und dergleichen mehr. Verstehen Sie, was ich meine?«
»Und ob! Das wäre etwas für ›Libertà‹, ist aber wohl nur möglich, wenn Sie diese Serie selbst betreuen. Ein Grund mehr, nach Hamburg zu kommen.«
»Ich hatte dabei eigentlich an ein Buch gedacht. Oder ist das zu verwegen?«
»Gar nicht. Aber wenn Sie unserer Zeitschrift den Vorabdruck einräumen, werden Sie sehr viel leichter einen Verleger überzeugen.«

Katrin hatte das Gefühl, rote Wangen bekommen zu haben, obwohl sie wußte, daß sie nicht dazu neigte. Ihre Haut schimmerte stets gleichbleibend hell. Innerlich jedoch glühte sie. Es wurde ihr bewußt, daß sie zum ersten Mal mit einem Menschen sprach, der sie ernst nahm.
Der Ober servierte die Pfeffersteaks und wünschte einen guten Appetit.
Katrin schnitt das Fleisch auf ihrem Teller an und stellte fest, daß es innen noch rosig war. »Sieht gut aus«, sagte sie, führte den Bissen zum Mund, kaute und schluckte, »schmeckt auch wunderbar.«
Claasen tat es ihr nach. »Sie haben recht. Ich ahnte nicht einmal, daß Sie Feinschmeckerin sind.«
»Bin ich nicht. Ich esse nur gerne gut.«
»Kaum zu glauben.«
Sie wollte ihm nichts von ihren Magenschmerzen erzählen, deshalb behauptete sie: »Bei mir schlägt einfach nichts an.«
»Beneidenswert.«
»Das meinen viele. Doch ich hätte schon gern ein bißchen mehr Pfunde auf den Rippen. Aber das ist ja nicht wichtig.«
»Nicht, wenn sonst alles stimmt.«
Katrin hätte gern gefragt, was er mit dieser ihr etwas mysteriös klingenden Bemerkung meinte, verkniff sich jedoch die Frage. Sie war es nicht gewohnt, über sich selber zu sprechen, und suchte nach einem allgemeineren Thema. Aber ihr wollte nichts einfallen.
»Es gibt ein Problem, bei dem ich unbedingt Ihre Hilfe brauche, Frau Lessing«, sagte er.
»Ja?« fragte sie, sehr zurückhaltend, fast mißtrauisch.
Er lächelte ihr beruhigend zu. »Es ist nichts Persönliches.«
Sie fühlte sich durchschaut und kam sich dumm vor.
»Es geht um Weihnachten, speziell um den Heiligen Abend. Jeder Mensch sehnt sich doch oder freut sich zumindest auf dieses Fest des Friedens. Tatsächlich aber wird es meist zu einer Katastrophe. Mir liegt viel daran, unseren Leserinnen

zu helfen, Streß zu vermeiden, unnötige Auseinandersetzungen, Enttäuschungen und so weiter. Es ist einiges darüber geschrieben worden, aber nichts, was mich wirklich überzeugt hat. Jetzt will ich von Ihnen hören – oder lieber noch lesen –, was Ihnen zu diesem Thema einfällt.«
»Nichts«, sagte sie verdattert.
»Ich würde Ihnen gerne sagen: ›Denken Sie in aller Ruhe darüber nach!‹ – Aber tatsächlich drängt die Zeit.«
»Es tut mir wahnsinnig leid, Herr Claasen, aber die Weihnachtsfeiertage sind für mich überhaupt kein Thema.«
»Wie pflegen Sie denn zu feiern?«
»Wir schmücken uns ein Bäumchen, singen ein paar Lieder, sagen uns Gedichte auf, an die wir uns erinnern, und meine Tochter steuert dazu bei, was sie in der Schule gelernt hat. Die Plätzchen haben wir natürlich schon in den Wochen vorher gebacken. Sie sehen also: von Streß oder Streit kann bei uns keine Rede sein.« Nach einer kleinen Pause fügte sie hinzu: »Vielleicht kommt es daher, daß wir keinen Mann in der Familie haben.«
»Und wie war es für Sie als Kind? In Ihrem Elternhaus?«
»Wunderbar. Eine glückliche Zeit. Es lagen absolut keine Spannungen in der Luft.«
»Aber Ihre Eltern haben sich dann doch scheiden lassen, nicht wahr?«
Es irritierte sie, daß er so viel über sie wußte. Aber sie fand doch, daß er eine abweisende Antwort nicht verdient hätte, und so zwang sie sich, aufrichtig zu sein. »Ja, aber das kam wie ein ganz unerwarteter Schlag. Wahrscheinlich war Mutter so wahnsinnig verletzt, weil sie geglaubt hatte, eine glückliche und harmonische Ehe zu führen. Es gab vorher weder Streitereien noch Eifersüchteleien. Das könnte ich natürlich nicht beschwören, aber Mutter hat es mir immer so geschildert.«
»Sie erfuhr dann also sozusagen aus heiterem Himmel, daß ihr Mann ein Verhältnis hatte?«

»Mein Vater behauptet, nein. Es hätte sich nur um einen bedeutungslosen Seitensprung gehandelt. Aber ich weiß natürlich nicht, ob man ihm glauben kann. Für Mutter brach jedoch buchstäblich eine Welt zusammen.«
»Und die Weihnachten danach?«
»Danach kam für mich und Mutter eine schlimme Zeit. Wir waren zu den Großeltern gezogen. Die alten Leute verstanden Mutters Entschluß nicht. Sie waren der Meinung, daß sie zu rasch das Handtuch geworfen hätte. Mutter und Großmutter stritten sich um die Kompetenzen in Küche und Haushalt. Großvater fühlte sich in seiner Ruhe gestört. Da stand ein fröhliches Weihnachtsfest natürlich außer jeder Erwartung.«
»Arme kleine Katrin«, sagte er überraschend weich.
»Ich wollte wirklich nicht an Ihr Mitleid appellieren«, wies sie ihn ab, »das alles liegt ja auch schon weit zurück.«
»Ich weiß, daß Sie selber das nicht wichtig nehmen. Trotzdem interessiert es mich. Wie haben Sie denn nun in Ihrer eigenen Ehe gefeiert? Mit Mann und Kind?«
Katrin zögerte. Sie mochte ihm nicht auf die Nase binden, daß sie nie einen eigenen Haushalt gehabt hatte – das wurde ihr auch in diesem Augenblick erst ganz bewußt –, daß Peter und sie als Eheleute nur ein einziges Weihnachtsfest in der Wohnung ihrer Mutter gehabt hatten, überschattet schon von Peters Versagen. »In einer jungen Ehe«, behauptete sie, »ist so etwas wohl immer ganz unproblematisch. Wir waren glücklich, was sonst?« Bei dieser faustdicken Lüge konnte sie ihm jedoch nicht in die Augen sehen, sondern senkte den Blick auf den leeren Teller. »Mein Mann starb«, erklärte sie mit Überwindung, »als Daniela noch ein Baby war.« Sie zwang sich zu einem Lächeln. »Sie sehen also, daß ich wirklich keine Expertin im Festefeiern bin.«
Der Ober räumte die Teller ab. »Wünschen Sie noch ein Dessert?«
»Nein, danke«, sagte Katrin rasch.

»Hier gibt es ein ausgezeichnetes Grapefruit-Sorbet. Tun Sie mir die Liebe und nehmen Sie auch eins, Frau Lessing.«
»Grapefruit-Sorbet klingt nicht übel«, gab sie zu.
»Na, sehen Sie. Also zweimal.« Der Ober ging, und Claasen wandte sich wieder Katrin zu. »Langsam kann ich mir ein Bild von Ihrer Situation machen.«
Darauf ging Katrin nicht ein. »Wenn ich Ihnen jetzt meine Entwürfe zeigen darf?« Sie öffnete ihre Ledermappe, zog die Zeichenmappe heraus und schlug sie auf dem Tisch auf. »Das ist ein Sommerpulli, mit dicken Nadeln sehr schnell zu stricken, luftig und leicht. So wird er aussehen, das ist der Schnitt und hier das Zählmuster.« Sie blickte ihn erwartungsvoll an.
Er nickte. »Sehr hübsch.«
Sie schlug das nächste Blatt auf. »Und dann habe ich mir ein Bikinimodell ausgedacht, zum Selberstricken, aus einem neuen glänzenden Kunstgarn, das sehr schnell trocknet. Frau Pöhl war zwar von der Idee nicht begeistert. Sie sagt, das wäre schon mal dagewesen. Aber nicht so, und ich könnte mir vorstellen, daß diese winzigen Dinger im nächsten Sommer der ganz große Renner werden.«
Er schenkte ihr sein sparsames Lächeln. »Mir scheint, es ist höchste Zeit, daß Sie die gute Pöhl ablösen.«
»Sie hat mir schon manche Modelle abgelehnt, an denen mein Herz hing.«
»Ein Grund mehr, selber das Heft in die Hand zu nehmen.«

Katrin traf noch vor Ladenschluß wieder in Hilden ein. Sie nahm sich nur Zeit, sich ein wenig frisch zu machen, dann lief sie über die Innentreppe in das Geschäft hinunter.
»Hallo, da bin ich!« rief sie vergnügt.
»Gott, bin ich froh!« rief eine Kundin. »Sehen Sie bloß, was ich für einen Murks gemacht habe.« Sie nahm ihr Strickzeug Helga Großmann weg und hielt es Katrin hin.

Katrin erkannte die junge Frau, die sich an ihrem grau-gelb-weißen Seidenpullover versuchte.
»Zeigen Sie her!« Katrin nahm das begonnene Vorderteil in die Hand und begutachtete es. »Schön gleichmäßig gestrickt«, lobte sie, »nicht zu eng und nicht zu weit.«
»Ja, glatt stricken kann ich.«
»Das ist die Grundlage.«
»Aber das Muster! Sehen Sie's sich nur an! Total verkrumpelt!«
»Sie hätten zu mir kommen sollen, bevor Sie es anfingen. Jetzt ribbeln wir das rasch mal auf – Daniela, du wikkelst! –, und dann zeig' ich Ihnen, wie es geht. Sie dürfen die Fäden auf der Rückseite nicht zu straff spannen, sonst zieht das Muster sich zusammen. Lieber lassen Sie sie ein bißchen zu lose hängen. Und wenn Sie von einer Farbe zur anderen wechseln, immer die Fäden umschlingen, sonst entstehen Löchlein.« Im Nu löste sie die verhedderten Maschen auf, entwirrte die Knäuel und strickte die ersten Reihen neu. »Jetzt sehen Sie her, wie es gemacht wird!« Sie stellte sich so hin, daß die Kundin ihr dabei auf die Finger blicken konnte.
»Jetzt kapier' ich's!« rief die junge Frau erleichtert.
»Ich würde vorschlagen«, sagte Katrin und zeigte auf die Abbildung in der aufgeschlagenen ›Libertà‹, »Sie stricken jetzt erst mal bis hierher, die nächsten zehn Reihen also, und dann kommen Sie wieder her, egal, wie gut oder schlecht es geklappt hat. Ich möchte es mir immer wieder zwischendurch ansehen, ja?«
»Das ist reizend von Ihnen.«
»Ach was, das gehört zu meinem Handwerk. Wenn es Schwierigkeiten gibt, können Sie natürlich auch eher kommen, aber ich denke, Sie schaffen das schon.«
Die Kundin packte ihr Strickzeug und die Vorlage in ihren Beutel und verließ dankend und grüßend das Geschäft.
»Habe ich mich nicht beeilt, Mutter?« fragte Katrin, um ge-

lobt zu werden. »Du kannst jetzt raufgehen, Daniela, deine Ablösung ist da.«
»Hast du mir was mitgebracht?«
»Ein ›Asterix und Obelix‹, wie versprochen.«
»Hurra!« – Daniela tat einen Luftsprung.
»Also lauf schon! Du hast sicher noch keine Schulaufgaben gemacht.«
»Erst will ich wissen, was der Typ von dir gewollt hat.«
»Das erzähl' ich dir später in aller Ruhe.«
»Aber jetzt ist doch alle Ruhe, oder?«
»Jeden Augenblick kann jemand kommen.«
»Ist doch kein Grund, es so spannend zu machen.«
Katrin warf einen Blick auf ihre Mutter. Helga Großmann war scheinbar voll und ganz damit beschäftigt, Wolldocken in Kartons zu ordnen. Aber Katrin spürte, daß auch sie auf einen Bericht wartete.
»Er will, daß ich nach Hamburg komme. Den Handarbeitsteil in der ›Libertà‹ übernehmen.«
»Du sollst nach Hamburg ziehen?« rief Daniela empört. »Ist er verrückt geworden? Oder was?«
»Du kannst natürlich tun, was du willst, Liebes«, sagte die Mutter, »ich lege dir nichts in den Weg. Dazu hätte ich ja auch nicht das Recht. Aber du solltest genau überlegen, welche Konsequenzen ein solcher Schritt für dich haben würde. Wenn er dich in Hamburg haben will, dann bestimmt nicht wegen deiner Tüchtigkeit.«
»Woher willst du das wissen?«
»Kannst du dir dich selber als Leiterin eines noch so kleinen Stabes von Mitarbeitern vorstellen? Ich jedenfalls nicht.«
»Claasen aber doch.«
»Unsinn, mein Liebes. Du würdest dich niemals durchsetzen können, und das weißt du selber ganz genau. Wenn er dich in seiner Nähe haben möchte, dann aus einem ganz anderen Grund. Aber das schadet ja auch nichts, wenn du dir nur darüber klar bist. Ist er übrigens verheiratet?«

»Ich habe keine Ahnung, und es tut ja auch nichts zur Sache.«
»Ich finde doch. Aber, bitte, in diesem Punkt sind wir ja von je her verschiedener Meinung gewesen. Ich habe nie versucht, dir meine Moralvorstellungen aufzudrängen.«
»Mutter, ich bitte dich! Auf was für ein Gleis schiebst du die Angelegenheit? Claasen und ich hatten ein ganz und gar sachliches Gespräch. Die Pöhl geht, weil sie ein Kind erwartet, und er denkt, ich könnte sie ersetzen. Das hat doch nun weder mit seinem noch mit meinem Privatleben das geringste zu tun.«
Helga Großmann blickte auf und sah ihre Tochter kopfschüttelnd an. »Manchmal weiß ich nicht, ob deine Naivität echt oder gespielt ist. Über deine Teenagerjahre bist du doch längst hinaus.«
Die Ladentür klingelte, und ein junger Mann mit blonder Igelfrisur trat ein.
»Ich geh' jetzt!« verkündete Daniela.
»Aber erst Schulaufgaben, dann Asterix!« rief Katrin ihr nach, und gleichzeitig wurde ihr klar, wie unnötig diese Ermahnung war, da sie deren Befolgung doch nicht kontrollieren konnte.
Helga Großmann hatte sich inzwischen dem jungen Mann zugewandt.
»Meine Freundin wünscht sich den«, erklärte er mit einer Kopfbewegung zu dem über den Paravent drapierten Pullover.
»Ein kostbares Stück. Reine Seide. Handgearbeitet.«
»Wieviel?«
Helga Großmann nannte ihm den Preis.
»Für das Geld könnte man ja ein Mofa kaufen!«
»Ein gebrauchtes, ja. Aber nicht bei uns.«
»Geben Sie schon her!« – Der junge Mann zückte seine Brieftasche.
»Sind Sie sicher, daß er paßt? Es ist eine Größe achtunddreißig.«

»Wird schon stimmen.« – Er blätterte die Scheine auf den Ladentisch.
»Soll ich ihn hübsch verpacken?«
»Nie was von Umweltbelastung gehört?«
»Aber ja doch. Wir benutzen nur Bänder und Papier, das problemlos zu recyclen ist.«
»Trotzdem – nein, danke.«
Helga Großmann hatte den Pullover vom Paravent genommen und legte ihn jetzt behutsam zusammen. Währenddessen bückte Katrin sich und holte unter dem Tisch eine der stabilen Tragetaschen aus Papier hervor, die die buntgedruckte Aufschrift »Die kleine Strickstube« trug.
»Mit so einem Ding kann ich doch nicht rumlaufen!« protestierte der junge Mann.
Mutter und Tochter sahen sich fragend an.
»Haben Sie nichts Neutrales?«
»Einen Augenblick!« – Katrin nahm die Papiertasche, drückte – sehr vorsichtig, damit sie nicht einriß – den Boden nach oben, bis sie völlig umgestülpt war. »Ist es so neutral genug?«
»Na ja«, brummte der junge Mann, der fast noch ein Junge war, klemmte sich die Tasche unter den Arm und verließ das Geschäft.
Katrin erlaubte sich ein vergnügtes Lachen, aber die Mutter stimmte nicht mit ein.

Das Abendessen verlief in einer Atmosphäre übertriebener Höflichkeit. Helga Großmann und Daniela überboten sich mit »Bitte, mein Liebes« und »Danke, mein Liebes«, auch wenn es nur um das Anreichen des Brotkorbes oder der Wurstplatte ging. Sie schlossen auch Katrin aus ihrem zeremoniellen Getue nicht aus und gaben damit vor, vernunftbegabte, hochzivilisierte Menschen zu sein, die weit über allen Niederungen und Verwirrungen schwebten.
Katrin verstand die unausgesprochene Botschaft, und sie haßte sie; ihr Magen zog sich schmerzhaft zusammen.

»Du ißt ja fast nichts, mein Liebes«, stellte die Mutter fest.
Mit einer unbeherrschten Bewegung schob Katrin den Teller von sich, entschuldigte sich dann aber sofort. »Tut mir leid. Ich habe einfach keinen Hunger.«
Sie wartete auf die Bemerkung, daß sie wohl heute mittag zuviel, oder die Frage, was sie denn gegessen hätte. Aber nichts dergleichen geschah. Die anderen aßen mit gutem Appetit und formvollendeten Manieren weiter, dabei plauderten sie über Belanglosigkeiten.
Erst als die unendlich lange und langweilige Mahlzeit vorbei war und Katrin schon das Tablett geholt hatte, um abzuräumen, griff Helga Großmann dann doch das Thema auf, das in der Luft lag.
»Wenn wir dann erst allein sind, Liebes, werden wir uns umstellen müssen«, sagte sie zu Daniela, ohne ihre Tochter anzusehen.
Katrin explodierte. »Was soll das heißen? Wieso werdet ihr allein sein?«
»Wenn du erst in Hamburg bist.«
»Habe ich mit einem Ton gesagt, daß ich dort hinziehen will? Warum unterstellst du mir das? Ich habe nur auf Danielas Frage hin berichtet, was Claasen von mir wollte.«
»Nun, kommt das nicht auf dasselbe heraus?« fragte die Mutter sehr freundlich und entblößte mit falschem Lächeln ihre Zähne.
»Nein!« – Katrin schrie es fast.
»Nicht so laut, Liebes. Man hört dich bis ins Treppenhaus.«
»Nein!« wiederholte Katrin sehr leise und mit unterdrückter Wut.
»Dann haben Daniela und ich dich wohl falsch verstanden.«
»Ja, und zwar vollkommen.« – Katrin sammelte die Teller ein und knallte sie auf das Tablett.
»Aber nur weil du dich, das muß ich dir ganz offen sagen,

sehr mißverständlich ausgedrückt hast!« – Sie wandte sich an Daniela. »Bitte, Liebes, hilf deiner Mutter.«
»Ich habe mit keiner Silbe angedeutet, daß ich dort hinziehen will«, erklärte Katrin, jedes Wort überdeutlich artikulierend, »und noch weniger, daß ich euch verlassen will. Claasen hat, ganz im Gegenteil, die Meinung geäußert, daß ihr mit nach Hamburg kommen solltet.«
»Nach Hamburg?« schrie Daniela. »Aber ich will nicht nach Hamburg!«
»Und mein Geschäft?« rief Helga Großmann fast in gleicher Lautstärke.
»Nun regt euch doch nicht auf!« mahnte Katrin, wußte aber sehr wohl, daß sie heuchelte, denn dieser Aufruhr war wie eine Erlösung für sie. »Ich gebe ja nur wieder, was er mir vorgeschlagen hat. Aber ich habe keine Sekunde auch nur mit dem Gedanken gespielt, darauf einzugehen.«
»Ich will nicht weg aus Hilden«, maulte Daniela.
»Brauchst du ja auch nicht, Liebes«, sagte Katrin und spürte, daß sie mit dieser Bemerkung genau den verhaßten Ton ihrer Mutter einschlug.
»Ich kann mein Geschäft nicht im Stich lassen«, jammerte Helga Großmann.
»Das könntest du sehr wohl, wenn du es nur wolltest. Eine Vermietung der Räume würde kaum viel weniger, vielleicht sogar mehr einbringen als das Geschäft.«
»Das mutest du mir zu? Nachdem ich all die Jahre gerackert habe, nur um dich großzuziehen? Damit du eine sorglose Kindheit hattest?«
Katrin war sich gar nicht so sicher, daß ihre Kindheit tatsächlich sorglos gewesen war. Abgesehen von den Spannungen zwischen den Erwachsenen, unter denen sie leiden mußte, hatte ihr das Handarbeitsgeschäft schon während der Schulzeit fast jede freie Minute geraubt. Aber es war ihr bewußt, daß es zu nichts führen konnte, die Mutter darauf hinzuweisen. »Es war ja nur so eine Idee«, lenkte sie ein.

»Von diesem Claasen?«
»Ja«, gab Katrin nach kurzem Zögern zu.
»Was fällt diesem Typ ein, sich zwischen dich und mich zu stellen?«
»Das hat er ja gar nicht getan. Er hat sich das nur überlegt, als ich ihm sagte, warum ich nicht aus Hilden weg kann.«
Daniela nahm das Stichwort auf. »Ich will nicht von Hilden weg!«
Wie es Katrin schien, wiederholte sie das nun schon zum zigsten Mal. »Mußt du ja auch nicht, Liebes«, sagte sie mechanisch.
»Jedenfalls finde ich es unerhört, daß du einem völlig Fremden so tiefe Einblicke in dein Privatleben geboten hast«, ereiferte sich Helga Großmann.
»So fremd ist er mir ja nun auch wieder nicht.«
»Was?«
»Du weißt, daß ich ihn heute nicht zum ersten Mal getroffen habe.«
»Aber zum ersten Mal privat.«
»Das kommt auf den Standpunkt an, von dem man es betrachtet. Er hat sich mit mir getroffen, um mir ein berufliches Angebot zu machen.«
»Und du hattest daraufhin nichts Besseres zu tun, als ihn in deine privaten Angelegenheiten einzuweihen.«
»Ich mußte ihm doch einen Grund für meine Absage nennen.«
»Mußtest du nicht. Ein klares ›Nein‹ hätte genügt.«
Katrin warf die rabenschwarze Mähne in den Nacken. »Da bin ich anderer Ansicht.« – Sie trug das volle Tablett in die Küche, stellte es ab und begann damit, Wurstreste einzupacken und in den Kühlschrank zu räumen.
Daniela war ihr gefolgt und verwahrte das Brot in einem Tontopf. »Du gehst also nicht nach Hamburg?«
»Das war nie meine Absicht.«
»Aber du hast doch gesagt . . .«

»Ich habe euch erzählt, was Claasen von mir wollte. Hätte ich geahnt, was für ein Theater ihr deswegen machen würdet, hätte ich den Mund gehalten. In Zukunft werde ich das auch tun.« – Katrin ließ heißes Wasser in das Spülbecken laufen und warf ihrer Tochter ein Trockentuch zu.
»Was willst du uns nicht verraten?«
»Das weiß ich doch jetzt noch nicht.«
»Aber du willst Geheimnisse vor uns haben.«
»Worauf du dich verlassen kannst.«
»Mutti, nein, bitte nicht!«
»Stell dich bloß nicht so an! Noch habe ich ja gar kein Geheimnis.«
»Wenn ich 'ne schlechte Note habe, muß ich sie euch doch auch zeigen, auch wenn ich von vornherein weiß, daß ihr euch aufregt.«
»Ich kann mich nicht erinnern, je wegen einer Zensur geschimpft zu haben.«
»Stimmt, raushängen läßt du es nicht. Aber innerlich wurmt es dich doch.« – Daniela polierte eifrig Teller und stapelte sie zu einem Stoß.
»Trotzdem ist es richtig, daß du sie uns zeigst. Manchmal ist eine schlechte Note ja kein Zufall, sondern ein Zeichen dafür, daß man in einem Fach nicht mehr mitkommt – ich weiß, ich weiß, das ist bei dir noch nie vorgekommen, aber es könnte passieren. Die Schule wird ja immer schwerer, je älter man wird. Es ist möglich, daß du dann Hilfe brauchst, und deshalb müssen wir Bescheid wissen.«
»Das sehe ich ja ein.«
»Bravo, mein Liebes.«
»Aber du mußt uns auch immer alles erzählen.«
»Eben nicht. Wenn ich nach Hamburg gewollt hätte, hätte ich es euch sagen müssen. Das ist klar. Aber da ich das gar nicht vorhatte, wäre es besser gewesen, auch nicht darüber zu reden.«
Daniela stellte sich auf die Zehenspitzen, um Teller und Tas-

sen in den Geschirrschrank zu stellen. »Na, da bin ich aber gespannt, was Omimi davon hält.«
»Mußt du es ihr denn brühwarm berichten?«
Daniela drehte sich zu ihrer Mutter um. »Ist das jetzt auch schon geheim?«
Katrin begriff, daß sie nahe daran war, sich in eine schiefe Lage zu bringen. »Na schön«, befand sie, »wenn du möchtest, dann erzähl's Oma. Aber, bitte, nicht in meiner Gegenwart. Ich will keine neuen Vorhaltungen.«
Tatsächlich lachte Helga Großmann nur, als sie Danielas Bericht gehört hatte. »Das ist kein Grund, besorgt zu sein, Liebes. Deine Mutter könnte gar nichts für sich behalten, selbst wenn sie es wollte. Sie hat das noch nie gekonnt.«

Weihnachten näherte sich, und Frieden zog in die kleine Familie ein. Kein Wort fiel mehr über Claasen und sein Angebot. Auch als ein Scheck aus Hamburg kam, enthielt sich Helga Großmann jeder Bemerkung. Jean-Paul Quirin ließ nur durch seine bunten Ansichtskarten von sich wissen, und alle taten wie auf Verabredung, als würde er gar nicht existieren. Es war, als lebten sie in einer völlig abgeschotteten Welt.
Das Geschäft lief gut. »Haben wir nicht allen Grund, glücklich zu sein?« fragte Helga Großmann mehr als einmal.
Katrin war es nicht, aber sie wußte nicht, warum. Daß Jean-Paul ihr fehlte, verstand sie. Aber sie hatte ihn ja nicht verloren. Sie war sicher, daß er über kurz oder lang wieder auftauchen würde. Darauf hätte sie sich doch freuen können. Sie versuchte es, doch sie konnte es nicht.
Statt froh zu sein und das harmonische Zusammenleben mit Mutter und Tochter zu genießen, war sie verdrossen. Sie mußte sich sehr beherrschen, um ihre schlechte Laune nicht zu zeigen.
Wenn Daniela sie fragte: »Was hast du denn, Mutti?« – erwiderte sie: »Nichts, gar nichts!« – oder: »Ich bin müde. Das ist alles.«

Sie mochte nicht einmal bekennen, daß ihr Magen schmerzte, als hätte sie eine bleierne Kugel verschluckt.

Auf Betreiben Helga Großmanns hatte sie sich im vergangenen Frühling für drei Tage in die Städtische Klinik gelegt und sich von Kopf bis Fuß untersuchen lassen. Sie hatte sich sogar der sehr unangenehmen Magenspiegelung unterzogen, bei der sie einen dicken Schlauch hatte schlucken müssen. Der Befund war negativ. Die Ärzte hatten ihr versichert, daß ihr körperlich nichts fehlte.

»Es ist möglich, daß ein seelisches Leiden dahintersteckt«, hatte einer gesagt, »Sie sollten sich einer Psychotherapie unterziehen.«

Das hatte Katrin nicht eingeleuchtet.

Helga Großmann war ihrer Meinung gewesen. »Du sollst zu einem Seelenklempner? Einfach lächerlich. Jetzt wissen wir, daß dir nichts fehlt, und brauchen uns auch keine Sorgen zu machen. Vielleicht bist du ein bißchen nervös, aber dazu hast du keinen Grund. Also reiß dich zusammen.«

Da Katrin somit wußte, daß die Mutter die Magenschmerzen für reine Hypochondrie hielt, sprach sie nicht mehr darüber. Es hätte ja auch nichts genutzt. –

Seit Jahren gehörte es zur Tradition, daß sie in der Vorweihnachtszeit ihren Vater in Düsseldorf traf. Er managte ein Autohaus auf der stillen Seite der Königsallee. Manchmal trafen sie sich zum Essen, meist aber empfing er sie zu einem improvisierten kleinen Lunch in seinem Büro. So auch diesmal.

In den ersten Minuten der Begegnung waren beide, wie immer, leicht verlegen. Das Gespräch verlief stockend, sie unterhielten sich über Allgemeinplätze. Obwohl sie sich mochten, waren ihre Beziehungen in Katrins Kindheit so jäh und so nachhaltig gestört worden, daß sich eine normale Vater-Tochter-Beziehung nicht mehr ergeben hatte.

Sie saßen einander in der Besucherecke gegenüber, als seine Sekretärin den Lunch servierte, warmen Hummer und kaltes Roastbeef. Sie verteilte Servietten, stellte einen Toaster

auf den Tisch, und Gustav Großmann öffnete eine Flasche Weißwein.
»Ein Chablis«, erklärte er, als er einschenkte.
Katrin nippte an ihrem Glas. »Ausgezeichnet.«
»Verstehst du denn was davon?«
»Mittlerweile schon.«
Er legte ihr Hummer vor. »Ich freue mich, daß du Fortschritte machst. Iß ruhig mit den Händen. Du siehst, wir haben Fingerschalen.«
Katrin zögerte; sie trug einen empfindlichen grauen Kaschmirpullover. Aber dann dachte sie: ›Was soll's? Ich kann mich ja umziehen!‹, ergriff eine Schere und begann sie auszupulen. »Weißt du, gutes Essen wird für mich allmählich zu einer Liebhaberei.«
Gustav Großmann hatte sich ein großes Taschentuch über die Knie gebreitet. »Das sieht man dir aber nicht an.«
»Ich bin eben ein Gourmet und kein Gourmand.«
»Spielst du etwa auf meinen Bauch an?«
»Aber nein, Vater«, sagte sie erschrocken, »wo denkst du hin? Hast du denn einen? Das ist mir noch nie aufgefallen.«
»Weil ich ihn einziehe, wenn ich mit einer schönen Frau zusammen bin.« – Tatsächlich neigte Gustav Großmann zur Fülle und kämpfte seit Jahren dagegen an, durch Joggen, Hanteln und Diäten. Außerdem taten seine Maßanzüge das ihrige, seinen Leibesumfang zu kaschieren. Er war, obwohl über die besten Jahre hinaus, ein immer noch gutaussehender Mann mit seiner frischen, stets leicht gebräunten Gesichtsfarbe und dem dichten, eisgrauen Haar.
Katrin lachte. »Was für ein Kompliment, Vater! Ich bin ja nur deine Tochter.« Sie meinte es ehrlich, als sie sagte: »Aber du siehst wirklich blendend aus.«
»Du aber auch, Katrin. Wenn du mir auch immer ein bißchen zu dünn vorkommst. Aber vielleicht entspricht das der heutigen Mode?«
Katrin, die mit ihm weder über ihre Magerkeit noch über

ihre Magenschmerzen diskutieren wollte, stimmte rasch zu: »Du hast's erfaßt, Vater. Bei meiner Figur kann ich tragen, was ich will.«
Er blieb besorgt. »Ein paar Pfund mehr könnten dir aber bestimmt nicht schaden.«
»Die werden schon kommen im Lauf der Jahre.«
»Schreibst du immer noch für diese Zeitschrift?«
»Ja, Vater. Ich schreibe und entwerfe.« Katrin hätte ihm nur zu gern vom Angebot des Chefredakteurs erzählt, versagte es sich aber, weil sie wußte, daß der Vater sie drängen würde, es anzunehmen. »Man ist dort sehr zufrieden mit meiner Arbeit.«
»Dann wirst du ja in absehbarer Zeit aus dem Geschäft deiner Mutter aussteigen können.«
»Sag doch so was nicht, Vater! Das ist nicht fair. Du weißt genau, daß ich Mutter nicht im Stich lassen kann. Wir haben oft genug darüber diskutiert.«
»Ich sehe es einfach nicht ein, daß eine junge Frau mit deinen Fähigkeiten sich nicht endlich von Mutters Schürzenband lösen will.«
»Ich habe ihr viel zu verdanken.«
»Jeder Mensch hat seiner Mutter viel zu verdanken, sei es auch nur, daß sie ihn zur Welt gebracht hat. Das sollte aber doch kein Grund sein, ewig bei ihr hängenzubleiben.«
Katrin holte tief Luft. »Vater«, sagte sie, »merkst du nicht, daß du noch schlimmer bist als sie? Ich bin eine erwachsene Frau. Trotzdem hörst du nicht auf, mich beeinflussen zu wollen. Kannst du nicht zur Kenntnis nehmen, daß ich weiß, wie ich leben will und wie nicht?«
»Donnerwetter, jetzt hast du es mir aber gegeben«, sagte er unbeeindruckt.
Sie tauchte die Hände in die Fingerschalen, in deren lauwarmem Wasser die Scheibe einer Zitrone schwamm, trocknete sich mit der Serviette ab und betupfte ihren Mund. »Wenn du so weitermachst, verdirbst du mir noch den Appetit.«

»Das wäre schade«, gab er zu.
»Ja, nicht wahr? Also laß uns über etwas anderes reden. Wie gehen deine Geschäfte?«
»Als würde dich das interessieren!«
»Du hast recht. Das war eine dumme Frage. Man sieht dir ja an, daß du Erfolg hast.« Katrin nahm einen Schluck Wein. »Ich bleibe übrigens über Nacht in Düsseldorf. Dank deiner Wohnung kann ich mir das ja jederzeit erlauben. Ich bin dir wirklich dankbar dafür, Vater. Ich nehme das nicht so einfach hin.«
»Hast du heute abend was vor?«
»Noch nicht. Ich bin nur gekommen, um dich zu sehen und um Weihnachtseinkäufe zu machen. Ich will versuchen, irgendwas zu ergattern, das man in Hilden nicht kriegen kann.«
»Willst du zu uns nach Hause kommen?«
»Wirklich nett von dir, mir das vorzuschlagen. Aber nein, das will ich nicht.«
»Es tut mir so leid, Katrin.«
»Muß es nicht. Es war dein gutes Recht, dir ein neues Leben aufzubauen, und ich bin froh darüber, daß du es geschafft hast.«
Gustav Großmann hatte einige Jahre nach der Scheidung ein zweites Mal geheiratet, eine nicht mehr ganz junge und auch nicht besonders hübsche Frau, die aber eine Villa in Düsseldorf-Oberkassel und ein Vermögen mit in die Ehe gebracht und ihm rasch hintereinander zwei Söhne geschenkt hatte. Margot war das, was man eine patente Frau nennt und ganz gewiß die richtige Partnerin für Gustav Großmann. Aber bei aller Vernunft, allem guten Willen und aller Großzügigkeit konnte sie nicht aufhören, auf Helga, die sie nie kennengelernt hatte, eifersüchtig zu sein. Aus diesem Gefühl heraus lehnte sie Katrin ab. In ihren Augen war es völlig überflüssig, daß Gustav sich überhaupt noch um seine längst erwachsene Tochter kümmerte.

Katrin rechnete es ihm hoch an, daß er es trotzdem tat. »Ich hätte dir gerne was Schönes gestrickt«, erklärte sie, »aber wir wissen ja beide, du würdest nur Ärger damit haben.«
Margot hatte Katrins frühere Geschenke zwar bewundert, aber dann, bei nächster Gelegenheit, in heißes Wasser getaucht, so daß sie zu einem Nichts zerklumpt waren.
Beide dachten jetzt daran und konnten, obwohl sie seinerzeit sehr erbost gewesen waren, nun gemeinsam darüber lachen. Es war einer jener seltenen Momente, in denen sie sich wirklich verstanden, und es tat ihnen gut.
»In gewisser Weise sind wir arm dran, wir beide«, sagte Gustav Großmann, »ich hätte dir gerne ein nettes Schmuckstück geschenkt. Aber ich fürchte, deiner Mutter würde es gelingen, dir den Spaß zu vermiesen.«
Unwillkürlich wollte Katrin sich für die Mutter in die Bresche werfen. Aber so verlogen konnte sie dann doch nicht sein. Der Vater, der Helga nur zu gut kannte, hätte sie ausgelacht. »Lieb von dir«, sagte sie, »ich weiß die gute Absicht zu schätzen.« Sie biß in eines der mit Mayonnaise und Cornichons gefüllten Roastbeef-Röllchen und knabberte Toast dazu.
»Deshalb habe ich ein paar Scheinchen für dich abgezweigt.«
»Aber, Vater, das solltest du nicht!« Katrin protestierte mit vollem Mund. »Ich habe Geld genug, wirklich.«
»Sag nicht so was Dummes! Niemand kann Geld genug haben.«
»Doch! Wenn das, was man hat, den Bedürfnissen entspricht.«
»Wenn man mehr hat, dann steigen auch die Bedürfnisse ganz von selber. Falls du wirklich nichts damit anzufangen weißt, dann tu es Daniela aufs Sparbuch.«
»Das kontrolliert Mutter.« – Im nächsten Augenblick hätte sie sich ohrfeigen können, weil ihr diese Erklärung herausgerutscht war.

Der Vater sah sie nur an. Sie wußte, daß er jetzt am liebsten gefragt hätte: ›Nicht einmal über das Sparbuch deiner Tochter kannst du frei verfügen?‹ – Sie war ihm dankbar, daß er es nicht aussprach.
»Na, irgendwas wirst du schon damit anfangen können«, sagte er nur, »da bin ich mir ganz sicher. Du wirst mir doch die Freude nicht verderben.«
»Ich nehme es an, Vater, und ich bin dir dankbar. Es ist schön für mich ...« Sie stockte, suchte nach Worten »... einen Vater zu haben«, ergänzte sie dann.
»Das soll es ja auch sein.«

Ein Paket von Jean-Paul Quirin traf ein; es war groß und schwer und wurde unten im Geschäft abgegeben.
»Bring es rauf und pack es aus«, sagte Helga Großmann, »die paar Minuten schaffe ich es auch allein.«
Katrin lehnte dankend ab. »So vergnügungssüchtig bin ich denn doch nicht.«
Aber obwohl sie die Kundschaft so freundlich und interessiert wie immer bediente, ging ihr der Gedanke an dieses Paket auch nicht eine Minute aus dem Kopf; sie war ungeheuer gespannt darauf, was Jean-Paul ihr geschickt hatte.
Erst in der Mittagspause brachte sie es in die Wohnung. Sie hatte gute Lust, es in ihr Zimmer zu bringen, verzichtete aber ganz bewußt darauf, damit die anderen sich nicht ausgeschlossen fühlten.
»Mach's auf, mach's auf!« drängte Daniela. »Und die Marken kriege ich, ja?«
»Ich denke, wir sollten erst in aller Ruhe essen«, sagte Katrin.
»Wenn du meinst!« entgegnete die Mutter. »Es ist dein Paket. Du kannst es dir auch unter den Weihnachtsbaum stellen.
»Das wäre doch blöd!« rief Daniela. »Wo es jetzt doch schon da ist.«

»Wenn die Post alle Weihnachtspakete erst am Heiligen Abend ausliefern müßte«, sagte Helga Großmann, »würde sie zusammenbrechen.«

»Nein, ich mache es schon gleich auf«, entschied Katrin, »gleich nach dem Essen.«

Es gab Linsen mit durchwachsenem Speck und, obwohl Katrin nervös war, aß sie mit gutem Appetit und ohne daß der Magen revoltierte.

Daniela hatte sich nur eine winzige Portion genommen und sie in affenartiger Eile heruntergeschlungen. »Ich bin fertig«, verkündete sie dann, als hätte sie eine große Tat begangen.

»Aber wir noch nicht«, dämpfte die Großmutter ihren Eifer.

Als Daniela merkte, daß die Erwachsenen sich ihr zuliebe nicht beeilten, tat sie sich dann doch noch einen Löffel Linsen auf. »Jetzt komm aber!« drängte sie die Mutter, kaum daß ihr Teller leer war.

»Was erwartest du dir eigentlich?« fragte Katrin.

»Keine Ahnung. Deshalb ist es ja so spannend.«

»So, ihr beide, ich räume jetzt ab und mache die Küche, und ihr kümmert euch um das Paket«, entschied Helga Großmann.

»Sollen wir dir nicht doch . . .«

Daniela fiel ihrer Mutter ins Wort. »Nein, Mutti! Du hast ja gehört, was Omimi gesagt hat. Ich hole jetzt eine Schere.« Sie sprang auf und lief auf Katrins Zimmer zu.

»Stop!« rief Katrin ihr nach.

Daniela verhielt den Schritt so plötzlich, daß sie ins Stolpern geriet. »Was ist denn?«

»Nicht in mein Zimmer! Auch in der Küche ist eine Schere, in der Schublade unter dem Herd.«

»Ich verstehe immer nur Bahnhof«, murrte Daniela, trollte sich dann aber in Richtung Küche.

Helga Großmann blickte Katrin wissend an. »Ein Geschenk für Daniela?«

»Schon möglich.«

»Was ist es? Mir kannst du es doch verraten.«
»Nein, nein, auch du mußt dich gedulden.«
Tatsächlich hatte Katrin in Düsseldorf eine chinesische Bodenvase für das Wohnzimmer erstanden, mit der sie die Mutter überraschen wollte. Es war ein teures Stück, und wenn der Vater ihr nicht Geld zugesteckt hätte, wäre ihr der Preis wahrscheinlich zu hoch gewesen. So aber hatte sie schnell entschlossen zugegriffen. Das Geschenk sollte ein Ersatz sein für eine frühere Bodenvase, lange nicht so schön, die Daniela im Krabbelalter umgestoßen und zerbrochen hatte. Katrin hatte aufpassen müssen, um sie unbeobachtet in ihr Zimmer zu transportieren, und genauso schwierig war es gewesen, drei Zweige mit leuchtendroten Weihnachtssternen in die Wohnung zu schmuggeln.
Jetzt kam Daniela mit der Küchenschere an und machte sich sofort daran, das Paket aus dem Packpapier zu schälen. Katrin ließ sie gewähren und half der Mutter beim Abräumen.
»Ein Karton«, rief Daniela, »ein großer Karton!«
Beide, Katrin und ihre Mutter, kamen aus der Küche gelaufen.
»Darf ich ihn öffnen?« fragte das kleine Mädchen.
»Da du nun schon so weit bist«, sagte Katrin, und das Herz klopfte ihr vor Erwartung bis zum Hals.
Daniela nestelte weiter, brachte Bogen von zusammengefaltetem Papier zutage, die sie achtlos zu Boden warf, und stieß auf ein rundes, goldgelbes Gebilde. »Was ist das?« rief sie verblüfft.
»Ein Käse«, stellte Helga Großmann fest, die ihrer Enkelin über die Schulter geblickt hatte.
Die Enttäuschung traf Katrin wie ein Schlag; sie ließ sich auf die Kante eines Sessels sinken. Was hatte sie denn erwartet? Sie wußte es selber nicht. Aber ganz gewiß keinen Käse.
»Ein Schweizer Gruyère im Stück! Das ist doch etwas«, sagte die Mutter, »und hier noch ein geräucherter Schinken.«

»Und eine ganz, ganz dicke Tafel Schweizer Schokolade!«
Daniela wühlte zwischen den Papierschichten herum. »Das ist aber auch alles.«
»Nicht ganz«, stellte Helga Großmann fest, »das Wichtigste hast du vergessen: die Glückwunschkarte. Frohe Weihnachten in vier Sprachen. Sehr hübsch, Liebes. Willst du sie aufbewahren?«
›Nein, wirf sie weg!‹ hätte Katrin beinahe gesagt, aber sie wollte sich ihre Enttäuschung nicht anmerken lassen. »Ja, sicher«, sagte sie und nahm sie entgegen.
»Er scheint sich Sorgen zu machen, daß du bei uns nicht genug zu essen kriegst«, sagte Helga Großmann.
»Das bestimmt nicht«, widersprach Katrin schwach.
»Na, jedenfalls ist es gut, daß wir das Paket jetzt schon aufgemacht haben. Verpflegung haben wir also satt. Wir brauchen nicht soviel für die Feiertage einzukaufen.«
›Was hat er sich bloß dabei gedacht?‹ fragte sich Katrin. ›Einer Tochter, die in der Fremde wohnt, schickt man so etwas, einer Studentin, aber doch nicht einer Frau, die in ihrer Familie lebt. Aber er behandelt mich ja immer wie ein kleines Mädchen. Wahrscheinlich hat er es gut gemeint.‹
»Heb das Papier auf, Danny«, hörte sie die Mutter sagen, »falte es ordentlich zusammen und tu es wieder in den Karton. Wir werden es zum Recyclen geben. Wolle können wir ja nicht gut darin verpacken.«
Daniela lachte. »Dann würde sie nach Käse riechen!« Sie steckte ihr Näschen hinein. »Puh, stinkt ganz schön.«
»Nichts stinkt, Liebes«, wies die Mutter sie zurecht, »so etwas sagt man nicht. Käse kann gar nicht stinken, sondern nur duften, vielleicht etwas herb. Wißt ihr, wie wir früher so ein Paket nannten?« Sie gab sich selber die Antwort. »Freßpaket.«
»Waren so die Pakete, von denen du uns immer erzählst? Die nach dem Krieg aus Amerika kamen?«
»Die ›Carepakete‹, meinst du? Nein, so gute Sachen waren

da nicht drin, sondern in erster Linie Mais, und dann Corned beef und Fett. Aber wie haben wir uns darüber gefreut, es gab ja damals nichts. Die Carepakete haben uns das Leben gerettet.«
Helga Großmann, nach dem Krieg geboren, hatte die schlimmen Jahre gar nicht oder höchstens als Baby mitbekommen; sie kannte sie eigentlich nur aus den Erzählungen ihrer Eltern. Trotzdem sprach sie gerne darüber. Und auch diesmal endete sie, wie meist: »Ihr wißt gar nicht, wie gut ihr es heute habt!«
›Das stimmt‹, dachte Katrin, ›ich habe es wirklich gut. Mir mangelt es an nichts. Ich sollte mich schämen, so unzufrieden zu sein.‹ Und sie schämte sich tatsächlich ein bißchen.
›Wenn Jean-Paul mir ein Kunstwerk geschenkt hätte – hatte ich mir das erhofft? Nein, bestimmt nicht – einen Buddha aus Elfenbein etwa – wie komme ich jetzt darauf? –, hätte ich mich bestimmt gefreut. Ich hätte ihn irgendwo hingestellt, ein Trumm mehr in meinem Zimmer, und nach ein paar Wochen hätte ich ihn gar nicht mehr beachtet. Man weiß doch, wie so etwas geht. Den Käse kann man wenigstens essen.‹
Sie erhob sich. »Ich finde es rührend von Jean-Paul«, behauptete sie.
»Ich find's komisch«, entgegnete Daniela, »ein Freßpaket, ausgerechnet für dich, wo du so selten Appetit hast.«
»Vielleicht gerade deshalb«, meinte Helga Großmann, »weil sie zu dünn für ihn ist, versucht er sie aufzupäppeln.«
»Dann nehmen wir uns doch alle gleich ein Stück Schokolade«, schlug Daniela vor, »als Nachtisch sozusagen. Oder ist sie nur für dich da, Mutti?«
»Nein«, sagte Katrin, »ihr könnt euch davon nehmen, soviel ihr wollt. Aber immer nur nach dem Essen. Das gilt natürlich nur für dich, Daniela. Oma weiß selber, was sie tut.«
Sie wunderte sich, daß die sanft-bittere Schokolade, die ihr im Mund zerrann, trotz allem so gut schmeckte.

Der Heilige Abend verlief harmonisch. Sie hatten, wie die Jahre zuvor, Tilly mit ihrem Evchen eingeladen, waren aber nicht enttäuscht, als die junge Frau absagte. Sie hatte sich inzwischen mit ihren Eltern versöhnt und würde zum Fest zu Hause sein.

Katrins chinesische Bodenvase wurde die Überraschung des Abends, wenn sie auch nicht ganz so begeistert aufgenommen wurde, wie sie erwartet hatte. Sie konnte sich des Eindrucks nicht erwehren, daß die Mutter das Geschenk schon früher ausspioniert hatte, war ihrer Sache aber nicht sicher. Sie selber bekam einen wunderbaren Bildband geschenkt, der Gobelins und Teppiche aus der Zeit der Renaissance zeigte, und von Daniela einen Abreißkalender, den das Mädchen auf einen buntbemalten Pappkarton gesetzt hatte. Die Geschenke für Daniela, Spiele und Bücher, hatten die Erwachsenen gemeinsam ausgesucht.

Ganz wie im Bilderbuch begann es bei hereinbrechender Dämmerung zu schneien. So bekamen die Kerzen und die vergoldeten Nüsse am Baum einen ganz besonderen Glanz.

Anschließend gab es Kartoffelsalat mit Würstchen, ein sehr profanes Essen, das aber allen dreien nach all den Plätzchen und Süßigkeiten hervorragend schmeckte. Helga Großmann hatte nach dem Tod ihrer Mutter die großen Kochereien an Festtagen resolut abgeschafft, und Katrin dachte, daß dies ein Tip war, den sie Ernst Claasen hätte geben können. Sie sprach es auch aus.

»Das war sehr klug von dir, Mutter«, sagte sie.

»So weit habe ich gar nicht gedacht«, gab Helga Großmann zu, »ich fand einfach, daß es sich für uns zwei beide nicht mehr lohnte.«

»Und was ist mit mir?« fragte Daniela. »Jetzt sind wir doch drei.«

»Möchtest du wirklich, daß Oma stundenlang in der Küche steht und für uns brutzelt?«

»Nein, danke. Mir hat die Plätzchenbackerei genügt.«
»Na, siehst du. Und auf diese Weise schont Oma ihre Nerven.«
»Du könntest doch auch mal kochen«, meinte Daniela, nicht ohne Logik.
»Deine Mutter hat andere Begabungen.«
Sie tranken Wein – auch Daniela bekam ein Likörglas voll, damit sie anstoßen konnte – und waren sehr vergnügt miteinander.
»Ich habe noch eine Überraschung!« verkündete Helga Großmann.
Katrin und Daniela sahen sie erwartungsvoll an.
»Wir schließen das Geschäft bis über Neujahr.«
»Eine gute Idee!« rief Katrin. »Dann habe ich Zeit und Ruhe, meine Arbeiten für ›Libertà‹ zu erledigen.«
»Ob du dazu kommen wirst, weiß ich allerdings nicht.«
»Aber ich muß, Mutter. Ich habe wirklich eine Menge zu tun.«
»Nicht zwischen den Feiertagen. Viel wichtiger ist, daß du mal richtig ausspannst.«
»Oma hat recht!« sagte Daniela. »Spiel lieber mit mir, Mutti! Ilse und Tanja sind verreist und...«
Helga Großmann nahm das Stichwort auf: »Wir verreisen auch. Nach Winterberg. Mit etwas Glück haben wir dort sogar Schnee.«
Sehr rechtzeitig, schon vor Monaten, hatte sie in der »Pension Haselmann« Zimmer reservieren lassen.
»Und das hast du so lange für dich behalten?« fragte Katrin.
»Es ist mir gar nicht so leicht gefallen«, gab Helga Großmann zu.
»Wenn kein Schnee liegt, können wir Schlittschuh laufen!« rief Daniela.
Auch Katrin freute sich. Sie waren schon öfter, wenn auch nur übers Wochenende, im Sauerland gewesen, hatten die

reine Luft und die Spaziergänge in den Wäldern genossen. Diesmal bestand sogar die Möglichkeit, Ski zu laufen oder zu rodeln. Selbst wenn daraus nichts werden sollte, war es schon verlockend genug, sich eine Woche verwöhnen zu lassen, sich an den gedeckten Tisch zu setzen und keinen Handschlag im Haushalt tun zu müssen.
Trotzdem sagte sie: »Das hättest du aber ruhig vorher mit mir besprechen können.«
»Wozu, Liebes?«
»Wenn ich nun was anderes vorgehabt hätte.«
»Das hättest du mir doch gesagt.«
»Wir hätten uns schon vorher darauf freuen können«, sagte Daniela, »aber ist ja egal. Hauptsache, wir fahren. Wann?«
»Übermorgen.«
»Am zweiten Weihnachtsfeiertag? Hoffentlich kriege ich dann jemanden, der mir die Winterreifen aufzieht. Ohne Winterreifen traue ich mich nicht ins Gebirge.«
»Du könntest Ketten auflegen.«
»Kannst du das? Ich nicht.«
Sie waren aufgeregt bei der Aussicht auf Ferien im Schnee und tauschten Erwartungen und Befürchtungen aus. Als der Tisch abgeräumt war, legte Daniela eines ihrer neuen Spiele auf, und Helga Großmann und Katrin probierten es mit ihr aus. Nicht einmal Daniela kam auf die Idee, den Fernseher einzuschalten.

Der Schnee vom Heiligen Abend verwandelte sich in einen häßlichen eisigen Schneeregen. Das tat der Reisefreude aber keinen Abbruch. Nach einigen Telefonaten hatte Katrin einen Mechaniker gefunden, der bereit war, ihr die Winterreifen am Morgen des zweiten Weihnachtstages zu montieren. Sie fuhr früh los und kam gegen neun Uhr – sie hatte die Sommerreifen noch in der Garage verstauen müssen – in die Wohnung zurück. Helga Großmann und Daniela saßen sozusagen auf den gepackten Koffern.

»Olé!« rief sie. »Jetzt muß ich mich nur noch waschen und umziehen, dann können wir.« Sie hatte dem Mechaniker geholfen und für den Umgang mit den Autoreifen einen Arbeitskittel über einen ausgeleierten Pullover und ihre ältesten Jeans gezogen.
»Mach schon!« drängte Daniela.
Katrin streifte die Handschuhe ab und behauchte ihre kalten Fingerspitzen.
Das Telefon klingelte.
»Wer kann das sein?« fragte Katrin und war sich zugleich bewußt, wie töricht diese Frage war.
»Tanja und Ilse rufen bestimmt nicht aus dem Ausland an«, behauptete Daniela.
»Das ist höchstens eine Kundin, die irgend etwas reklamieren will«, sagte Helga Großmann, »lassen wir es einfach klingeln. Wir könnten ja auch schon fort sein.«
»Ich finde doch, wir sollten abnehmen«, meinte Katrin.
»Wozu?«
»Es könnte doch was Wichtiges sein.« – Sie ging zum Apparat.
Helga Großmann kam ihr zuvor. »Laß mich!« – Sie nahm den Hörer ab und meldete sich.
Katrin stand so nahe bei ihr, daß sie eine männliche Stimme am anderen Ende der Leitung erkannte. »Vater?« fragte sie besorgt. Es war nicht üblich, daß Gustav Großmann in Hilden anrief, auch nicht, um zu den Feiertagen zu gratulieren.
Mutter und Tochter sahen sich in die Augen.
»Nein«, sagte Helga Großmann und reichte ihrer Tochter den Hörer, »für dich.«
»Katrin Lessing.«
»Na, endlich!« erwiderte eine männliche Stimme.
»Du bist es, Jean-Paul! Wie lieb von dir.«
»Ich habe schon einmal angerufen. Hat man es dir nicht ausgerichtet?«

»Nein. Weißt du, wir sind gerade im Aufbruch und...«
Er ließ sie nicht aussprechen. »Ich muß dich sehen.«
»Wann?«
»Heute noch. Sieh zu, daß du einen Flieger nach München bekommst.«
»Aber, Jean-Paul, das ist unmöglich!«
»Unmöglich ist nichts, ma chérie. Das ist ein Wort, das du aus deinem Sprachschatz streichen solltest.«
»Versteh mich doch! Wir sind im Begriff zu verreisen.«
Eine kurze Pause entstand am anderen Ende der Leitung. Katrin hoffte schon, er würde die Situation begriffen haben.
»Und das Geschäft?« fragte er dann.
»Ist vorübergehend geschlossen.«
»Excellent! Dann bist du ja frei, ma petite.«
»Nein, es ist anders! Du siehst das falsch, Jean-Paul.«
»Du läßt deine Mutter und deine Tochter zusammen verreisen und kommst zu mir nach München.«
Es schien so aussichtslos, ihm die Situation zu erklären, daß Katrin es auf einem anderen Weg versuchte. »Bist du denn in München?«
»Nein, in Zürich. Aber ich habe ein Ticket nach München.«
»Mach endlich Schluß, Mutti!« rief Daniela dazwischen.
»Sei still, Liebes!« mahnte Helga Großmann.
»Wir wollen in meinem Auto nach Winterberg im Sauerland fahren«, versuchte Katrin ihm klarzumachen.
»Laß ihnen dein Auto. Du kommst auch so zum Flughafen.«
»Ja, Jean-Paul, natürlich ginge das. Aber Mutter hat gar keinen Führerschein.«
»Oh là là! Das ist traurig. Aber jetzt hör mir mal gut zu: Du hast Ferien, n'est-ce pas? Warum willst du die nicht mit mir verbringen? Wenigstens ein paar Tage? Ich muß dich sprechen. Es ist wichtig.«

Katrin seufzte. »Wenn du dich nur früher gemeldet hättest!«
»Ich habe dich schon einmal angerufen, das sagte ich dir doch.«
»Viel früher, meine ich. Vor einer Woche. Dann hätte ich anders disponiert.«
»Wie kann man nur so schwerfällig sein? Nun gut, du kannst nicht nach München kommen, dann tausche ich mein Ticket und fliege nach Düsseldorf. Wir treffen uns in deiner Wohnung.«
»Aber wie kann ich das?«
»Du fährst deine Familie ins Sauerland und kommst zu mir.«
»Jean-Paul, das würde Stunden dauern!«
»Und – bin ich dir diese paar läppischen Stunden nicht wert?«
»Natürlich, Jean-Paul, für dich würde ich durch die Wüste laufen. Aber meine Familie...«
»... wird sehr gut ohne dich zurechtkommen, glaub mir das. Ein kleines Mädchen und eine grand-mère sind immer d'accord.«
»Warte mal!« Katrin hielt die Sprechmuschel zu. »Würde es euch was ausmachen, wenn ich euch nur nach Winterberg brächte und dann...«
»Natürlich nicht, Liebes!« fiel Helga Großmann ihr ins Wort. »Fühl dich uns nur nicht verpflichtet.«
»So was Doofes!« motzte Daniela.
Katrin nahm die Hand von der Muschel. »Abgemacht. Ich komme. Aber ich kann noch nicht sagen, wann genau. Das Wetter hier ist scheußlich.«
»Fahr nur vorsichtig, chérie! Ich werde warten.«
Nach ein paar kurzen Abschiedsworten legte Katrin auf. »Es tut mir ja so leid«, sagte sie.
Helga Großmann zuckte die Achseln. »Warum solltest du mit uns verreisen, wenn dir etwas Besseres geboten wird?«

Daniela hingegen fauchte ihre Mutter an. »Du bist eine Verräterin!«
Katrin zuckte zusammen.
»Du wirst dich daran gewöhnen müssen, Liebling«, meinte Helga Großmann, »Beziehungen zwischen Frauen gehen immer in die Binsen, sobald ein Mann auftaucht.«
»Das ist nicht wahr!« protestierte Daniela.
»Aber ja doch, glaube es mir. Das ist nun einmal so.«
»Stimmt nicht, Oma. Du würdest uns nie im Stich lassen wegen so einem.«
»Doch«, sagte Katrin, »sie hätte es einmal fast getan.«
»Aber eben doch nicht.«
»Weil ich mich fürchterlich angestellt habe.«
»Ist das wahr?« fragte Daniela ungläubig.
»Laß es dir von Oma erzählen. Ich mach' mich jetzt zurecht, damit wir endlich loskönnen.«

Im Bad zog Katrin Jeans, Pullover und Arbeitskittel aus und stopfte alles in den Behälter für schmutzige Wäsche. Während sie sich die Hände wusch, sah sie im Spiegel ihr weißes Gesicht mit den klaren grauen Augen. Es wirkte erschöpft. Sie fühlte sich wie das Kind im Kreidekreis, an dem von zwei Seiten gezerrt wird.
War es denn wirklich unrecht, daß sie Mutter und Tochter für ein paar Tage, mehr würden es bestimmt nicht werden, am Ferienort allein ließ? Ihr Verstand antwortete ihr mit einem klaren Nein, aber ein unbestimmtes Gefühl verurteilte sie.
Wie war es denn damals gewesen? Sie hatte lange nicht mehr daran gedacht, und niemals hatte die Mutter sie später darauf angesprochen, aber sie hatten es beide nie vergessen. Sie war älter gewesen als Daniela heute, zwölf oder dreizehn Jahre. Die Großeltern waren schon gestorben, und sie hatten die Wohnung für sich allein gehabt. Endlich sah es wieder für sie aus, als sollte das Leben angenehm werden.

Da war dieser Mann aufgetaucht, den sie verabscheut hatte. Warum? Weil er spießig und überkorrekt war, ein Postbeamter im höheren Dienst? Oder nur, weil sie fürchtete, er könnte ihr die Mutter nehmen? Noch heute konnte sie das nicht entscheiden. Aber sie neigte jetzt eher zu der Ansicht, daß er in Wirklichkeit ganz in Ordnung gewesen war, sonst hätte die Männern gegenüber äußerst kritische Mutter sich wohl nicht für ihn erwärmt. Aber sie, Katrin, hatte ihn jedenfalls gehaßt.

Aber sie hatte es sich nicht anmerken lassen, hatte sich großmütig und duldsam gegeben. Sie erinnerte sich noch daran, daß sie beobachtet hatte, wie die Mutter sich schöngemacht hatte, trällernd und vergnügt wie ein ganz junges Mädchen. Sie hatte sich überaus erhaben dabei gefühlt, war sich sicher gewesen, daß der Spuk über kurz oder lang enden mußte. Sie war bereit gewesen und stark genug, die Mutter über die unvermeidliche Enttäuschung hinwegzutrösten.

Sie mußte diesen Mann, der doch gar nicht mit ihr verwandt war, »Onkel Karl« nennen. Und sie hatte es getan, wenn auch stets mit einer Ironie, die die Erwachsenen nicht beachteten. Sie hatte gelitten, wenn er bei ihnen übernachtet hatte, in dem großen Zimmer, in dem früher die Großeltern geschlafen und das die Mutter danach übernommen hatte. Jedenfalls hatte »Onkel Karl« sich nie im Schlafanzug oder in Unterhosen vor ihr blicken lassen, und das hatte es immerhin erträglich gemacht.

Aber als die Mutter ihr dann eröffnet hatte – bei einem Frühstück am Montag morgen, sie wußte es noch, als wäre es gestern gewesen –, daß sie und »Onkel Karl« heiraten wollten, da war sie ausgerastet. »Das kannst du mir nicht antun!« hatte sie geschrien. »Ich will ja gar nicht, daß er mich liebhat. Ich brauche ihn nicht. Schick ihn zum Teufel! Ich hasse ihn.«

Alle Argumente der Mutter waren an ihr abgeprallt. Es hatte sie nicht interessiert, daß er gut verdiente und später

eine hohe Pension zu erwarten hatte. Daß er ein hochanständiger Mann wäre, hatte sie nicht glauben wollen. Daß er Vaterstelle bei ihr übernehmen wollte, hatte sie ganz und gar lachhaft gefunden.
»Ich habe genug von deinen Dummheiten«, hatte sie geschrien, »ich habe jetzt endlich die Nase voll. Er oder ich! Das ist mein letztes Wort.«
»Und wenn ich mich nun für ihn entscheiden würde?« hatte die Mutter mit erstaunlicher Festigkeit gefragt.
Damit hatte Katrin nicht gerechnet. Es verschlug ihr den Atem. Hatte Mutter nicht immer wieder gesagt: ›Du bist alles, was ich noch habe auf dieser Welt‹? – Und jetzt sollte sie nicht mehr »alles« sein, nicht mehr das »einzige«, sondern gar nichts, abserviert von einem langweiligen und kleinkarierten Typen wie »Onkel Karl«, den die Mutter erst seit wenigen Monaten kannte und unmöglich durchschauen konnte.
Spontan wollte Katrin erwidern: ›Dann reiße ich aus!‹ – Aber im gleichen Augenblick begriff sie, daß dies eine alberne Drohung gewesen wäre. Ausreißer wurden in der Regel geschnappt, gedemütigt und nach Hause geschleppt, wenn nicht gar in ein Heim gesteckt. Sie mußte sich schon etwas Besseres einfallen lassen, und es fiel ihr ein. »Dann gehe ich eben zu Vater und ...«
Spöttisch war ihr die Mutter ins Wort gefallen. »Margot wird sich freuen.«
»... er wird mir bestimmt einen Platz in einem guten Internat verschaffen«, hatte Katrin erklärt, mit so viel Kälte, wie sie aufbringen konnte.
Die Mutter war erblaßt. Sie wußte, daß Katrins Behauptung nicht aus der Luft gegriffen war. Gustav Großmann würde nichts lieber tun, als die Gelegenheit ergreifen, sich für seine Tochter einzusetzen und sie der Mutter wegzunehmen. Sie dachte nicht daran, daß der Besuch eines Internats ja keine Trennung für immer bedeuten würde, daß es auch Ferien

gab, große und kleine, mehrmals im Jahr, und daß Katrin auch als Internatsschülerin der Fürsorge der Mutter bedürfen würde.

Jedenfalls hatte Katrin sich das damals so vorgestellt, und sie dachte heute noch, daß die Mutter so empfunden haben müßte: die Angst, ihre Tochter ganz und für immer zu verlieren. Anders konnte sie sich nicht vorstellen, wieso sie den Machtkampf gewonnen hatte. Denn ihre Mutter trennte sich wirklich von Karl. Einige Zeit traf sie ihn noch, das hatte Katrin gespürt, aber nie mehr suchte er sie zu Hause auf, und nicht viel später verlief die ganze Angelegenheit im Sande.

Von da an hatte sie sich der Mutter gegenüber schuldig gefühlt.

Aber war es denn wirklich ihre Schuld gewesen? Hätte die Mutter nicht kämpfen müssen, wenn sie diesen Mann liebte? Hatte sie ihn denn wirklich geliebt? Hatte sie nicht möglicherweise Angst vor einer offiziellen Bindung gehabt und war ihr der Widerstand ihres Kindes gerade recht gewesen, um zu entkommen?

Fragen über Fragen, deren Antworten Katrin nie finden würde. Seinerzeit hatte die Mutter nicht mit ihr darüber reden können, denn sie war ja noch ein kleines Mädchen gewesen. Heute konnte sie das Thema genausowenig anschneiden. Es würde auch sinnlos sein, denn die Mutter würde sich die Zusammenhänge so zurechtgelegt haben, daß sie ihr paßten. Das bedeutete: sie hatte Katrin ihr Lebensglück geopfert. Sie hatte das nie gesagt, aber diese Vorstellung lag, wenn auch unausgesprochen, stets in der Luft. Katrin hatte nicht die Kraft, sie abzuschütteln. Immer lebte sie unter dem Druck, die Mutter für ein verhindertes Glück entschädigen zu müssen.

Als dann Peter in ihr Leben trat, hatte sie einen Ausbruch versucht. Aber er hätte nicht kläglicher scheitern können.

Ein Faustschlag gegen die Tür riß Katrin aus ihren Gedanken.

»Mach, Mutti! Komm endlich!« rief Daniela. »Wie lange brauchst du noch?«

Katrin drehte die Hähne zu, trocknete sich die Hände ab und trat hinaus. »Gleich bin ich soweit«, erklärte sie mit einem verkrampften Lächeln, »ich muß mir bloß noch was überziehn.«

In ihrem Zimmer hatte sie sich auf dem Bett für die Fahrt ins Sauerland eine lange graue Flanellhose und einen roten Pullover mit weißem Norwegermuster zurechtgelegt. Sie überlegte, ob das die geeignete Bekleidung für eine Begegnung mit Jean-Paul war. Aber das war nicht wichtig. Sie hatte ja Kleider und Röcke eingepackt. Jetzt wollte sie keine Zeit mehr damit vertrödeln, eine andere Wahl zu treffen.

Daniela war ihr gefolgt und trat ungeduldig von einem Fuß auf den anderen. »Wärst du damals wirklich ins Internat gegangen?«

Katrin zog den Reißverschluß ihrer Hose zu. »Ja«.

»Tut es dir heute leid, daß du es nicht getan hast?«

»Darüber«, sagte Katrin und zog sich den Pullover über den Kopf, »habe ich noch nie nachgedacht.«

»Aber du wolltest es doch?«

»Nicht wirklich, glaube ich. Ich wollte Oma nur einen Schreck verpassen.«

»Ganz schön fies von dir.«

»Es war dumm«, gab Katrin zu und bürstete sich vor dem Spiegel ihre rabenschwarze Mähne zurecht.

»Wieso dumm?«

»Man kann niemanden zur Liebe zwingen.«

»Aber Oma hat dich doch immer liebgehabt, oder?«

»Ja, sicher. Aber ich wollte ihre Liebe nicht mit jemand anderem teilen. Das war das Problem.« Katrin legte die Bürste aus der Hand und schob Daniela vor sich her aus dem Zimmer.

»Aber meine Liebe teilst du mit Oma, und Omas Liebe teilst du mit mir ...«

»Wir haben uns eben alle drei lieb, da geht das schon. Wo ist Oma?«
»Schon runtergegangen. Mit dem großen Koffer. Aber Omas Freund hast du nicht liebgehabt oder?«
»Weiß Gott nicht.« Katrin zog sich die Jacke über. »Ich konnte ihn nicht ausstehen.«
»Aha«, sagte Daniela, »allmählich fange ich an zu kapieren.«

Auf der Fahrt nach Winterberg kam kein Gespräch zustande. Ein unangenehmer Schneeregen fiel vom grauen Himmel, die Scheibenwischer bewegten sich unablässig, und Katrin mußte sich, die Brille auf der Nase, stark konzentrieren.
Daniela hockte hinten auf ihrem Rücksitz und hatte sich in ein Buch vertieft, obwohl sie schon mehr als einmal die Erfahrung gemacht hatte, daß ihr vom Lesen im Auto schlecht wurde. Katrin verzichtete darauf, sie daran zu erinnern; sie war froh, daß das Mädchen wenigstens momentan beschäftigt war und den Mund hielt. Notfalls, sagte sie sich, würde man eben anhalten müssen.
Als sie hinter Köln bei Olpe die Autobahn verließen und auf die Landstraße einbogen, wurde es noch schlimmer. Hier war die Fahrbahn nicht mehr nur regennaß, sondern von Schneematsch bedeckt. Katrin gratulierte sich, daß sie die Winterreifen hatte aufziehen lassen.
Helga Großmann, die angegurtet neben ihr saß, fuhr unwillkürlich mit der Hand zur Schlaufe und hielt sich fest, als müßte sie auf einen Unfall gefaßt sein. Hin und wieder gerieten die Räder leicht ins Schleudern, aber Katrin behielt den Wagen in der Gewalt. Sie war dankbar, daß kaum Gegenverkehr unterwegs war. Sie fuhr zügig und entschlossen, machte sich nichts daraus, wenn sie überholt wurde, und war ganz darauf gefaßt, daß die Straße, wenn sie erst am Biggesee vorbei höher ins Bergland kamen, noch schlechter

werden würde. Aber allmählich ging der Regen in Schnee über, und die Fahrbahn wurde trockener.
»Sieh nur mal, Danny, es schneit!« sagte Helga Großmann und blickte sich zu ihrer Enkelin um. »Wir werden eine herrliche Zeit haben.«
»Oma, ich glaube, mir wird schlecht!«
»Leg dein Buch weg, kurbele das Fenster runter und hol tief Luft!«
›Warum muß man nur immer dieselben Sachen sagen?‹ dachte Helga. ›Genau das habe ich vorausgesehen. Aber ich wollte mich nicht einmischen. Ich bin ja nicht die Mutter. Katrin scheint in Gedanken schon ganz bei ihrem Kerl zu sein‹.
Sie trug es Katrin keineswegs nach, daß sie sie seinerzeit gezwungen hatte, Karl aufzugeben. Als sie vorhin Daniela davon erzählt hatte, war ihr sogar bewußt geworden, wie komisch diese Episode im Grund gewesen war. Sie hätte darüber lachen können.
Es war albern von ihr gewesen, sich noch einmal verheiraten zu wollen. Wozu das Ganze? Damit er seine Hemden gebügelt und seine Mahlzeiten rechtzeitig auf den Tisch bekam. Darauf wäre es doch hinausgelaufen. Seine Mutter, die ihn bis dato versorgt hatte, war ein Jahr zuvor gestorben, und er hatte nach Ersatz gesucht. Gefühlt hatte sie das von Anfang an. Aber wirklich klargemacht hatte sie es sich erst, als er sich nicht von seinen Heiratsabsichten abbringen lassen wollte. Mit der Rolle des Liebhabers konnte er sich nicht begnügen.
›Adieu, Karl‹, dachte sie, ›danke, daß du dich zurückgezogen hast. Du hast mir damals eine Menge Ärger erspart.‹
Auch Katrin mußte sie dankbar sein. Wenn die Tochter sie nicht zu einer Entscheidung gezwungen hätte, wäre es Karl möglicherweise doch gelungen, ihre Schwäche auszunutzen.
Karl Lafitte. Was mochte aus ihm geworden sein? Mit Ge-

wißheit hatte er eine andere geheiratet. Er war ein zuverlässiger, korrekter Mensch, durchaus fähig, einer Frau, die danach suchte, Geborgenheit zu schenken.
Jahrelang hatte sie nicht mehr an ihn gedacht. Wie kam sie ausgerechnet heute dazu, sich mit ihm zu beschäftigen? Weil Katrin die Erinnerung aufgerührt hatte. War das ein Zufall, oder hatte sie etwas damit sagen wollen?
Vielleicht das: ›Mach mir bloß keine Szene wegen Jean-Paul!‹
Aber das war unnötig. Sie machte niemals Szenen, das hätte Katrin wissen müssen, sie unterdrückte jeden Vorwurf und nahm alles hin, was Katrin ihr antat.
Nach all den Jahren, die sie zusammen verbrachten, nach allem, was sie miteinander durchgemacht hatten, glaubte Helga ein Recht auf die Freundschaft ihrer Tochter zu haben. Aber Katrin war anscheinend nicht imstande, das zu verstehen. Immer wieder trat sie ihr Herz mit den Füßen.
Helga war sich wohl bewußt, daß dieser Ausdruck bombastisch klang, aber genau so empfand sie es.
Zugegeben, es war kindisch gewesen, Katrin nichts von Jean-Pauls Anruf zu sagen. Aber sie hatte ja gewußt, wie es kommen würde. Kaum verlangte er nach ihr, da ließ Katrin alles stehen und liegen und stürzte zu ihm hin. Vergessen war, was die Mutter für sie getan hatte, gleichgültig war, was die Tochter dabei empfand, Katrin trampelte über ihre Herzen hinweg zu diesem Kerl.
Was hatte er, was sie ihr nicht geben konnte? Einen Schwanz. Ein männliches Geschlechtsorgan. Nur das. Etwas anderes konnte es nicht sein.
Das war damals so bei dem unglückseligen Peter gewesen, aber sie hatte darüber hinweggesehen, weil Katrin noch so hundejung und ohne jede Erfahrung gewesen war. Sie hätte nicht gedacht, daß es wieder passieren könnte. Und doch war es geschehen.
Dieses Kerls wegen, der sich im Grunde gar nicht um sie

kümmerte, der nur sporadisch von sich hören ließ und dem nichts Besseres eingefallen war, als zu Weihnachten ein Lebensmittelpaket zu schicken – Käse! Einfach lachhaft! –, ließ Katrin bedenkenlos ihre gemeinsame Reise platzen.
›Das geht über meinen Verstand‹, dachte Helga, ›tatsächlich, ich fasse es einfach nicht!‹
Sie würde es verstehen, glaubte sie, wenn Katrin ihren Urlaub dazu benützen würde, mit diesem Jean-Paul zusammenzusein. Sie würde es billigen, wenn sie einmal oder zweimal im Monat ein Wochenende mit ihm verbringen würde – aber, nein, das war natürlich unmöglich, weil der Typ zu allem Überfluß auch noch verheiratet war. Die Feiertage gehörten natürlich der lieben Familie.
Wie konnte Katrin sich nur dazu hergeben, nach allem, was sie selber in der Kindheit mit ihrem Vater erlebt hatte! Daß sie sich nicht schämte, die Rolle der Ehebrecherin zu spielen. Schmachvoll.
Katrin hatte sich die schwarze Mähne, um freie Sicht zu haben, hinter die Ohren gestrichen.
Helga warf einen Seitenblick auf ihr Profil, die gewölbte Stirn, die kleine, leicht gebogene Nase, das schwache Kinn. –
›Dabei sieht sie so unschuldig aus‹, dachte sie, ›wie ein ganz junges Mädchen, fast noch wie ein Kind.
Ja, sie ist noch ein Kind, das alles haben will, was ihm gefällt, das nicht bereit ist, Rücksicht zu nehmen und zu verzichten. Ach, Katrin, Katrin, wann wirst du endlich erwachsen!‹
Denn es war Helgas Überzeugung, daß es nur eine Frage der Zeit wäre, bis Katrin erkennen würde, daß niemand sie so sehr liebte wie die Mutter und daß sie mit niemandem so glücklich sein konnte wie mit Mutter und Tochter.
»Wir gehören doch zusammen, wir drei«, sagte sie laut.
Katrin schrak auf. »Was ist, Mutter? Was hast du gesagt?«
»Nichts Besonderes. Ich habe nur laut gedacht.«
»Ach so.«
»Daniela, mach das Fenster zu! Mir zieht es im Nacken.«

»Mir ist immer noch schlecht«, klagte das Mädchen.
»Das hast du dir selber zuzuschreiben«, meinte Helga.
»Davon wird es auch nicht besser.«
»Gleich sind wir da«, vertröstete Katrin sie, »dann kannst du aussteigen.«
Da tauchten auch schon die ersten der schönen alten Fachwerkhäuser von Winterberg vor ihnen auf, Dächer und Simse von reinem weißen Schnee überpudert. Katrin warf einen Blick auf die Uhr im Armaturenbrett. Sie hatte länger als gewöhnlich für die Fahrt gebraucht: fast drei Stunden.

Auf der Rückfahrt ging hinter Lennestadt der Schnee wieder in Regen über, aber als sie bei Olpe den Anschluß an die Autobahn erreichte, nieselte es nur noch. Katrin ließ Köln links liegen und fuhr geradewegs nach Düsseldorf.
Mutter und Tochter waren fast vergessen; sie wußte sie wohlbehalten an ihrem Ferienort. Katrins Herz war erfüllt von der Freude auf das unerwartete Wiedersehen mit Jean-Paul. Sie rätselte nicht darüber, was er ihr Wichtiges zu sagen hätte, sondern nahm an, daß diese Ankündigung nur ein Vorwand gewesen war, sie herbeizulocken. Sie war glücklich.
Als sie ihr Auto auf den großen Parkplatz bei der Wohnanlage fuhr, merkte sie, daß der Regen wieder stärker geworden war.
Sie hatte keinen Schirm bei sich. Einen Augenblick überlegte sie, ob sie warten sollte, bis das Gießen nachließ. Aber dazu hatte sie nicht die Geduld. Sie stülpte sich ihre Strickmütze auf, rot-weiß, passend zum Pullover, und steckte ihre langen Haare, so gut es gehen wollte, darunter. Sie wußte, daß das kein sicherer Schutz vor Nässe war, aber immerhin, so mußte es gehen. Den Kragen ihrer Lederjacke hochgeschlagen, das Köfferchen in der Hand, die Tasche unter den Ellbogen geklemmt, rannte sie quer über den Platz auf den

Hintereingang der Wohnanlage zu. Der Aufzug war besetzt, und sie lief weiter ohne anzuhalten die Treppen zum achten Stock hinauf.

Gerade wollte sie den Schlüssel ins Schloß ihrer Wohnung stecken, als sie in einiger Entfernung den Aufzug kommen und halten hörte. Unwillkürlich drehte sie sich um und sah Jean-Paul, der auf sie zukam. Er wirkte in einem Trench mit Regenhut und Stiefeln elegant, selbstsicher und für jede Witterungsunbill gerüstet. In der Hand trug er den unvermeidlichen Koffer-Ranzen.

Sie flog auf ihn zu. »Wie schön, daß du schon da bist!«

Er zog sie in die Arme, preßte sie an sich, ließ sie dann aber gleich wieder los. »Ich bin schon lange da. Seit mehr als einer Stunde.«

»Oh«, sagte sie betroffen, »das tut mir leid.«

»Gewöhn dir ab, dich dauernd für etwas zu entschuldigen, das jenseits deiner Verantwortung liegt. Ich war inzwischen im Café.«

»Es war schrecklich zu fahren.«

»Bist du sicher, daß du gefahren bist? Du bist so atemlos, als wärest du von Winterberg hierher gelaufen.«

Sie lachte und riß sich die Mütze vom Kopf. »Das denn doch nicht! Nur vom Parkplatz bis hier herauf.« Mit beiden Händen fuhr sie sich in ihre rabenschwarze Mähne, um sie aufzulockern. »Ach, bin ich froh, daß du da bist, Jean-Paul. Wir wollen nicht streiten, ja?«

»Streit, ma petite, ergibt sich zwangsläufig aus der Gegensätzlichkeit der Ansichten. Mit gutem Willen allein ist er nicht zu vermeiden, es sei denn, man ist bereit, Magengeschwüre in Kauf zu nehmen.«

Sie faßte ihn bei der Hand. »Komm, laß uns endlich reingehen!«

»Nein, nein, ma chérie, ich habe etwas anderes vor.«

»Einverstanden«, sagte sie bereitwillig, »aber laß mich wenigstens jetzt schon die Heizung aufdrehen.«

»Das wird nicht nötig sein. Wir fahren fort.«
Diesen Entschluß konnte sie denn doch nicht fraglos hinnehmen. »Wohin?«
»Du wirst schon sehen«, erwiderte er geheimnisvoll.
Obwohl Katrin durchaus keine Lust hatte, sich schon wieder hinter das Steuer zu setzen und in das unwirtliche Wetter hinauszufahren, verzichtete sie auf jeden Widerstand. Die Erfahrung hatte sie gelehrt, daß es Jean-Paul stets gelang, seinen Willen durchzusetzen, andererseits wußte sie auch, daß seine Ideen fast immer gut waren, und wollte ihm nicht den Spaß daran verderben. Aber einen leisen Seufzer konnte sie doch nicht unterdrücken.
»Du bist erschöpft, ma petite«, fragte er teilnahmsvoll, »ist es das?«
»Halb so wild«, behauptete sie und holte ihren Koffer.
Er nahm ihn ihr aus der Hand. »Laß mich ihn tragen.«
»Aber, Jean-Paul, ich bitte dich, er ist ja nicht schwer.«
»Es gehört sich so, chérie.«
»Bist du sicher? Ich dachte, das wäre längst überholt.«
»Du solltest nicht alles glauben, was in der ›Libertà‹ steht. Gute Manieren veralten nie.«
Der Aufzug stand noch auf der Etage – die meisten Bewohner mochten verreist sein –, und sie fuhren zusammen hinunter. Katrin konnte den Blick nicht von ihm wenden. Er gefiel ihr so gut mit seinen braunen, von Lachfältchen umgebenen Augen und dem gepflegten kleinen Schnurrbart. Sie kam sich ein wenig lächerlich vor, ihn so anzuhimmeln. Aber sie konnte nicht anders.
»Ich benehme mich wie ein Schulmädchen«, sagte sie, sich selbst belächelnd.
»Ich liebe Schulmädchen«, erklärte er.
»Da bin ich froh.«
»Gib mir die Autoschlüssel! Ich werde fahren.«
Das Angebot kam so überraschend, daß sie zögerte.
»Hast du Angst, mir deinen Wagen anzuvertrauen?«

»Oh nein, bestimmt nicht«, versicherte sie rasch und kramte die Schlüssel aus ihrer Handtasche.
Er nahm sie entgegen. »Wo hast du ihn abgestellt?«
»Ich zeige es dir.«
»Nein, ma petite, du stellst dich ganz brav mit dem Gepäck unter das Vordach und wartest auf mich. Du siehst schon jetzt aus wie eine gebadete Katze, wenn du noch einmal in den Regen kommst...«
»Ist es so schlimm?« fragte sie erschrocken.
Er verstand sofort und beruhigte sie. »Nein, nein, nicht schlimm. Wenn man Kätzchen liebt, liebt man sie auch gebadet. Aber du könntest dir holen eine maladie. Wir wollen doch beide nicht, daß du krank wirst.«
»Ich bin ziemlich zäh«, behauptete sie.
Er ging nicht darauf ein. »Also, wo steht dein Auto?«
Sie beschrieb es ihm, so gut sie konnte, hatte sich auch die Stellplatznummer gemerkt.
Er trug ihr die Koffer noch bis zur Haustür, und bevor er ging, küßte er sie, als gälte es Abschied zu nehmen. Sie sah ihm nach, wie er davonging, mit großen, ein wenig pantherhaften Schritten, den Kopf mit dem Hut erhoben, als würde der strömende Regen ihm nicht einmal eine Belästigung bedeuten.
Die Zeit verging ihr sehr langsam, aber mit einem Blick auf ihre Armbanduhr stellte sie fest, daß knapp zwei Minuten vergangen waren, als er ihren Wagen vorfuhr. Er sprang heraus, bei laufendem Motor, nahm ihr das Gepäck ab, verfrachtete es im Kofferraum, während sie durch den Regen hastete und auf dem Beifahrersitz Platz nahm. Er setzte sich neben sie und warf seinen Hut nach hinten. Sie tat das gleiche mit ihrer sehr nassen Mütze. Wortlos neigten sie sich einander zu und küßten sich. Es fiel ihr schwer, ihre Lippen von seinem Mund zu lösen.
Er legte den ersten Gang ein, und das Auto ruckte etwas unsanft an. Sie streckte die Beine aus und versuchte sich zu

entspannen. Regen pladderte auf das Dach und strömte über die Scheiben.

»Hast du diesen Herrn von der ›Berta‹ getroffen?« fragte er.

»Du hast es mir doch verboten«, antwortete sie.

Er warf ihr einen raschen Seitenblick zu. »Ich glaube kaum, daß du dich daran gehalten hast.«

»Stimmt«, gab sie zu.

»Und?«

»Es war, wie ich dir schon sagte, eine rein geschäftliche Begegnung.«

Sie dachte nicht daran, ihm von Claasens Angebot, der Hamburger Redaktion beizutreten, zu erzählen. Da sie sich entschlossen hatte, es nicht anzunehmen, schien es ihr unwichtig. Sie hätte damit nur seinen Zorn entfacht. So aber nahm er es ganz gelassen hin. Sie kannte das schon an ihm. Er konnte ein und demselben Ereignis gegenüber sich maßlos aufregen, es ein andermal fast gleichgültig hinnehmen. Er war ein schwieriger Mann. Mit ihm zusammenzusein schien ihr manchmal wie ein Lauf über ein Minenfeld.

»Irgendwann«, fügte sie, seine ruhige Stimmung ausnutzend, hinzu, »werde ich auch wieder mal nach Hamburg müssen. Einen Termin habe ich noch nicht.«

Er sagte nichts darauf, konzentrierte sich, bis sie die Stadt und ihre Vororte hinter sich gelassen hatten, ganz auf das Fahren. Als sie die B 8 Richtung Duisburg erreichten, ließ der Regen nach, und er lehnte sich zurück. »Du fragst gar nichts«, stellte er fest.

»Es würde mich schon interessieren, wohin du mich bringen willst.«

»Nach Götterswickerhamm.«

Sie wiederholte den Namen. »Nie gehört. Klingt exotisch.«

»Eigentlich«, sagte er, »hatte ich eine andere Frage erwartet.«

Darauf wußte sie nichts zu sagen.

»Interessiert es dich denn nicht, was es Wichtiges gibt?«

»Ach ja. Du hattest am Telefon so etwas angedeutet.«
»Ich denke, ich hatte es dir klipp und klar gesagt.«
»Vielleicht habe ich nicht richtig hingehört. Das Wichtigste für mich war, daß du mich treffen wolltest.«
»Es gibt große Neuigkeiten.«
»Hoffentlich nichts Schlimmes.«
»Meine kleine Pessimistin«, sagte er und tätschelte kurz ihr Knie.
»Bitte, spann mich nicht auf die Folter!«
»Also doch neugierig?«
»Und ob!«
Er setzte an, einen langsam dahinzuckelnden Lastwagen zu überholen, und erst, als er es geschafft hatte, erklärte er: »Ich werde mich scheiden lassen.«
Katrin fuhr hoch. »Was?« rief sie ungläubig.
»Du hast mich ganz richtig verstanden, ma petite. Mir sind unsere Beziehungen so, wie sie jetzt laufen, unerträglich geworden. Es genügt mir einfach nicht mehr, dich hie und da zu sehen und dich ansonsten deiner Wege gehen zu lassen.«
– Er warf ihr einen raschen Seitenblick zu, sichtlich gespannt auf ihre Reaktion.
Aber es dauerte eine Weile, bis sie die Bedeutung seiner Worte ganz erfaßt hatte. »Das soll doch nicht etwa heißen, daß du dich meinetwegen scheiden lassen willst?«
»Doch. Genau so ist es.«
»Aber, Jean-Paul, das kannst du nicht tun! Das wäre ja entsetzlich.«
»Dir genügen also die gelegentlichen Treffen und dazu noch in aller Heimlichkeit?«
»Das steht gar nicht zur Debatte. Natürlich wäre es mir lieber, wenn ich immer wüßte, wo du dich gerade aufhältst, damit ich dich auch mal anrufen oder dir schreiben könnte. Und es wäre herrlich, wenn wir länger zusammenbleiben könnten – aber das ließe sich doch mit einigem guten Willen arrangieren. Das habe ich mir schon öfter gesagt.«

»Aber du hast dich nie beklagt.«
»Hast du das erwartet? Nein, nicht wahr? Aber nie, nie, niemals habe ich mir gewünscht, du würdest dich scheiden lassen.«
»Das ist sehr unnatürlich, ma chérie.«
»Daß ich deine Ehe nicht zerstören will? Kennst du mich so schlecht, Jean-Paul? Ich könnte nicht leben, wenn ich mich schuldig fühlen müßte.«
»Du bist toquée.«
»Was immer das heißen mag, ich bin es nicht.«
Er lachte. »Und doch bist du verrückt. Ein wenig. Und gerade deshalb liebe ich dich.«
Sie wandte sich ihm zu, packte seinen Arm. »Bitte, Jean-Paul, ich bitte dich! Laß dich nicht scheiden. Um meinetwillen brauchst du es nicht.«
»Du willst mich also nicht heiraten?«
Niemals hatte sie auch nur in Gedanken mit dieser Idee gespielt. »Ich kann keinen Mann heiraten, der sich meinetwegen hat scheiden lassen.«
»Tausende tun das.«
»Und wenn es Millionen wären – ich könnte es nicht.«
»Und warum nicht, chérie? Willst du mir das nicht wenigstens erklären?«
»Weil ich mich noch zu gut daran erinnere, wie ich als Kind unter der Scheidung meiner Eltern gelitten habe.«
»Ich habe keine Kinder.«
»Wie meine Mutter gelitten hat.«
»Da kommen wir, glaube ich, der Sache schon näher. Du willst deine Mama nicht vor den Kopf stoßen, n'est-ce pas?«
»Sie würde das nie und nimmer verstehen.«
»Aber weißt du denn nicht, daß eine Frau Vater und Mutter verlassen muß ...«
»Hör auf damit!« schrie sie ihn an. »Ich merke schon, du willst mich nur quälen!«

»Ich war sicher, du würdest begeistert sein, mich zu heiraten.«
»Wie kannst du darüber nur so reden, wo du noch nicht einmal geschieden bist?«
»Also wünschst du es dir doch, n'est-ce pas? Es kann dir nicht einmal schnell genug gehen.«
»Das ist nicht wahr. Du verdrehst mir die Worte im Mund.« Katrin holte tief Luft, um sich zu beruhigen. »Ich finde nur, ein verheirateter Mann kann keinen Heiratsantrag machen. Das gehört sich einfach nicht. Ganz davon abgesehen, daß es auch rechtlich gar nichts bedeutet.«
»Was willst du damit sagen?«
»Ein verheirateter Mann kann einer Menge Frauen die Ehe versprechen. Juristisch gesehen bindet er sich dadurch nicht, da er ja schon gebunden ist.«
»Ach ja, ich vergaß, daß die ›Berta‹ ja auch so eine Rubrik hat, ›Dein gutes Recht‹ oder so ähnlich.«
»Du bist einfach gemein.«
»Wenn du mich also nicht heiraten willst, wie wir gerade festgestellt haben, werde ich mir eine andere Frau suchen müssen. Zum Einzelgänger bin ich nicht geschaffen.«
»Das kann ich mir vorstellen. Du brauchst eine Frau, die dir die Wäsche in Ordnung hält und zu Hause sitzt und auf dich wartet, während du dich in der Weltgeschichte herumtreibst.«
Er lachte auf. »Du wirst ganz schön frech, meine Kleine«, sagte er amüsiert.
»Ich sage dir bloß die Wahrheit.«
»Aber ich sehe unsere Ehe ganz anders. Du würdest mich als meine Frau überallhin begleiten. Du würdest meine Mitarbeiterin sein, dir Notizen machen, deine Beobachtungen zu Papier bringen, meine Arbeiten ins reine schreiben. Reizt dich das nicht?«
Doch, es reizte sie sehr. Reisen zu unternehmen, weite Reisen, nicht nur als bloßer Tourist, hatte von jeher zu ihren

Träumen gehört. Immer mit Jean-Paul zusammensein zu dürfen, ihn endlich kennenzulernen, ihre Beziehungen zu vertiefen wünschte sie sich mehr als alles andere.
Trotzdem erklärte sie mit fester Stimme: »Nein, nicht um diesen Preis.«
»Mein kleiner Dickkopf«, sagte er zärtlich.
»Du mußt mich nehmen, wie ich bin.«
»Etwas anderes habe ich doch nie getan. Das mußt du zugeben.«
»Du bist gerade dabei, mich verändern zu wollen. Du willst mir einreden, daß es kein Unrecht ist, einer anderen Frau den Mann wegzunehmen.«
»Aber das hast du doch nie gewollt, n'est-ce pas?«
»Nein, und ich will es auch jetzt noch nicht.«
»Also verlangst du allen Ernstes, daß ich dir zuliebe verheiratet bleibe?«
Darauf wußte sie lange Zeit keine Antwort. »Das ist mir zu spitzfindig«, sagte sie endlich.
»Ich könnte es nicht einmal, wenn ich es wollte. Madame hat mich verlassen.«
Diese Mitteilung traf sie wie ein Schlag, und sie konnte wieder nicht sofort darauf reagieren. »Also stimmt das alles nicht, was du mir erzählt hast.«
»Doch. Es ist die volle Wahrheit. Ich werde mich scheiden lassen.«
»Aber gar nicht meinetwegen.«
»Natürlich nicht. Glaubst du denn, ein kleines Mädchen wie du könnte einer Frau den Mann wegnehmen?«
»Ich bin kein kleines Mädchen mehr«, protestierte sie mechanisch; tatsächlich wußte sie nicht mehr, wo ihr der Kopf stand.
»Madame hat ihre Erfahrungen. Ich habe dir schon gesagt, als Französin sieht sie die Dinge anders. Sie weiß, daß man von keinem Mann ewige Treue erwarten kann. Sie ist keine Spießbürgerin.«

»Wie meine Mutter, willst du damit sagen?«
Er zögerte mit der Antwort. »Ja, stimmt«, gab er dann zu, »das war ein kleiner Seitenhieb.«
»Meine Mutter hat mit dieser Geschichte nun wirklich nichts zu tun. Warum also hat deine Frau dich verlassen?«
»Wir haben uns gestritten. Ich war auch wohl ein wenig grob zu ihr.«
»Doch wohl kaum zum ersten Mal.«
»Nein, das nicht.«
Sie schwieg, wollte keine weiteren Fragen stellen, weil sie dachte, daß seine Eheprobleme sie im Grunde ja nichts angingen. Wenn er darüber erzählen wollte, würde er es wohl von sich aus tun.
Aber er sagte nichts, tat so, als müßte er sich ganz auf seine Fahrerei konzentrieren. Dabei hatte es inzwischen aufgehört zu regnen, und er mußte die Scheibenwischer nur noch anstellen, wenn ein überholendes Auto sie mit Schmutzwasser bespritzte.
Hinter Dinslaken bog er links ab auf eine Nebenstraße, die zum Rhein hin führte. »Weißt du«, sagte er, »wenn die sexuelle Anziehungskraft nachläßt, treten die charakterlichen Gegensätze immer deutlicher zutage, bis sie unüberwindlich geworden sind. Natürlich versucht man erst noch, sich zu arrangieren. Es bleibt ja das gemeinsame Haus, und es gibt die gemeinsamen Freunde, die Gastlichkeit, die man ausübt und die man empfängt. Das alles gibt man nicht so leichten Herzens auf.«
Sie hörte ihm verwundert zu. »Du redest, als müßtest du mir erklären, warum du dich nicht scheiden läßt.«
Er warf ihr einen Seitenblick zu. »Tu ich das?«
»Mir kommt es jedenfalls so vor.«
»Vielleicht, weil sich mir jetzt die Frage stellt, warum ich nicht schon viel früher an Scheidung gedacht habe.«
»Nun, wenn ich dich richtig verstanden habe, geht ja auch jetzt die Initiative von deiner Frau aus. Wahrscheinlich war

es trotz allem für sie sehr angenehm, Madame Quirin zu sein. Und was die Gegensätzlichkeiten der Charaktere betrifft – so oft und so lange warst du ja nie zu Hause, daß sie ihr unerträglich werden mußten.«
Er schwieg, die vollen Lippen unter dem Schnauzbart aufeinandergepreßt.
Ihr kam eine Idee. »Steckt ein anderer Mann dahinter?« fragte sie sehr direkt.
»Du bist brutal«, stieß er zwischen kaum geöffneten Zähnen hervor.
Rasch legte sie ihm die Hand auf den Arm. »Verzeih mir, Liebster, ich wollte dich nicht kränken. Mich geht das alles ja auch gar nichts an. Ich bin nur froh darüber, daß ich nicht schuld am Scheitern deiner Ehe bin. Sehr froh und sehr erleichtert.«
Sie hatten Eppinghoven hinter sich gelassen, und schon bald tauchten die ersten Häuser des Dorfes Götterswickerhamm vor ihnen auf.

Der Gasthof, ein behäbiges Fachwerkgebäude, mochte noch aus dem 18. Jahrhundert stammen. Er stand oberhalb der Rheinwiesen, die sich über einen Kilometer weit bis zum Strom hinunterdehnten, der trotzdem in manchen Frühlingstagen bis in die ersten Häuser von Götterswickerhamm drang. Neben dem Portal des Gasthofes gab es eine Meßlatte, die die Höhe und die Jahreszahlen der Überschwemmungen anzeigte.
Drinnen brannten nur wenige Lampen; in dieser Jahreszeit verirrten sich nur wenige Gäste hierher, während das Dorf am Rhein im Sommer Touristen und Wochenendausflügler in Scharen anziehen mußte. Aber in einem großen gemauerten Kamin brannte ein prächtiges Feuer, wohl zu Ehren von Jean-Paul Quirin, den der Wirt wie einen Freund begrüßte. Dabei musterte er Katrin, der er nicht vorgestellt wurde, mit einer Art sachlicher Neugier. Sie hatte den Ein-

druck, daß sie nicht die erste Freundin Jean-Pauls war, die in seiner Begleitung hier auftauchte.

»Geh schon hinauf und mach dich frisch«, sagte Jean-Paul, »ich kümmere mich inzwischen um das Essen.«

Ein Junge mit grüner Schürze kam mit dem Schlüssel, übernahm das Gepäck und forderte Katrin mit einem vertraulichen Grinsen auf, ihm zu folgen. Die Stufen der krummen Treppe waren ausgetreten, vielleicht auch vom Fluß ausgewaschen. Sie führten bis in den zweiten Stock hinauf, wo der Junge ein Zimmer am Ende des Ganges für Katrin öffnete.

Es war überraschend groß, wenn auch niedrig. In der Mitte stand ein riesiges Himmelbett. Die Wände waren hell tapeziert und die Bohlen blank poliert. Auch hier gab es einen Kamin, wenn auch wesentlich kleiner als der in der Gaststube, in dem ein Feuer loderte. Die Vorhänge an den kleinen Fenstern waren leuchtend bunt und wirkten frisch gewaschen.

»Wie hübsch!« rief Katrin beeindruckt.

»Es ist unser Fürstenzimmer«, erklärte der Junge.

»Hat wirklich mal ein Fürst hier übernachtet?«

»Jan Wellem, sagt man.«

»Der Kurfürst von Düsseldorf?«

»So heißt es.« Der Junge riß eine Tür auf, hinter der ein kleines, aber gutausgestattetes Bad lag. »Das hier hat es damals natürlich noch nicht gegeben.«

»Läßt sich denken.« – Katrin kramte Trinkgeld aus ihrem Portemonnaie.

Der Junge bedankte sich, wünschte einen guten Aufenthalt, steckte den Schlüssel von innen ins Schloß und zog sich zurück.

Katrin trat ans Fenster und genoß den Blick über die Wiesen und den Rhein hinweg bis zum sehr fernen Horizont. Eine Gruppe schlanker Pappeln zeichnete sich gegen den leuchtendgrauen Himmel ab.

Ihr gefiel das Bild, und sie dachte, daß Jean-Paul immer einen guten Riecher dafür hatte, einen Ort zu finden, wo es schön war. Ihr selber wäre es niemals eingefallen, ausgerechnet Weihnachten ein Dorf am Niederrhein aufzusuchen.
Aber es blieb ihr keine Zeit zu träumen. Sie wußte nicht, wann das Essen auf dem Tisch stehen würde, aber sehr wohl, daß er es haßte, wenn sie sich verspätete. Rasch öffnete sie ihren Koffer, holte ein Kleid heraus und hängte es über einen Bügel ins Bad. Dann zog sie sich aus, nahm eine Dusche und rubbelte ihren Körper und das feuchte Haar gründlich trocken, zog frische Unterwäsche an und parfümierte sich. Das Kleid, anthrazitgrau und sehr einfach geschnitten, eignete sich für jede Gelegenheit. Mit goldenem Schmuck kombiniert wirkte es elegant genug, um bei einer Party getragen zu werden. Doch für den heutigen Abend entschied sie sich, es mit einem strahlendblauen Seidentuch aufzuputzen, das sie am Hals zu einem Knoten schlang. Ein breiter Gürtel im gleichen Farbton betonte ihre schmale Taille. Sie umschminkte ihre grauen Augen sehr sorgfältig, bürstete ihre Wimpern, bis sie sich sanft nach oben bogen, und zog die Lippen nach. Dann legte sie ein Handtuch über die Schultern und bürstete ihre rabenschwarze Mähne, bis sie glänzend und locker ihr weißes Gesicht umrahmte. Wie immer wußte sie nicht recht, ob sie mit ihrem Aussehen zufrieden sein durfte. Jedenfalls hatte sie getan, was sie konnte. Die Haut zu schminken, bräunlich oder apricotfarben – auch das hatte sie schon versucht – war nicht möglich, ohne daß es Ränder gab. Sie überlegte noch, ob sie nicht ein wenig Rouge auf die Jochbogen auftragen sollte, als von außen gegen die Zimmertür gedonnert wurde.
»Ja?« fragte sie und drehte sich um.
Die rauhe Stimme des Jungen ertönte: »Sie sollen runterkommen, Fräulein. Der Herr Quirin läßt bitten.«
»Bin schon auf dem Weg«, gab sie zurück, schnappte sich Handtasche und Schlüssel und verließ das Zimmer.

Es kränkte sie nicht, daß der Junge sie als Fräulein tituliert hatte. Er konnte ja nicht ahnen, daß sie verwitwet und Mutter war. Daß sie allerdings nicht Jean-Paul Quirins Gattin war, schien offensichtlich. –
Seine Augen leuchteten auf, als sie die Gaststube betrat, und er erhob sich. Ein Tisch in der Nähe des Feuers war mit naturfarbenem Bauernleinen gedeckt, mit Servietten aus dem gleichen Stoff, antiken Tellern und Gläsern. Jean-Paul ging um den Tisch herum und schob ihr den Stuhl zurecht, als sie sich setzte.
Sie blickte zu ihm hoch. »Ich habe mich sehr beeilt.«
Er beugte sich zu ihr herab und raunte, sehr dicht an ihrem Ohr: »Du bist wunderschön, ma chérie!«
Sie konnte der Versuchung nicht widerstehen, ihn zu fragen: »Bin ich nicht zu blaß?«
Er nahm ihr gegenüber Platz: »Versuchst du zu kokettieren?«
»Aber nein, nein, ich will es wirklich wissen.«
»Deine Haut ist ebenmäßig und makellos. Was willst du mehr?«
»Ein bißchen Farbe.«
»Die bekommst du ganz von selber, wenn du erst einen Schluck getrunken hast!« – Er hielt ihr sein Glas entgegen.
Sie folgte der Aufforderung und hob das kleine Glas, das vor ihrem Gedeck stand, trank aber nicht, sondern schnupperte nur an der hellen Flüssigkeit, die nach Wacholder roch.
»Was ist das?«
»Ein Genever.«
»Ein Schnaps? Ich weiß nicht. Ich habe seit dem Frühstück nichts mehr gegessen.«
»Das macht nichts, du mußt ja nicht mehr Auto fahren. Im übrigen handelt es sich nicht um einen simplen Schnaps, sondern um einen Getreidebranntwein.«
Er trank ihr zu, und sie nippte. Der Wirt stellte eine bauchige Terrine auf den Tisch, die dampfte, als er den Deckel

abnahm. Jean-Paul ließ es sich nicht nehmen, die dicke Muschelsuppe auszuteilen, die nach Zwiebel, Knoblauch und Wein roch. Sie schmeckte köstlich, und beide aßen mehr als einen Teller davon. Als abgeräumt wurde, hatte auch Katrin ihren Genever getrunken.
Jean-Paul ließ eine Flasche französischen Rotwein auffahren. Dazu gab es eine glänzendbraun geschmorte Kalbshaxe mit glasierten Möhren.
»Der Braten schmeckt fantastisch«, lobte sie und horchte zu ihrem Magen hinunter, der zu ihrer Verwunderung keine Einwände gegen das schwere Essen zu haben schien.
»Aus eigener Metzgerei«, erklärte Jean-Paul.
»Das merkt man.«
»Wenn wir erst verheiratet sind ...«
Sie fiel ihm ins Wort. »Laß uns nicht mehr darüber sprechen.«
»Wenn du meinst.«
»Ja, das tue ich.«
»Mir fällt nur auf – du sagst, du bist so schlank, weil du nur wenig essen kannst. Aber wenn du mit mir zusammen bist, läßt dein Appetit nie zu wünschen übrig.«
Sie dachte nach. »Ja, du hast recht.« Sie lächelte ihm zu.
»Du wirkst eben ausgesprochen anregend auf mich.«
Beide wollten sie das Dessert erst ablehnen, ließen sich aber dann doch überreden, die mit Johannisbeergelee gefüllten Bratäpfel wenigstens zu probieren, und beide aßen ihre Portionen restlos auf. Katrin hätte am liebsten noch den Teller abgeleckt. Sie fühlte sich rundum wohl.
»Trinken wir noch eine Flasche?« schlug er vor. »Hier oder oben? Oder möchtest du jetzt lieber einen Kaffee?«
»Ganz wie du willst. Aber laß uns noch bleiben. Es ist so gemütlich hier.« Sie hatte sich dazu durchgerungen, ihm von ihrer eigenen Ehe zu erzählen, und gerade jetzt in dieser entspannten Stimmung schien es ihr möglich. Doch fiel es ihr schwer, die richtigen Worte zu finden.

Der Wirt brachte eine zweite Flasche Rotwein, korkte sie auf, schenkte erst Jean-Paul zum Probieren ein und dann die Gläser voll.
Jean-Paul trank ihr zu. »A votre santé!«
Sie tat es ihm gleich. »Auf dein Glück!« Dann sagte sie, ihm in die Augen blickend: »Eine Ehe ist doch das Alltäglichste, was es gibt, nicht wahr? Komisch, daß die meisten Menschen trotzdem nicht imstande sind, mit ihren Problemen fertig zu werden.«
»Was weißt denn du davon?«
»Immerhin war ich schon einmal verheiratet.«
Jean-Paul machte eine wegwerfende Handbewegung. »Ach, das war doch nur eine Kinderei.«
»Mir war es sehr ernst damit.«
»Und wie lange hat der Spaß gedauert?«
»Über ein Jahr immerhin. Ich kann mir das jetzt nur noch schwer vorstellen, aber ich habe Peter sehr geliebt, damals. Ich...«
Er unterbrach sie. »Deine erste Liebe?«
»Ja, ich...«
»Eine erste Liebe ist immer bitter-süß«, behauptete er, »meist wird sie wohl schöner in der Erinnerung. Aber weißt du, daß ich schon das zweite Mal verheiratet bin?«
»Nein«, sagte sie überrascht.
»Meine erste Ehe stand unter den Zeichen Donner und Blitz. Große Leidenschaft, wahnsinnige Eifersucht, irrsinnige Kräche und Versöhnungen. Danach hatten wir uns völlig aufgerieben. Ich glaubte, für immer vom Gebrauch dieser Institution geheilt zu sein. Elsa war so ganz anders als meine erste: klug, damenhaft, beherrscht. Niemals hätte ich gedacht, daß sie mich eines Tages sitzenlassen würde.« Er zog eine komische kleine Grimasse. »Nun ja, ich bin ganz froh darüber.«
Katrin unternahm einen neuen Anlauf, ihre Geschichte loszuwerden. »Wenn man einen Menschen durch den Tod verliert, ist das, glaube ich, noch viel schlimmer.«

»Nein«, widersprach er, »das ist Schicksal. Dann mußt du dich wenigstens nicht gewogen und zu leicht befunden fühlen.«
»In meinem Fall doch, ich ...«
Ganz mit seinen eigenen Problemen beschäftigt, ließ er sie nicht aussprechen. »Gerade deshalb hat es mich so stark getroffen, als du mich fragtest, ob da wohl ein anderer Mann dahintersteckt. Je mehr ich darüber nachdenke, desto wahrscheinlicher kommt es mir vor.«
Katrin begriff, daß es ihr, wenigstens heute, nicht gelingen würde, ihn an ihrer Vergangenheit zu interessieren. Es wurde ihr bewußt, daß er zwar viele gute, ja, geradezu faszinierende Eigenschaften hatte, aber ein guter Zuhörer war er nicht. Sie kannte zahllose Geschichten aus seiner Kindheit, seiner Jugend, von seinen Reisen und Erlebnissen. Aber was wußte er über sie? Er hatte sich ein Bild von ihr gemacht, das ihrem Äußeren entsprach. Für ihn war sie »la petite fille«, das kleine Mädchen, das ihn anbetete und an seinen Lippen hing. Anscheinend hatte er gar nicht das Bedürfnis, mehr über sie zu erfahren, zu ergründen, wie sie wirklich war. Bekenntnisse hätten ihn nur belästigt. Hätte sie aus der Rolle auszubrechen versucht, in der er sie nun einmal sehen wollte, wäre sie Gefahr gelaufen, ihn zu verlieren.
So sah sie ihn also aufmerksam und teilnahmsvoll an und sagte, ihn zum Fortfahren ermunternd: »Ach, ja?«
»Sie ist nicht der Typ, der emotional reagiert, der einfach aus Wut oder Verärgerung heraus wegläuft. Wohin auch? Sie hätte das nicht getan, wenn sie nicht einen anderen in petto hätte.«
»Einen Liebhaber, meinst du? Aber den könnte sie doch haben, ohne ihre Ehe dafür aufgeben zu müssen.«
»Du triffst genau den Punkt!« sagte er anerkennend. »Es muß ein Mann sein, der sich nicht damit zufrieden gibt, ihr Geliebter zu sein, ein Mann, der sich ihretwegen scheiden lassen will ...«

»Aber er muß doch gar nicht verheiratet sein!« warf sie ein.

»Wahrscheinlich doch. Die neue Ehe muß eine deutliche Verbesserung für sie bedeuten. Ich denke an einen Mann, der angesehener, erfolgreicher und finanziell bessergestellt sein muß als ich, und solchen Typen begegnet man sehr, sehr selten auf freier Wildbahn.«

Katrin fand es äußerst merkwürdig, daß er seine Frau für derart berechnend hielt, aber sie sprach es nicht aus. »Das sind doch alles nur Mutmaßungen«, sagte sie, »oder hast du einen Beweis für deine Phantasien?«

»Einen Beweis, daß sie mich betrügt? Das hätte ich ihr längst ausgetrieben.«

»Nein, einen Beweis dafür, daß es diesen reichen, angesehenen Mann überhaupt gibt und daß sie ihn kennt. Hast du daraufhin deinen Bekanntenkreis schon einmal durchforstet?«

»Von meinen Freunden ist es sicher niemand. Keiner von denen wäre so dumm, auf eine Frau wie Elsa reinzufallen.«

Auch diese Einschätzung kam ihr sehr seltsam vor, und sie wußte nichts dazu zu sagen.

»Ich hatte schon daran gedacht, einen Detektiv auf sie anzusetzen«, bekannte er auflachend, »aber was soll's? Gratulieren wir uns beiden, daß wir sie los sind.«

»Mir kommt es vor, als wäre dir das durchaus nicht so angenehm.«

»Du irrst dich!« widersprach er heftig. »Ich bin glücklich, daß ich wieder frei bin. Allerdings«, fügte er hinzu, »wäre es mir natürlich lieber gewesen, ich hätte den ersten Schritt zur Trennung getan. Aber das hat nichts weiter zu bedeuten. Hinter diesem Wunsch steckt nichts weiter als primitive männliche Eitelkeit.«

Sie berührte über den Tisch hinweg seine Hand. »Mach dich nicht kleiner, als du bist. Auch Frauen schmerzt es, beiseite geschoben zu werden.«

Er küßte ihre Fingerspitzen, »Na, ich weiß nicht. Selbst dann, wenn sie den Partner gar nicht mehr wollen? Ich bin sicher, ihr seid viel stärker im Nehmen als wir.« Er gab ihre Hand wieder frei. »Wir trinken noch einen Cognac, ja?«
»Nein, danke, Jean-Paul. Ich wirklich nicht. Ich habe schon jetzt die nötige Bettschwere.«
»Dann geh du schon nach oben«, bestimmte er, »ich komme gleich nach.«
Katrin stand auf, küßte ihn auf die Schläfe, bevor sie dem Wirt eine gute Nacht wünschte und die Gaststube verließ. Das düstere Treppenhaus schien ihr jetzt sehr kalt, und sie beeilte sich, die Treppe hinaufzukommen.
Das Zimmer empfing sie wieder mit großer Freundlichkeit. Im Kamin brannte immer noch ein kleines Feuer; offensichtlich hatte jemand inzwischen nachgelegt. Das Bett war aufgeschlagen.
Katrin schminkte sich die Augen und den Mund ab, putzte die Zähne, zog ihr schwarzes Seidenhemdchen über und schon lag sie in den warmen Federn. Derjenige, der das Feuer hütete, hatte auch wohl den heißen Ziegelstein ans Fußende gelegt. Katrin streckte und dehnte sich wohlig, legte sich auf den Rücken, die erhobenen Arme über den Kopf gestreckt, um wach zu bleiben. Aber es gelang ihr nicht. Irgendwann mußte sie dann doch eingeschlafen sein.
Selbst als sie später Jean-Pauls zärtliche Hände auf ihrer Haut fühlte, seinen Körper spürte und seine Küsse erwiderte, wurde sie nicht ganz wach. Sie empfing ihn wie in einem wunderbaren Traum.

Am nächsten Morgen blieben sie lange im Bett, liebten sich wieder, diesmal hellwach und mit geschärften Sinnen, und ließen sich das Frühstück nach oben bringen.
Danach brachen sie zu einem Spaziergang den Rhein entlang auf. Die Wolken hingen sehr tief, aber es regnete nicht

mehr. Statt dessen wehte ein eisiger Ostwind über Wiesen und Wasser. Der Weg unter ihren Füßen knirschte. Sie liefen Hand in Hand.
»Ich wünsche mir nur eines«, begann sie.
»Ja?« fragte er aufmerksam.
»Ich möchte nicht mit dir verheiratet sein.«
»Das ist aber ein sehr negativer Wunsch.«
»Warte ab, was ich dir sagen will.«
»Nur heraus damit!«
»Daß du mich nicht immer so kurzfristig zu dir bestellst.«
»Ich nutze eben jede Gelegenheit.«
»Ja, ich weiß, und ich nehme es dir auch nicht übel. Bloß für meine Mutter ist es eine Zumutung.«
»Du nimmst zuviel Rücksicht auf sie.«
»Ich bin ihr sehr zu Dank verpflichtet, und andererseits ist sie ja auch meine Chefin. Wenn ich nicht im Familienbetrieb arbeitete, könnte ich ja auch nicht so von einem Tag auf den anderen holterdiepolter auf und davon.«
»Das stimmt schon«, gab er zu.
»Na, siehst du! Ich bin überzeugt, du hast einen Terminkalender, planst all deine Vorträge, deine Reisen, deine Besprechungen mit Verlegern weit voraus. Warum bindest du mich nicht da ein?«
»Weil man Glück nicht planen kann.«
»Sicher nicht.« Sie blieben stehen, und sie küßten sich, während der Wind ihnen um die Ohren pfiff. »Aber doch unsere Zusammenkünfte. Ich mag nicht immer mit einem schlechten Gewissen zu dir kommen.«
»Bald wird das ja alles anders werden«, versprach er, »bald werde ich frei sein und...«
»Mir ist das ›bald‹ nicht so wichtig wie das ›jetzt‹«, unterbrach sie ihn.
»Wenn ich auf lange Sicht planen soll, werden wir uns noch seltener sehen.«
»Sei's drum.«

»Ist das dein Ernst?«
»Ja. Ich will mir die Begegnungen mit dir nicht erkaufen, indem ich meine Mutter und meine Tochter vor den Kopf stoße.«
»Du bist ein erwachsener Mensch ...«
»Ohne Frage. Aber ich bin an meine Familie gebunden, als wenn ich verheiratet wäre.«
Sie hatte dieses Argument schon sehr oft vorgebracht, aber zum ersten Mal schien er davon beeindruckt zu sein.
»Na, dann wollen wir mal sehen«, sagte er, knöpfte seinen gefütterten Trench auf und holte ein Notizbuch aus der Brusttasche seines Jacketts; er blätterte es auf. »Wie wäre es mit Silvester? Da feiere ich in Paris.«
»Du weißt genau, daß das unmöglich ist. Ich kann meine Leute nicht einfach in Winterberg hängenlassen.«
»Schade. So ein Silvester im ›Ritz‹ ...«
»Du willst mich nur ärgern, Jean-Paul, hör auf damit! Bisher hast du mich nie bei so etwas dabeihaben wollen ...«
»Aber die Lage hat sich inzwischen geändert.«
»Nicht so sehr, wie du tust. Du bist immer noch verheiratet, und ich bin immer noch nichts anderes als eine ganz inoffizielle Geliebte.«
Er blätterte weiter in seinem Büchlein. »Ich könnte dich als meine künftige Frau vorstellen.«
»Sehr geschmacklos.«
»Wie wäre es denn mit dem Wochenende Mitte Januar?«
»Am Wochenende«, erinnerte sie ihn, »hast du doch nie Zeit.«
»Jetzt schon. Ich werde in Rom sein. Am besten kommst du schon am Freitag abend, das ist der elfte, und läßt dich mit dem Taxi zum ›Hotel Raphael‹ bringen. Das ist ganz in der Nähe der Piazza Navona. Ich kann nicht versprechen, daß ich dann dort bin, aber ich werde dir ein Zimmer reservieren lassen.«
Sie strahlte ihn an. »Ist das dein Ernst?«

»Ganz und gar.«
»Ach, Jean-Paul, das wäre einfach wunderbar! Es bliebe mir Zeit, meine Mutter darauf vorzubereiten, und wenn ich am Wochenende verreiste, könnte sie auch nichts dagegen haben.«
Er steckte sein Notizbuch wieder ein, knöpfte den Mantel zu und nahm sie beim Arm. »Warum sprichst du im Konjunktiv?«
Sie paßte sich seinen Schritten an. »Tue ich das? Ist mir gar nicht aufgefallen. Wahrscheinlich, weil ich es nicht fassen kann.«
»Du mißtrauisches kleines Biest, du!«
»Wenn jemand aus Schaden klug geworden ist, dann bin ich es.«
»Versprich dir nicht zuviel davon.«
»Wie meinst du das? Wirst du wieder von Besprechung zu Besprechung jagen und mich allein lassen?«
»Nein, ma petite. Ich habe nur Freitag dort zu tun und wollte eigentlich anschließend nach Hause fliegen.«
»Du könntest also auch nach Düsseldorf kommen?«
»Wäre dir das lieber?«
Sie dachte nach; ein Treffen in Düsseldorf wäre für sie bequemer und auch billiger gewesen. »Nein, Jean-Paul«, entschied sie, »Rom ist natürlich viel aufregender. Rom im Winter – wundervoll. Warum hast du vorhin gesagt, ich solle mir nicht zuviel davon versprechen?«
»Habe ich das? Ich weiß nicht mehr. Doch, stimmt, aber das war nicht auf Rom bezogen, sondern auf deine Mutter. Wenn wir uns kurzfristig verabreden, ist sie wütend. Nehme ich jedenfalls an. Oder irre ich mich?«
Katrin zog es vor, darauf nicht zu antworten.
»Aber es bleibt ihr nicht viel Zeit oder Gelegenheit, sich auszutoben. Wenn du ihr aber schon jetzt sagst, daß wir uns in drei Wochen treffen, wird sie drei Wochen lang schmollen.«

»Da kennst du meine Mutter schlecht.«
»Richtig. Ich kenne sie überhaupt nicht.«
»Sie ist gar nicht so. Wirklich nicht.«
»Um so besser für dich.«

In Winterberg schneite es so stark, daß an Skifahren oder Rodeln gar nicht zu denken war. Helga Großmann und ihre Enkelin konnten sich nur zu einem kurzen Spaziergang aus dem Haus wagen, um dann, die Mützen und Mäntel schneebedeckt, mit nassen, eiskalten Gesichtern, so bald wie möglich im nächsten Café Zuflucht zu suchen.
»Das ist ja ekelhaft«, maulte Daniela.
»Freu dich lieber! Sobald die Sonne herauskommt, haben wir Schnee genug zu allem.«
»Wenn Mutti da wäre, könnten wir wenigstens Skat spielen.«
»Spiele haben wir doch nun wirklich genug. Lauf zur Theke und such uns beiden ein schönes Stück Torte aus.«
Daniela hatte sich aus ihrem Mantel geschält. »Was für welche?«
Helga Großmann nahm ihr den Mantel ab und hängte ihn an einen Ständer. »Das überlasse ich dir.«
Das Café war gesteckt voll, und sie hatten Mühe gehabt, einen freien Tisch zu finden. Helga Großmann bestellte ein Kännchen Kaffee, eine Tasse Schokolade und Zigaretten. Sie rauchte seit langem nicht mehr, aber heute war ihr danach. Als die abgehetzte, mühsam lächelnde Serviererin die Getränke brachte, steckte Helga sich eine Zigarette an und gab ihr den Bon für den Kuchen.
»Du rauchst?« fragte Daniela verblüfft.
Helga zuckte die Schultern. »Wir sind schließlich auf Urlaub.«
»Darf man da alles, was man will?«
Helga lächelte ihre Enkelin an. »So ziemlich alles.«
»Dann will ich keinen blöden Kakao, sondern eine Cola.«

»Sollst du haben. Aber trink erst deine Schokolade, damit du warm wirst.«
»Ich habe uns zwei Schwarzwälder Kirschtorten bestellt.«
»Sehr schön«, sagte Helga und blies den Rauch durch die Nase.
»Du ärgerst dich auch über Mutti, oder?«
»Nein. Über mich selber.«
»Warum?«
»Ich hätte ihr sagen sollen, daß sie uns anruft. Jetzt wissen wir nicht einmal, wo sie steckt.«
»Und wenn wir es wüßten, was würde uns das nützen?«
Die Serviererin knallte die Teller mit den Tortenstücken vor sie auf den Tisch.
»Für mich eine Cola, bitte«, sagte Daniela rasch.
Die Serviererin blickte Helga Großmann fragend an.
»Ja, bitte«, bestätigte die Großmutter.
»Nutzen«, sagte Daniela und hieb in ihr Tortenstück ein, »würde es uns gar nichts.«
»Ich brauchte mir wenigstens keine Sorgen zu machen.«
Daniela lachte. »Du tust, als wäre sie auf einer Expedition zum Nordpol. Dabei ist sie doch nur mit diesem Heini zusammen.«
»Schlimm genug.«
»Schön blöd«, sagte Daniela mit vollem Mund, »aber doch nicht gefährlich.«
»Das kann man nie wissen.«
Daniela sah sie aus weitaufgerissenen Augen an. »Meinst du das ernst?«
»Ja, Liebes. Männer sind immer gefährlich.«
»Aber wie denn?«
»Sie lügen und sie betrügen.«
»Alle Männer?«
»Die meisten. Man muß vor ihnen auf der Hut sein.«
»Da bin ich froh, daß ich mir gar nichts aus Männern mache, und aus Jungens auch nicht. Die sind mir einfach zu blöd.«

»Recht so, Liebes.«
»Ich verstehe gar nicht, warum Mutti nicht mit uns nach Winterberg gereist ist. Na ja, gebracht hat sie uns ja, aber dann ist sie gleich wieder abgehauen. Wir hätten viel mehr Spaß zusammen gehabt.«
»Ja. Sicher.«
»Meinst du, daß dieser Heini ihr etwas tut?«
»Ich weiß nicht.«
»Was kann ein Mann einer Frau denn überhaupt tun? Wenn er sie nicht gerade umbringt, aber das kommt ja nicht so häufig vor.«
»Er kann ihr ein Kind machen.«
»Auch wenn sie nicht will?«
»Wenn sie sich nicht vorsieht.«
»Aha. Jetzt weiß ich. So ist Tilly an ihr Evchen gekommen. Stimmt doch, oder?«
Helga drückte ihre Zigarette aus und zündete sich, mit Hilfe des Streichholzheftchens, das ihr die Serviererin gebracht hatte, gleich eine neue an. »Kann schon sein.«
»Ißt du deinen Kuchen gar nicht?« fragte Daniela.
»Später.«
»Oder kann ich ihn kriegen? Ich meine, du mußt doch sowieso auf deine Figur aufpassen.«
Helga mußte über die Unverfrorenheit des Mädchens lächeln. »Iß nur, Liebes!«
»Danke, Omimi.« – Daniela zog den Teller mit dem dicken Stück Sahnetorte zu sich hin, betrachtete es mit immer skeptischer werdender Miene und sagte endlich: »Ich glaube, das wird mir doch zuviel. Ich hol' mir lieber noch ein Hefeteilchen, wenn ich darf.«
»Einverstanden.«
Helga sah der Kleinen nach, wie sie sich ihren Weg zum Buffet bahnte, beobachtete ihre flinken, ein wenig eckigen Bewegungen, den schwarzen jungenhaften Haarschopf, der auf und nieder zu hüpfen schien, die schmalen Hüften in der Skihose

und die schon ausgeprägten Schultern in dem roten Winterhemd. Sie fühlte, wie ihr Herz erfüllt von Liebe war.
So keck, so vergnügt und selbstsicher wirkte die Kleine, und so rein in ihrer Kindlichkeit. Sie dachte daran, wie Katrin im gleichen Alter gewesen war, ganz anders: bescheiden, nachdenklich und schüchtern. Aber noch genauso unberührt vom Schweinkram der Sexualität.
Würde sie nun bald dasselbe mit ihrer Enkelin erleben wie mit ihrer Tochter? Die schwierigen Jahre der Pubertät? Die ersten unvernünftigen Verliebtheiten? Den Kummer der Enttäuschung und des Scheiterns?
›Der Himmel bewahre mich davor!‹ dachte Helga, wußte aber im gleichen Augenblick, daß dieses Stoßgebet wohl kaum Erhörung finden würde.

Jean-Paul bestand darauf, daß Katrin gleich weiterfuhr, nachdem sie ihn am Flughafen abgesetzt hatte.
»Ich weiß, daß du darauf brennst, in dein verdammtes Winterberg zu kommen.«
»Das ist gar nicht wahr!« protestierte sie. »Ich leiste dir gerne noch Gesellschaft.«
»Du würdest mich nur nervös machen. Also, bitte, steig gar nicht erst aus ...«
»Und wenn dein Flugzeug nun Verspätung hat? Oder wenn es gar nicht startet?«
»Ich bin kein kleiner Junge mehr, der sich nicht zu helfen weiß.«
Sie war die Rampe zum Terminal 2 hinaufgefahren und hielt jetzt.
Er beugte sich über sie, küßte sie, während er gleichzeitig verhinderte, daß sie die Tür auf ihrer Seite öffnete. »Tu, was ich dir sage! Also dann – bis Rom, ma chérie!« – Er stieg aus, riß seinen Koffer-Ranzen vom Rücksitz, warf die Tür ins Schloß und verschwand rasch in der Menge, die in die Abflughalle strömte.

Wie immer, wenn sie sich trennten, empfand Katrin eine gewisse Erleichterung, deren sie sich schämte. Das Zusammensein mit ihm war nicht nur körperlich, sondern auch emotional außerordentlich anstrengend. Es war erholsam, mit sich selber allein zu sein.
Vielleicht hatte sie deshalb keine Lust, heute noch nach Winterberg zu fahren. Aber das gab sie sich nicht zu, sondern machte sich vor, daß es die schlechten Sicht- und Wetterverhältnisse wären, die sie davon abhielten. Jedenfalls entschloß sie sich, in ihrer Düsseldorfer Wohnung zu übernachten.
Dort angekommen, überfiel sie, wie immer, ein jähes Gefühl der Isoliertheit. Sie knipste alle Lampen an, drehte die Heizkörper auf und öffnete die Fenster, um zu lüften. Nach wenigen Minuten hatte sich die Atmosphäre verbessert, sie schloß die Fenster wieder und zog die Vorhänge zu.
Unvermittelt überfiel sie der heftige Wunsch zu telefonieren. Mit ihrer Mutter? Nein. Das würde zu der unvermeidlichen Frage führen: ›Wann stößt du endlich wieder zu uns?‹ – Aber Katrin spürte, daß sie dazu jetzt noch nicht bereit war. Den Vater hatte sie erst kurz vor Weihnachten gesehen. Er könnte es als Zumutung betrachten, wenn sie sich schon wieder an ihn wendete. Was hätte sie ihm auch erzählen können? Daß ihr Freund im Begriff stand, sich scheiden zu lassen? Auch ihn hätte das zu Fragen veranlaßt, die sie jetzt noch nicht beantworten konnte. Sie ließ ihre Freundinnen im Geist Revue passieren. Es war keine darunter, die sie ohne jede Vorwarnung mit ihren Problemen hätte überfallen können. Außerdem – was hätten sie ihr raten können? Nichts, was sie nicht schon selber wußte.
Katrin beschloß, es sich bequem zu machen. Sie zog die Stiefel aus, kramte ihre Hüttenschuhe aus dem Koffer, knipste die Deckenleuchten aus und setzte sich in ihren Schaukelstuhl. Sie bemühte sich, Klarheit in den Wirrwarr ihrer Gedanken zu bringen.

Natürlich war sie nicht an Jean-Pauls Scheidung schuld. Trotzdem war ihr das Ganze äußerst zuwider. So, wie die Dinge bisher gelaufen waren, hatte sie an seine Ehe niemals denken müssen, sowenig wie er an ihre Familie. Sie hatten, wenn sie zusammen waren, in einem überaus glücklichen Vakuum gelebt. Sie war überzeugt gewesen, ein Recht auf dieses Stückchen Freiheit zu haben, auch wenn sie der Mutter damit weh tat. Auch war sie sicher gewesen, seiner Frau mit ihren Begegnungen nichts zu nehmen.
Jetzt sahen die Dinge mit einem Mal anders aus. Natürlich war es nicht so, daß er sich ihretwegen scheiden lassen wollte. Das hatte sie keine Sekunde geglaubt, und es war sehr unfair von ihm gewesen, ihr das einreden zu wollen.
Doch es war nicht auszuschließen, daß Elsa hinter sein Verhältnis mit ihr gekommen war und ihn deshalb verlassen hatte. Die bloße Möglichkeit empfand sie als bedrückend und quälend.
Das Bruchstück eines Gedichtes ging ihr durch den Kopf, wahrscheinlich war es von Goethe: »Ihr laßt den Armen schuldig werden, dann überlaßt ihr ihn der Pein . . . «
Ob und wieviel sie mit dieser Scheidung zu tun hatte, würde sie nie wirklich erfahren. Jean-Paul neigte dazu, die Wirklichkeit hinter einem Schleier von Schwindeleien und Halbwahrheiten zu verbergen, der sie zwar hübscher aussehen ließ, die Wahrheit jedoch nie enthüllte.
Anständig von ihr wäre gewesen, wenn sie Schluß mit ihm gemacht hätte, gleich, sofort und auf der Stelle, als sie von seiner Scheidung erfahren hatte. Sie hatte das ganz klar erkannt. Aber die Situation war nicht danach gewesen, und sie hatte sich Jean-Pauls Charme und seinen verwirrenden Argumenten nicht entziehen können.
Katrin war nahe daran, sich an ihre klapprige Reiseschreibmaschine zu setzen und ihm in einem langen Brief ihren Standpunkt klarzumachen. Er hatte ihr die Nummer seines Genfer Postfachs gegeben, an die sie ihm in einem Notfall

schreiben konnte. Bisher hatte sie das nie getan, weil sie nicht sicher war, ob ihre Nachricht seiner Frau nicht in die Hände fallen könnte. Aber darauf kam es jetzt ja nicht mehr an.
Doch dann konnte sie sich doch nicht dazu durchringen, obwohl sie glaubte, daß es richtig gewesen wäre. Sie mochte nicht mutwillig auf die bevorstehenden Tage in Rom verzichten. Dort, redete sie sich ein, würde sie Gelegenheit zu einer offenen Aussprache haben.
Auch hatte sie das Schaukeln dösig und schwindelig im Kopf gemacht. Ihre Gedanken verschwammen, begannen ihr zu entgleiten. Träume lösten sie ab.
Träume von Peter, diesem sensiblen, liebevollen, fröhlichen Jungen, wie er anfangs gewesen war. Damals war er, vier Jahre älter als sie, ein Mann für sie gewesen, zu dem sie aufsehen und dem sie vertrauen konnte.
Inzwischen war sie ihm altersmäßig weit voraus und sah ihn mit anderen Augen. Aber immer noch überfiel sie die Sehnsucht nach ihm. Wie verliebt sie in ihn gewesen war! Wenn er jetzt bei ihr wäre, in diesem kleinen Zimmer...
Mit einem Ruck brachte sie den Schaukelstuhl zum Stehen und setzte ihren Träumen ein Ende. Plötzlich wußte sie, warum sie sich hier nie wohl gefühlt hatte: sie hatte das Zimmer so eingerichtet, wie sie es seinerzeit mit Peter geplant hatte. Mit Peter wäre sie hier glücklich gewesen, aber ohne ihn war es nur eine leere Hülle, in die sie nicht mehr hineinpaßte.

Katrin stand auf, entkleidete sich, nahm eine Dusche und zog ein Nachthemd über – nicht das kleine seidene, das sie für Jean-Paul getragen hatte, sondern ein sehr solides, langärmeliges aus blauem Flanell. Sie schlüpfte ins Bett und war sehr bald eingeschlafen.
Am nächsten Morgen wußte sie, ohne erst lange darüber nachzudenken, was sie jetzt tun wollte – nach Hilden zurückkehren und ihre Arbeiten für »Libertà« erledigen.

Das tat sie denn auch.
Es war wohltuend, in der großen Wohnung ihrer Mutter einmal allein zu sein und auf niemanden Rücksicht nehmen zu müssen. Sie stürzte sich mit Schwung in ihre selbstgestellten Aufgaben, aß, wenn sie Hunger hatte, und ging zu Bett, wenn sie müde war.
Nach drei Tagen waren zwei Feuilletons fertig, mehrere Modezeichnungen, Stick-, Häkel- und Strickmuster.
Katrin war sehr mit sich zufrieden. Der Wunsch überkam sie, ihre Arbeiten oder doch wenigstens ihre Artikel direkt an Ernst Claasen zu schicken, auf dessen Urteil sie sehr gespannt war. Aber dann siegte ihre Vernunft. Sie adressierte den großen Umschlag an Frau Pöhl, die ja noch die Stellung hielt und gekränkt sein würde, wenn man sie überging.
Dann verließ sie die Wohnung, um das Päckchen mit ihren Originalzeichnungen als Einschreiben aufzugeben.
Es regnete nicht mehr, war aber sehr kalt geworden. Sie überlegte, ob sie noch heute zu Mutter und Tochter nach Winterberg fahren oder am nächsten Morgen aufbrechen sollte.

Als Katrin von der Post zurückkam, stieß sie vor der Haustür auf Tilly, die ihr Evchen an der Hand hielt. Die beiden jungen Frauen begrüßten sich freundschaftlich. Evchen lächelte vertrauensvoll zu Katrin auf.
»Na, wie war es bei den Großeltern?« fragte Katrin, während sie den Schlüssel ins Schloß steckte.
»Schön«, behauptete das Kind.
»Ihr seid aber schnell zurück.«
»Du, ich erzähl's dir später!« versprach Tilly. »Ich stecke Evchen nur rasch ins Bett, dann komme ich auf einen Sprung zu euch, wenn ich darf.«
»Meine Mutter und Daniela sind nicht da.«
»Um so besser. Dann können wir uns mal richtig ausquatschen.«
»Fein.«

Tilly sah, stupsnäsig und blauäugig, mit Stirnfransen und langem blonden Haar, immer noch wie ein Mädchen aus. Wer es nicht wußte, hätte sie niemals für die Mutter Evchens gehalten, sondern eher für eine Babysitterin. Jetzt lief sie leichtfüßig, das Kind mit sich zerrend, die Treppen hinauf.
Katrin nutzte die Gelegenheit, die Wohnung aufzuräumen und das Badezimmer zu putzen; sie hatte in den letzten drei Tagen keinen Handschlag im Haushalt getan. Dann stellte sie den Wasserkessel auf den Herd, Tassen und Untertassen auf den Tisch im Wohnzimmer und tat Weihnachtsplätzchen in eine Schale. Da Tilly immer noch nicht erschien, begann sie Koffer zu packen. Sie war gerade damit fertig, als es an der Wohnungstür klingelte. Katrin öffnete, und, wie erwartet, stand Tilly vor ihr, bekleidet mit einem Hausanzug, unter dem sie offensichtlich keinen Büstenhalter trug, an den Füßen Pantoffeln.
»Ich dachte«, sagte sie entschuldigend und leicht verlegen, »da deine Mutter nicht da ist ...«
»Komm nur herein, mich stört es nicht. Ich will uns nur schnell einen Tee aufgießen. Das Wasser kocht sich schon zu Tode.« – Katrin selber trug Rock und Pullover und hatte das schwarze Haar am Hinterkopf zusammengesteckt.
Tilly trat ins Wohnzimmer. »Nicht, daß ich etwas gegen deine Mutter hätte«, sagte sie so laut, daß Katrin sie in der Küche hören konnte, »sie ist eine fabelhafte Frau.«
»Du sagst es«, bestätigte Katrin.
»Nur ein bißchen etepetete.«
»Bei ihr muß eben alles seine Ordnung haben.«
»Ja, ich weiß.«
Katrin kam mit der Teekanne ins Wohnzimmer. »Sahne ist nicht da, aber wenn du Zucker willst ...«
Tilly hatte sich schon gesetzt. »Nur ein bißchen Zitrone.«
»Dann sieh mal, ob du im Kühlschrank fündig wirst.«
Tilly gähnte hinter der vorgehaltenen Hand. »So wichtig ist es nun auch wieder nicht.«

Katrin bekämpfte den Impuls, selber nach einer Zitrone zu suchen; es gab keinen Grund, Tilly zu bedienen. Sie schenkte Tee ein und nahm Platz. »Na also, war es schön? Erzähl mal!«

»Es war ätzend. Nicht, daß die beiden Alten sich nicht Mühe gegeben hätten, nett zu sein, aber genau das ist es, was ich nicht vertragen kann. Entweder mag man einen und ist ganz selbstverständlich freundlich, oder man lehnt den anderen ab und zeigt es dann auch.«

»Ich glaube, du solltest Geduld haben, Tilly. Daß deine Eltern dein Leben nicht gutheißen, haben sie dir ja lange genug zu verstehen gegeben. Jetzt versuchen sie, nett zu sein. Aber daß das auf Anhieb nicht klappen kann, liegt ja auf der Hand. Mit der Zeit wird es besser werden.«

»Na, hoffen wir es. Evchen hat wirklich etwas Besseres als sauersüße Großeltern verdient.« Tilly nahm eines der Plätzchen, und während sie daran knabberte, fügte sie hinzu: »Das ist übrigens auch etwas, das ich an deiner Mutter rückhaltlos bewundere: daß sie so reizend zu Daniela ist.«

»Warum sollte sie nicht? Daniela hängt ja auch an ihr.«

»Aber deine Ehe hat sie doch nicht gutgeheißen – oder irre ich mich?«

»Ohne Mutters Hilfe wäre sie gar nicht zustande gekommen.«

»Ach so?« fragte Tilly erstaunt. »Die Plätzchen schmecken übrigens fabelhaft.«

»Auch Mutters Werk.«

»Hat sie sich wirklich für deine Ehe eingesetzt?«

»Und ob. Peter war Elektriker, und er hatte es sich in den Kopf gesetzt, ein eigenes Geschäft aufzumachen. Ich dachte auch, daß das eine gute Idee wäre. Er hatte eine Erbschaft gemacht, weißt du.« – Katrin nahm einen Schluck Tee.

»Aber es ging schief?« fragte Tilly erwartungsvoll.

»Ja. Die Finanzdecke war zu knapp, wie man in Fachkreisen

so schön sagt. Das hatte wohl auch damit zu tun, daß Peter selber seinen Meister noch nicht gemacht hatte und für teures Geld jemanden einstellen mußte. Dafür ging ein Großteil seiner Einnahmen drauf, den anderen verschlangen die Zinsen.«
»Einen Kredit hatte er auch genommen?«
»Nehmen müssen, zwangsläufig. Was glaubst du, was das Einrichten eines Geschäftes kostet?«
»Kann ich mir vorstellen.«
»Und Ware brauchte er natürlich auch. Was soll ich dich mit der ganzen Geschichte langweilen...«
»Du langweilst mich überhaupt nicht«, fiel Tilly ihr ins Wort, »im Gegenteil, ich bin froh, daß ich endlich mal erfahre, was passiert ist.«
»Kurz und gut, sehr bald mußte er aufgeben. Er kam gerade noch an einem Bankrott vorbei – später hat man mir gesagt, ein Bankrott wäre weitaus günstiger für ihn gewesen. Aber was wußten wir damals? Wir waren ja noch die reinsten Kinder. Jedenfalls stand er dann da, blank und bloß, mit fünfzigtausend Mark Bankschulden.«
»Und du warst schwanger.«
»Woher weißt du das?«
»Sonst hättest du ihn doch nicht geheiratet.«
»Ich habe ihn sehr geliebt.«
»Entschuldige, ich wollte dich nicht verletzen.«
Katrin fand sich selber zu dramatisch und räumte ein: »Na ja, wahrscheinlich war ich auch nur verliebt. Wir hatten ja noch nicht miteinander gelebt, kannten uns im Grunde gar nicht. Aber ich hielt es für meine ganz große Liebe.«
»Auf die kleinen, feinen Unterschiede«, sagte Tilly, »kommt es ja gar nicht an.«
»Aber schwanger war ich natürlich auch.«
»War deine Mutter da nicht sauböse?«
»Sag lieber: schockiert. Meine Tochter. Vorehelicher Geschlechtsverkehr. Pfui Deubel. So in der Art.«

»Kann ich mir vorstellen. Also auch nicht viel anders als meine Eltern.«
»An eine Heirat, sagte Peter, wäre in seiner Situation kein Denken mehr. Ich konnte das nicht einsehen. Ich wäre auch bei Wasser und Brot mit ihm zusammengeblieben. In einer ungeheizten Dachkammer. Ich sagte das nicht so dahin, ich meinte es auch. Ganz aufrichtig. Ich habe damals furchtbar viel geweint.«
»Hattest du Angst abzutreiben?«
»Daran dachte ich gar nicht. Es ging mir nicht um das Kind, es ging mir nur um Peter.«
»Und deine Mutter?«
»Sie bestand darauf, die Dinge in Ordnung zu bringen, die wir durcheinandergebracht hatten. Sie sprach mit uns beiden und las uns die Leviten. Sie machte Peter klar, daß eine Ehe mit mir überhaupt keine Belastung für ihn sein würde. Ich arbeitete ja im Geschäft und hatte mein Gehalt, und wir beide würden kostenlos bei ihr wohnen können.«
»Dann wurde also doch geheiratet?« fragte Tilly, während sie munter weiter Plätzchen knabberte.
»Natürlich ohne große Feier, einfach so. Wir gingen zum Standesamt und gaben uns das Jawort. Mutter kochte uns was Gutes ...«
»Was?« fiel ihr Tilly ins Wort.
»Laß mich nachdenken – ja, Zunge in Madeirasauce, das war's. Ein Lieblingsgericht von Peter.«
»Und dann lebtet ihr also alle zusammen friedlich vereint in dieser Wohnung.«
»Na, ganz so friedlich denn doch nicht. Spannungen gab es schon.« Katrin dachte an Peters Unruhe, seine Gereiztheit, seine Depressionen, doch darüber mochte sie nicht reden. »Aber Mutter tat wirklich alles, um Frieden zu stiften«, erzählte sie dann weiter, »ich war glücklich, daß ich ihn hatte, jetzt auch in Erwartung des Kindes. Und Peter fand dann auch sehr rasch eine Stellung.«

»Nur daß es noch Jahre gedauert hätte, bis er seine Schulden losgeworden wäre«, warf Tilly ein.
»Oh, das hätten wir schon geschafft. Für uns selber gaben wir ja so gut wie nichts aus, und für Daniela hatten wir noch meine alten Babysachen. Zum Glück hatte Mutter sie aufbewahrt.«
»Was lief dann also schief?« wollte Tilly wissen.
Katrin zögerte. Sie war nahe daran, sich der Freundin anzuvertrauen. Aber dann brachte sie die Wahrheit doch nicht über die Lippen. »Schief?« wiederholte sie. »Ich glaube, so kann man das nicht nennen. Peter verunglückte. Er hatte einen Autounfall. In Köln. Er war auf der Stelle tot.«
»Immer noch besser, als wenn er zum Krüppel geworden wäre«, kommentierte Tilly kaltschnäuzig.
Katrin war froh, daß sie sich an die Version gehalten hatte, die ihre Mutter ihr eingehämmert hatte. Niemand hatte erfahren, wie es tatsächlich gewesen war. Peters Verschwinden, ihre sich steigernde Angst um ihn, dann das Auftauchen der Polizei, die Nachricht von seinem Tod. Er hatte sich in einem Kölner Hotel das Leben genommen. Mit Schlaftabletten. Bis heute noch hatte sie nicht wirklich begriffen, warum und wieso. Es war doch alles auf dem besten Weg gewesen.
Tilly ließ die Hand, die gerade wieder nach einem Plätzchen greifen wollte, sinken. »Du bist ja ganz blaß geworden!« stellte sie fest. »Nimmt dich die alte Geschichte immer noch so mit?«
Katrin schluckte schwer. »Es passierte an unserem Hochzeitstag. Wir waren genau ein Jahr verheiratet.«
Tilly beugte sich vor. »Du Ärmste! Aber du warst wenigstens verheiratet, und das ist genau das, was ich von mir nicht behaupten kann.«
»Ist das denn so wichtig?«
»Aber, ja doch! Sehr! Hätte Hans-Georg mich geheiratet, stände ich heute doch ganz anders da. Vom Finanziellen mal

abgesehen – es hätte keinen Ärger mit den Eltern gegeben, Evchen trüge ihren Vaternamen und überhaupt, ich käme mir nicht so hereingelegt vor. Ich hatte mich so auf ihn verlassen, sonst wäre das alles ja gar nicht passiert. Ich kann dir nur raten, Katrin: ›Laß dich nie mit einem verheirateten Mann ein!‹«

»Da magst du wohl recht haben.«

»Dieser Mann, der dir immer die bunten Postkarten schickt, was ist mit dem?«

»Neugierig bist du aber gar nicht.«

»Ich will's nur wissen. Jean-Paul Quirin, nicht wahr? Der ist doch verheiratet.«

»Ja«, gab Katrin zu, »aber das hat niemals Schwierigkeiten gemacht. Vielleicht abgesehen davon, daß wir uns nicht über die Feiertage treffen konnten.«

»Konnten?« wiederholte Tilly hellhörig. »Hat sich da inzwischen was geändert?«

»Ja.« Mit Überwindung fügte Katrin hinzu: »Jetzt will er sich scheiden lassen.«

»Deinetwegen?«

»Nein, nein, wirklich nicht. Ich habe damit nichts zu tun.«

Tilly schlug die Beine übereinander und lehnte sich zurück. »Na, immerhin.«

»Wie meinst du das?«

»Dann brauchst du dich nicht verrückt machen zu lassen.«

»Das werde ich bestimmt nicht.«

»Ich habe das erlebt. Einmal heißt es: ›Ich lasse mich scheiden‹, das nächste Mal: ›Tut mir leid, das kann ich meiner Frau nicht antun!‹, und dann wieder: ›Natürlich halte ich, was ich versprochen habe‹. Es war zum Wahnsinnigwerden. Ein Glück, daß ich drüber weg bin. Heute würde ich ihn nicht mehr nehmen, auch wenn er auf allen vieren angekrochen käme. Und weißt du, was mich am meisten geärgert hat? Sie haben nicht mal Kinder.«

»Jean-Paul auch nicht.«
»Das hilft nichts. Du wirst dich auf ein schönes Hickhack gefaßt machen müssen.«
»Nein, das glaube ich nicht.«
»Du wirst schon sehen.«
»Nein, nein, bestimmt nicht. Es ist nämlich so ...« Katrin zögerte, weil sie keine Indiskretion begehen wollte. »... seine Frau hat ihn verlassen.«
»Das besagt gar nichts. Die kommt auch wieder zurück.«
»Warten wir es ab«, sagte Katrin friedfertig.
»Gute Idee. Du hältst mich auf dem laufenden, ja?« Tilly stand auf. »Ich muß mal nach Evchen sehen.«
»Du meinst, sie schläft noch nicht?«
»Sie hat in letzter Zeit zuweilen schlechte Träume. Gemein, nicht wahr?«
Katrin verstand, was die andere meinte. »Es ist nicht deine Schuld«, sagte sie ruhig.
»Nein, wirklich nicht!« bestätigte Tilly heftig. »Ich weiß, alle regen sich auf, weil ich nicht arbeite. Aber ich kann Evchen nicht in einen Hort geben, das bräche mir das Herz, und wie ihr dabei zumute wäre – gar nicht auszudenken.«
»Niemand macht dir einen Vorwurf, Tilly.«
»Ihr haltet es mir nicht vor, aber ihr denkt so.«
Katrin mochte es nicht ableugnen, nur um Tilly zu beruhigen. »Nun ist sie ja bald groß genug für den Kindergarten«, sagte sie, »dann ist das kein Thema mehr.« Katrin stand ebenfalls auf. »Weißt du schon, was du dann tun willst?«
Tilly warf den Kopf in den Nacken. »Vielleicht werde ich als Bardame arbeiten. Das paßt am besten zu mir, wie? Leichtsinnig, wie ich nun mal bin.«
»Red keinen Unsinn, Liebes. Du bist eine der pflichtbewußtesten Mütter, die ich kenne.«

Als Tilly gegangen war, räumte Katrin das Geschirr in die Küche, spülte und trocknete es ab. Sie sah auf die Uhr. Es war immer noch früh genug, die Fahrt nach Winterberg anzutreten. Andererseits aber hatte sie gute Lust, sich einen geruhsamen Abend mit ausgedehnter Schönheitspflege zu machen.

Sie entschied sich, in der »Pension Haselmann« anzurufen. Es dauerte eine Weile, bis sie die Mutter an den Apparat bekam.

»Du bist es, Katrin!« sagte Helga Großmann mit gespieltem Erstaunen, als wäre sie mit der Tochter nicht erst vor wenigen Tagen, sondern vor Monaten zusammen gewesen. »Wie lieb, daß du von dir hören läßt.«

»Ich rufe aus Hilden an.«

»Du bist allein?«

»Ja, Mutter. Ich frage mich, ob ich heute noch zu euch rausfahren soll oder erst morgen früh.«

»Wie es dir besser paßt, Liebes. Natürlich kann man nicht wissen, wie das Wetter morgen sein wird. Sicher nicht besser als heute. Es hat hier aufgehört zu schneien.«

»Du hast recht, Mutter. Ich bringe es lieber gleich hinter mich.«

»Solltest du natürlich abgespannt sein oder etwas anderes vorhaben ...«

»Schon gut, Mutter, ich komme. Aber wartet, bitte, nicht auf mich.«

»Es wird doch hoffentlich nicht spät werden.«

»Ich werde so schnell wie möglich fahren.«

»Aber paß, bitte, auf dich auf. Unseretwegen brauchst du dich nicht zu beeilen.«

»Bis nachher, Mutter! Mach dir keine Sorgen. Es wird schon nichts passieren.«

Die letzten Tage der Winterferien verbrachte Katrin mit Mutter und Tochter scheinbar munter und vergnügt. Nur daß ihre Magenschmerzen wieder eingesetzt hatten, trübte die Stimmung. Katrin versuchte, es sich nicht anmerken zu

lassen, aber es war auffallend, daß sie kaum etwas essen konnte.
»Die Kost hier bekommt dir nicht«, bestimmte Helga Großmann, »warte nur ab, bis wir wieder zu Hause sind und ich für dich koche.«
Aber auch als sie nach Hilden zurückgekehrt und der Alltag eingetreten war, wurde es nicht besser. Katrin ernährte sich hauptsächlich von Milch und Bananen, weil ihr das die wenigsten Schwierigkeiten machte.
»Einfach lächerlich!« kommentierte die Mutter. »Du hast kein Magengeschwür, das steht fest. Also kannst du auch essen wie ein normaler Mensch.«
Katrin verzichtete auf ihre Schonkost und gewöhnte sich an, jeden Bissen unendlich lange zu kauen, bis sie ihn herunterschluckte. Der Druck auf den Magen ließ trotzdem nicht nach, und die Portionen, die sie vertilgte, waren winzig. Ihre Gewohnheit, Vollmich zu trinken, behielt sie jedoch bei, und da sie sich nicht raten ließ, hielt die Mutter es für richtiger, darüber hinwegzusehen.
Aus Hamburg kam nichts als ein Zwischenbescheid, daß ihre Arbeiten dort angekommen waren und geprüft werden würden. Katrin war enttäuscht. Allen Erfahrungen zum Trotz hatte sie auf ein rasches positives Ergebnis gehofft.
Äußerlich blieb sie gelassen und heiter, bediente die Kunden mit stets gleichbleibender Freundlichkeit. Sie handarbeitete für sich und das Geschäft, machte sich Gedanken und Skizzen für die nächste Ausgabe der »Libertà« und spielte hin und wieder mit Mutter und Tochter Karten. Aber das einzige, was sie wirklich aufrecht hielt, war die Aussicht auf das Wochenende mit Jean-Paul in Rom. Doch vorsichtshalber ließ sie noch nichts davon verlauten.
Erst als der Termin schon nahe herangerückt war, fragte sie, wie beiläufig: »Du hast doch sicher nichts dagegen, wenn ich übers Wochenende verreise, Mutter?«
Es war kurz vor Feierabend, und sie waren allein im Geschäft.

Helga Großmann zögerte kaum merklich, dann hatte sie sich schon wieder gefaßt. »Aber natürlich nicht, Liebes. Wohin soll's denn gehen?«
»Nach Rom.«
»Mitten im Winter? Wie kommst du auf die Idee?«
»Jean-Paul hat dort zu tun, und wir wollen uns treffen.«
»Das hast du also die ganze Zeit gewußt und mir kein Wort davon gesagt?«
Katrin sah geflissentlich an ihrer Mutter vorbei. »Es hätte ja noch was dazwischenkommen können.«
»Trotzdem. So etwas bespricht man miteinander. Du weißt, daß ich dir jede Freiheit lasse.«
»Ja, natürlich. Ich wollte dich nur nicht unnötig aufregen.«
»Du unterstellst mir, daß ich mich aufrege, wenn du verreisen willst?«
»Ich meine nur«, sagte Katrin hilflos, »freuen tust du dich nicht gerade.«
»Wie du mich verkennst, Liebes. Jede Freude, die du hast, empfinde ich voll und ganz mit dir.«
»Ich möchte ja nur, daß du es akzeptierst.«
»Habe ich das jemals nicht getan?«
»Mutter, bitte, mach dir und mir nichts vor! Ich verstehe doch, daß du und Daniela es nicht gern habt, wenn ich euch allein lasse!«
»Keine Sorge. Wir werden es uns schon gemütlich machen.«
Katrin war froh, als der Eintritt einer späten Kundin das Gespräch unterbrach. Sie glaubte schon, das Schlimmste hinter sich zu haben. Jedenfalls wußte die Mutter jetzt Bescheid.
Doch am Abend, als Katrin sich verabschieden wollte – Daniela war schon zu Bett gegangen –, hielt Helga sie zurück.
»Bleib noch, Liebes.«
Katrin markierte ein Gähnen. »Ich bin schrecklich müde.«

»Nur eine kurze Frage: wie kommt es, daß Jean-Paul ausgerechnet am Wochenende für dich Zeit hat?«
»Weiß ich auch nicht, Mutter«, behauptete Katrin und fühlte sich bei dieser direkten Lüge gar nicht wohl.
»Das war doch bisher nie der Fall.«
»Stimmt schon.«
Helga hielt die Augen hinter den funkelnden Brillengläsern unablässig auf Katrin gerichtet. »Nur heraus mit der Sprache, Liebes. Mir brauchst du doch nichts zu verheimlichen.«
Katrin hatte bisher nahe der Tür gestanden; jetzt nahm sie neben der Mutter Platz, ein Zeichen dafür, daß sie sich geschlagen gab. »Ach, weißt du, das ist eine ganz blöde Geschichte. Zu dumm, um darüber zu reden.«
»Also?«
»Er hat anscheinend Streit mit seiner Frau gehabt.«
»Deinetwegen?«
»Aber nein, bestimmt nicht. Mit mir hat das gar nichts zu tun.«
»Da wäre ich nicht so sicher.«
»Das hätte er mir doch gesagt«, behauptete Katrin, und ihr wurde heiß bei dem Gedanken, daß Jean-Paul es anfangs ja so darzustellen versucht hatte.
»Ich will dir keine Vorhaltungen machen«, sagte Helga, »ich bin sicher, du weißt, was du tust. Aber es wäre übel für dich, in eine Scheidungsaffäre gezogen zu werden.«
»Ja, das will ich natürlich nicht.«
»Hast du ihm das auch deutlich zu verstehen gegeben?«
»Ja, Mutter.« Nach kurzem Zögern fügte sie hinzu: »Vielleicht nicht deutlich genug. Er will es nicht verstehen.«
»Dacht' ich's mir doch.«
»In Rom«, sagte Katrin, »will ich mich mit ihm aussprechen.«
»Wenn du wirklich so denkst – und das nehme ich an, denn schließlich bist du meine Tochter –, warum hast du ihm das

nicht geschrieben? Es ist immer besser, man legt so ein ›statement‹ schriftlich nieder. Die Männer hören einem nicht gerne zu, lassen einen nicht ausreden und decken einen mit unlogischen Argumenten ein.«

»Ich habe selber schon daran gedacht«, sagte Katrin, »aber dann schien es mir zu hart. Jean-Paul und ich sind ja nicht zerstritten. Wir können in Ruhe über alles reden.«

»Du hast mir schon in der Rolle der Ehebrecherin nicht gefallen, Liebes . . .«

»Ich mir doch auch nicht!« fiel Katrin ihr ins Wort.

». . . als Scheidungsgrund möchte ich dich aber wirklich nicht sehen.«

»Davon kann keine Rede sein, Mutter.«

»Und nachher? Wie soll's weitergehen? Wenn er erst geschieden ist?«

»Daran brauchen wir doch jetzt noch nicht zu denken.«

»Da bin ich aber anderer Meinung. Es ist immer gut, sich nicht einfach treiben zu lassen, sondern selber das Ziel zu bestimmen.« Helga stand auf. »Sei so gut, Liebes, und hol mir eine Flasche Bier aus dem Kühlschrank. Trinkst du ein Glas mit?«

»Ich weiß nicht, ob es mir bekommt.«

»Sei nicht so zimperlich, Liebes. Ein Glas Bier hat noch keinem geschadet.«

Als Katrin mit der geöffneten Bierflasche und zwei Gläsern auf dem Tablett zurückkam, hatte Helga sich ein Zigarettenpäckchen aus ihrem Schlafzimmer geholt. Katrin begriff, daß dies eine längere Sitzung werden würde, und es war ihr nicht einmal unangenehm. Sie beschloß, so offen wie möglich zu sein.

Am Freitag morgen waren die beiden Frauen noch dabei, die Wohnung aufzuräumen – Daniela war schon auf dem Weg zur Schule –, als das Telefon klingelte.

Wie immer war Helga Großmann als erste am Apparat und

meldete sich. Dann hielt sie Katrin den Hörer hin. »Aus Rom. Für dich.«
»Wer?«
»Na, wer schon?«
Katrin stellte das Tablett mit dem Frühstücksgeschirr auf den Tisch und nahm ihrer Mutter den Hörer aus der Hand.
»Ja?« fragte sie überrascht, aber durchaus nicht voll böser Vorahnung.
»Ich bin es, chérie, Jean-Paul.«
»Ich weiß. Soll ich dir etwas mitbringen?«
»Nein, nein, das wird nicht nötig sein.«
»Meine Maschine startet um zwölf Uhr fünfzig, also werde ich gegen fünf Uhr in Rom sein.«
Jean-Paul schwieg für einen Moment. Dann sagte er: »Tut mir sehr, sehr leid, ma chérie, aber das hat sich erübrigt.«
»Ich verstehe nicht ...«
Unwillkürlich sah Katrin sich nach der Mutter um, aber Helga hatte sich mit ungewohntem Takt zurückgezogen.
»Du brauchst nicht mehr nach Rom zu fliegen ...«
Katrin verschlug es die Sprache.
»... das heißt natürlich, du kannst ohne weiteres fliegen. Es ist sehr schön hier. Sonniges Wetter. Aber ich kann nicht bleiben.«
Katrin wußte immer noch nichts zu sagen.
»Hörst du mich, Katrin? Bist du noch da?« rief er.
»Ja«, sagte sie mühsam.
»Meine Frau ist zurückgekommen. Sie war im Krankenhaus. Ich werde dir später alles erklären.«
»Was gibt es da zu erklären?«
»Ich bitte dich, chérie, nun sei nicht eingeschnappt. Es ist nicht meine Schuld. Es hat sich so ergeben.«
Katrin legte den Hörer auf. Sie tat es nicht, um ihm eine Lektion zu erteilen, sondern weil sie nicht mehr hören wollte, was er ihr zu sagen hatte. Sie war wie vor den Kopf geschlagen.

Helga kam herein, ein Küchentuch in der Hand. »Na, was ist?«
Katrin antwortete nicht sogleich. Wirre Gedanken schossen ihr durch den Kopf, ihr Herz war tief verletzt. Aber dann erkannte sie, daß sie die Wahl hatte. Sie konnte allein nach Rom fliegen. Ein Hotelzimmer würde sich finden lassen. Oder sie konnte sich in ihre Düsseldorfer Wohnung zurückziehen. Dann würde die Mutter wenigstens nicht merken, was passiert war. Oder sie konnte es hier und jetzt durchstehen. Sie war nicht nur maßlos enttäuscht, sie fühlte sich auch blamiert bis auf die Knochen.
»Mit Rom wird's nichts, wie?« fragte die Mutter.
Katrin wollte sich nicht sogleich geschlagen geben. »Wie kommst du darauf?«
»Es steht dir im Gesicht geschrieben.«
Katrin wischte sich mit der flachen Hand von der Stirn bis zum Kinn. »Nein!«
»Aber ja doch. Versuch nicht, mir etwas vorzumachen.«
»Das will ich gar nicht. Ich muß nur erst selber damit fertig werden.«
Es klingelte an der Wohnungstür, Helga ließ Tilly, gefolgt von Evchen, herein. Tilly hatte sich bereit erklärt, heute und morgen für Katrin einzuspringen.
»Es ist gleich neun Uhr!« verkündete sie munter. »Soll ich das Geschäft schon öffnen?«
»Ich glaube, Katrin fliegt gar nicht nach Rom«, erklärte Helga.
»Aber wieso denn nicht?« fragte Tilly erstaunt.
»Weil du recht hattest, Tilly«, sagte Katrin, »du hattest mit allem recht. Jetzt hat das Hickhack begonnen.« Sie straffte die Schultern. »Aber da mache ich nicht mit.«
»Was willst du tun?«
»Ihn nie mehr wiedersehen.«
»Ist das nicht ein bißchen hart?«
»Nicht halb so hart, als mir diese Behandlung gefallen zu lassen.«

»Du mußt es ja wissen. Aber ich bin mal gespannt, ob du es durchhältst.«
»Katrin hat ganz recht«, meinte Helga, »in diesem Fall ist es das einzig Vernünftige, einen dicken Schlußstrich zu ziehen.«
»Das ist genau das, was ich will«, bestätigte Katrin.
»Ob du dir damit nicht weher tust als ihm?« fragte Tilly.
»Das ist mir egal. Lieber eine glatte Amputation als eine ewig schwärende Wunde.«
»Sehr richtig, Liebes«, lobte die Mutter, »ich bin stolz auf dich.«
»Ach, du Ärmste!« sagte Tilly.
»Wenn ihr beide euch heute morgen ums Geschäft kümmern wollt«, schlug Katrin vor, »dann kann ich nämlich in Ruhe meinen Koffer auspacken, den Flug annullieren und einen Brief schreiben.«
»Was für einen Brief?«
»Den, zu dem ich mich gleich hätte aufraffen sollen, als er mir mit seiner Scheidung kam. Bloß hatte ich da noch nicht die Kraft dazu.«
»Aber jetzt hast du sie?« fragte Tilly zweifelnd.
»Ja«, sagte Katrin entschlossen.
»Schon möglich.« Tilly zuckte die Achseln. »Papier ist ja zum Glück geduldig.« –
Aber es wurde für Katrin gar nicht so einfach, die richtigen Worte zu finden. Sie sollten nicht lieblos wirken und auch nicht, als wäre sie persönlich beleidigt. Hinzu kam, daß der Brief möglicherweise in die Hände seiner Frau fallen konnte. Auch das mußte berücksichtigt werden, denn sie hatte keineswegs die Absicht, Jean-Paul zusätzliche Schwierigkeiten zu bereiten.
Lange saß sie später vor ihrer Schreibmaschine und dachte nach.
Endlich tippte sie:
»Lieber Jean-Paul, als Du mir von den angeblichen Schei-

dungsabsichten Deiner Frau erzähltest, war ich schockiert. Ich hatte, obwohl Du es mir dann auszureden versuchtest, das Gefühl, ich könnte etwas mit dem Scheitern Deiner Ehe zu tun haben. Das will ich aber keinesfalls, und ich habe es Dir auch deutlich gesagt – nicht deutlich genug, wie mir jetzt, nachträglich, klar wird. Ich hätte mich unter den gegebenen Umständen überhaupt nicht mehr zu einem Treffen mit Dir bewegen lassen sollen. Daß ich es doch getan habe, ist meine Schuld. Jetzt endlich bin ich soweit, Dir klipp und klar zu sagen: ich will Dich nie wiedersehen. Ich will auch nicht, daß Du mir schreibst, und auch nicht, daß Du mich anrufst. Ich will nicht mit Dir sprechen. Ich habe genug von alledem, und zwar gründlich.
Dir wünsche ich von ganzem Herzen, daß es Dir gelingen wird, lieber Jean-Paul, Dein Privatleben wieder in Ordnung zu bringen. So oder so. Das wird einfacher für Dich sein, denke ich, wenn ich aus Deinem Leben verschwunden bin. Als Blitzableiter bin ich nicht geeignet.
Deine«
Sie nahm den Bogen aus der Maschine, las alles noch einmal durch, hätte das eine oder andere Wort gern noch geändert, verzichtete dann aber doch darauf und setzte ihren Namen mit schwungvoller Schrift darunter.
Sie adressierte den Umschlag an »Monsieur Jean-Paul Quirin, Genève, poste restante, Schweiz«, klebte ihn zu, frankierte ihn, lief damit aus dem Haus und zum nächsten Briefkasten.
Als sie ihn eingeworfen hatte, fühlte sie sich unendlich befreit. Der brennende Schmerz und die bohrenden Selbstzweifel kamen später.

So unglücklich Katrin auch in den nächsten Tagen und Wochen war, so oft sie auch die Richtigkeit ihrer Entscheidung bezweifelte, ja, sie zeitweilig sogar bereute – der Knoten in ihrem Magen schien sich gelöst zu haben. Sie weinte in den

Nächten und konnte oft nicht schlafen, aber sie aß ohne jede Beschwerde.

Sollte ihr unidentifizierbares Leiden etwas mit Jean-Paul zu tun haben? Und war sie jetzt geheilt, weil sie sich von ihm gelöst hatte? Es kam ihr sehr sonderbar vor.

Helga Großmann erfüllte ihre Aufgabe als Zerberus mit Konsequenz und Höflichkeit, aber auch mit unverhohlenem Vergnügen. Katrin nahm es ihr ein wenig übel, daß sie so viel Spaß daran hatte, Jean-Paul abzuwimmeln, andererseits konnte sie es ihr auch nicht verdenken. Manchmal war sie dabei, wenn er anrief. Dann hätte sie sich am liebsten die Ohren zugehalten, aber das war unmöglich, weil es meist geschah, wenn sie im Geschäft und Kundinnen anwesend waren.

Zuweilen passierte es aber auch, wenn sie morgens beim Joggen oder am frühen Nachmittag beim Einkaufen war. Dann berichtete die Mutter ihr, fast triumphierend: »Er hat sich wieder gemeldet.«

»Und du?« fragte Katrin. »Was hast du gesagt?«

»Dasselbe wie immer: daß du nicht zu sprechen bist.«

»Du hättest auch sagen können, daß ich gerade nicht da bin. Das wäre die Wahrheit gewesen.«

»Wozu? Damit ich ihn beim nächsten Mal anlügen muß? Du bist für ihn nicht zu sprechen, und damit basta.«

»Und wenn er es nun dringend macht?«

»Oh, das tut er immer. Für ihn ist es eine Sache von Leben und Tod.«

»Könnte es nicht auch sein, daß ...«

»Unsinn. Du kennst ihn doch besser als ich. Vielleicht liegt ihm ja wirklich viel an dir, aber vor allem ist seine Eitelkeit verletzt. Er will es nicht wahrhaben, daß eine Frau ihm den Laufpaß gegeben hat. Wenn du dich jetzt rumkriegen ließest, würde er dich womöglich bei nächster Gelegenheit fallen lassen wie eine heiße Kartoffel. Dann hätte er vor sich selber sein Gesicht gewahrt.«

»Da kannst du schon recht haben«, gab Katrin zu.

»Wenn es wirklich um Leben und Tod ginge, wärst du die letzte, die ihm helfen könnte.«
Auch das sah Katrin ein. Doch trotz allem sehnte sie sich so sehr nach ihm. Die Treffen mit ihm waren unregelmäßig und selten genug gewesen. Aber nun, da keine Aussicht mehr darauf bestand, war ihr Leben leerer geworden.
Seine Ansichtskarten aus aller Welt trafen nach wie vor ein, und der Text lautete, unverbindlich wie immer, als wäre nichts geschehen, etwa: »Bin seit gestern in Bombay. Sehr, sehr heiß. Große Eindrücke. Habe Dir viel zu erzählen.«
Auch als noch alles zwischen ihnen in Ordnung war – soweit man denn bei dieser unorthodoxen Beziehung überhaupt von Ordnung sprechen konnte –, hatten diese belanglosen Mitteilungen sie geärgert und enttäuscht. Nach der ersten Freude darüber, eine Nachricht von ihm erhalten zu haben, stellte sich rasch ein Gefühl von Leere ein. Sie sagte sich, daß er zwar an sie gedacht, sich die Zeit genommen hatte, ein paar Zeilen hinzukritzeln, aber sich durchaus keine Gedanken darüber machte, wie es ihr gehen mochte oder was sie beim Lesen empfinden mochte.
Jetzt, da alles vorüber schien, halfen ihr seine Postkartengrüße geradezu, sich von ihm zu entwöhnen.
Aus Hamburg kam endlich ein Brief von Frau Pöhl mit der Nachricht, daß die meisten ihrer Vorschläge angenommen waren. Ein Scheck lag bei, und Katrin freute sich. Der Scheck bedeutete ihr mehr als sein reiner Geldwert, sie empfand ihn als Bestätigung ihres Talents und ihres Könnens.
»Ich weiß, es bleibt nicht viel davon, wenn ich erst meine Steuern bezahlt habe, Mutter«, sagte sie, »aber es macht einfach Spaß.«
»Das verstehe ich schon«, behauptete Helga Großmann, »aber eigentlich hast du es doch gar nicht nötig, für fremde Leute zu arbeiten.«
»Aber, Mutter, Mutter, nun sei nicht so gräßlich altmodisch! Du redest, als lebten wir noch im vorigen Jahrhundert.«

»Und wahrscheinlich wirst du bald wieder nach Hamburg müssen.«
»Ja, das werde ich. Aber die Unkosten dafür werde ich nun wieder von der Steuer abziehen können.«
»Was bleibt da unter dem Strich?«
»Ich wünschte nur, du könntest einmal meine Freude teilen.«
»Aber das tue ich doch, Liebes. Bloß betrachte ich die Angelegenheit mit Vernunft.«
»Ist es nicht besser, auf zwei Beinen als auf einem zu stehen? Mein eines ist die Arbeit in der ›Strickstube‹, mein anderes die für ›Libertà‹.«
»Wenn du nur nicht immer so völlig strapaziert zurückkämst...«
»Das soll nicht wieder passieren, Mutter. Das nächste Mal, das verspreche ich dir, werde ich auf mich achten. Es wird keine langen Nächte mehr geben.«

Es wurde März, bis Katrin zu einer Redaktionskonferenz nach Hamburg bestellt wurde. Sie fuhr mit ihrem Auto in den Norden. Das dauerte auch nicht viel länger als ein Flug, die Formalitäten und Wartezeiten mit eingerechnet. Das Wetter war vorfrühlingshaft sonnig, die Straßen trocken, und auf den Wiesen zeigte sich das erste zaghafte Grün. Katrin war gut gelaunt und unternehmungslustig.
Sie hatte sich schwergetan, der Mutter nicht zu zeigen, wie froh sie war, wieder einmal von zu Hause fortzukommen. Tatsächlich hatte sie ein schlechtes Gewissen, daß sie so empfand. Sie hatte doch ein so schönes Leben. Warum trieb es sie dann immer wieder hinaus?
Seltsamerweise hatten sich ihre Magenschmerzen in gleichem Maße, wie ihr Kummer über die Trennung von JeanPaul nachließ, wieder eingestellt. Sie begriff es nicht, versuchte auch nicht, es zu begreifen. Der Druck auf den Magen war einfach etwas, mit dem sie leben mußte wie andere

Menschen mit einer Zahnprothese; es war eine Sache der Gewohnheit.
Jetzt, als sie, sehr früh am Tag, über die Autobahn sauste, fühlte sie sich frei. Sie war so ausgelassen, daß sie laut vor sich hin sang.
Ohne Zwischenfall kam sie mittags in Hamburg an, manövrierte sehr vorsichtig durch die betriebsame Innenstadt und stellte ihr Auto dann im Parkhaus »Gerhart-Hauptmann-Platz« ein. Zu Fuß ging sie, ihren Koffer in der Hand, zur Paulstraße und klingelte an der schweren Eichentür zur »Pension Kreuz«, die, wie immer, tagsüber unverschlossen war. Sie trat in den düsteren kleinen Empfangsraum und begrüßte die Inhaberin der Pension. Frau Kreuz war eine energische, nicht mehr junge Frau. Sie erinnerte Katrin entfernt an ihre Mutter, vielleicht weil sie das gleiche blondierte Haar in einer sehr ähnlichen Frisur trug, vielleicht aber wegen ihrer Wesensart.
»Jetzt wollen Sie sicher gleich in Hilden anrufen?« fragte sie.
»Ja. Aber woher wissen Sie?«
Frau Kreuz lachte selbstgefällig. »Aber, Frau Lessing, das tun Sie doch immer als erstes.«
»Damit sich meine Mutter keine Sorgen machen muß.«
»Sehr anständig von Ihnen. Es gibt heutzutage kaum noch junge Leute, die so denken.«
›Ja‹, dachte Katrin, ›aber bestimmt auch nicht viele Mütter, die darauf bestehen!‹ – Aber sie sprach es nicht aus, denn sie wollte den guten Eindruck, den Frau Kreuz von ihr hatte, nicht zunichte machen.
Die Pensionsinhaberin begleitete Katrin in den zweiten Stock hinauf. »Sie haben dasselbe Zimmer wie beim letzten Mal«, sagte sie, »sechsundzwanzig.«
»Sehr schön.«
Die Holzdielen knarrten unter ihren Füßen, der Boden war mit einem abgetretenen Sisalteppich bedeckt. Frau Kreuz

schloß erst die Zimmertür auf, dann das Telefon, das auf dem Nachttisch stand. Katrin zog die Lederjacke aus und legte, ohne sich umzusehen, den Koffer auf das Bett. Sie kannte das Zimmer. Es war ein spartanisch eingerichteter kleiner Raum, der nichts enthielt außer einem Einzelbett, dem Nachttisch, einem Stuhl und einem großen, antiken Schrank. Vor dem Fenster hing eine weiße Tüllgardine, die die Aussicht auf die gegenüberliegende Brandmauer verbarg.

Es gab in jedem Stockwerk der Pension so ein Zimmer, das an Alleinreisende vermietet wurde. Katrin hatte den Verdacht, daß es sich um die früheren Dienstbotenkammern handelte. Der kleine Duschraum mit Toilette war wohl nachträglich eingebaut worden und schnitt eine Ecke heraus, so daß der Raum noch beengter wirkte als ursprünglich.

Aber Katrin war das durchaus gleichgültig. Die Pension war zentral gelegen und sauber. Nur das war wichtig.

»Danke, Frau Kreuz«, sagte sie und trat schon ans Telefon, während die Inhaberin ihr noch einen angenehmen Aufenthalt wünschte.

Helga Großmann in Hilden meldete sich sofort. »Katrin, du? Ist was passiert?«

»Aber nein, Mutter! Ich bin schon angekommen.«

»Gott sei Dank! Ich hatte nicht damit gerechnet, daß es so schnell gehen würde.«

»Ich hatte freie Fahrt. Ich hoffe, ich falle euch nicht ins Mittagessen.«

»Nein, nein, wir haben noch gar nicht angefangen.«

»War etwas Besonderes los?«

»Nichts, was am Telefon besprochen werden müßte.«

»Na gut. Ich wollte bloß Bescheid sagen.«

»Katrin«, sagte Helga hastig, in einem Ton, als müßte sie befürchten, die Tochter würde gleich auflegen, »was hast du jetzt vor?«

»Darüber habe ich noch gar nicht nachgedacht.«

»Die Redaktionssitzung beginnt erst am Nachmittag, nicht wahr?«
»Ja, Mutter, um vier.«
»Dann solltest du dir eine Kleinigkeit zu essen bringen lassen und dich dann hinlegen. Damit du fit und ausgeruht bist, wenn es darauf ankommt.«
»Ja, Mutter. Vielleicht werde ich das tun.«
»Und ruf an, wenn du heute abend zurück bist, ja?«
»Ich weiß noch nicht genau, wann das sein wird, Mutter.«
»Ist ganz egal, Liebes, und wenn es mitten in der Nacht sein sollte.«
»So spät wird es schon nicht werden.«
»Hoffentlich nicht. Ich meine, meinetwegen brauchst du dich natürlich nicht zu beeilen. Ich will dir den Spaß nicht verderben.«
»Es ist eine geschäftliche Sitzung, Mutter«, erinnerte Katrin.
»Jedenfalls erwarte ich deinen Anruf.«
Als Helga auflegte, war Katrin halb verärgert, halb belustigt. Sie kannte die Überbesorgtheit ihrer Mutter ein ganzes Leben lang. Sie würde sich nie ändern. Kein Grund also, sich darüber aufzuregen.
Katrin öffnete ihren Koffer und nahm das Pepitakostüm heraus, das sie am Nachmittag anziehen wollte, hängte es über einen Bügel. Im Duschraum wusch sie sich die Hände, fuhr mit dem Kamm durch das Haar und zog sich die Lippen nach. Sie war in ihren langen Flanellhosen gefahren, einem gelben Seidenpullover und ihrer Lederjacke. Diese Kleidung würde für einen mittäglichen Bummel durch Hamburg genügen. An den Füßen trug sie sportliche Halbschuhe mit niedrigem Absatz.
Unternehmungslustig verließ sie die Pension und erreichte nach wenigen Minuten den Ballindamm, die Prachtstraße, die sich am westlichen Ufer der Binnenalster erstreckte. Die Sonne glitzerte auf dem Wasser. Immer wieder stehenblei-

bend und die Auslagen bewundernd, erreichte sie die Lombardsbrücke und lief von dort wieder zurück, jetzt dicht am Wasser entlang, und bog dann zum Jungfernstieg ab. Die Luft war ungewöhnlich klar und schmeckte nach Salz und Meer. Endlich spürte sie, daß sie sehr hungrig geworden war.
Im »Alsterpavillon« kehrte sie ein, vielleicht doch nicht ganz richtig angezogen für diese elegante Umgebung, aber das kümmerte sie nicht. Sie war froh, einen Tisch mit Aussicht auf die Binnenalster ergattern zu können, bestellte sich Bückling mit Rührei und dazu ein Kännchen Tee. Mit einem Brötchen dazu – hier Rundstück genannt – verzehrte sie alles mit gutem Appetit, ohne daß ihr Magen sich rührte.
Danach kehrte sie zur Pension zurück und bat Frau Kreuz, sie um drei Uhr zu wecken.
»Nur für den Fall der Fälle«, sagte sie, »eigentlich schlafe ich nie um diese Tageszeit.«
»Ruhn Sie sich nur schön aus, Frau Lessing, auf mich können Sie sich verlassen.«
»Das weiß ich doch.« – Katrin ließ sich den Schlüssel geben und stieg zu ihrem Zimmer hinauf. Sie zog sich bis auf die Unterwäsche aus und legte sich zu Bett. Sie hatte nicht vor zu schlafen, wollte sich nur entspannen, atmete gleichmäßig durch die Nase ein und wieder aus. Tausend Gedanken schossen ihr durch den Kopf und entglitten ihr wieder. Sie fühlte sich dem Alltag entrissen und genoß es.
Noch bevor das Telefon klingelte, dehnte und reckte sie sich und stand auf.
»Danke, Frau Kreuz«, sagte sie, als die Pensionsinhaberin ihr mitteilte, daß es gleich drei sei, »ich mache mich jetzt zurecht. Kann ich nachher einen Hausschlüssel mitnehmen?«
»Aber ja, Kindchen. Nach zehn kommen Sie sonst nicht mehr herein.«
Katrin bedankte sich abermals, zog sich jetzt vollends aus, steckte ihre schwarze Mähne in eine Plastikhaube und ging unter die Dusche.

Als sie eine halbe Stunde später in die Halle kam, trug sie ihr tailliertes Pepitakostüm, darunter eine Hemdbluse aus zartrosa Wildseide, im Ton passende Handschuhe und elegante Lackpumps. Die rabenschwarze Mähne umrahmte ihr helles Gesicht wie eine dunkle Wolke, und ihre grauen Augen waren sorgfältig umschminkt.

»Donnerwetter, Kindchen«, sagte Frau Kreuz, »Sie verstehen es aber, etwas aus sich zu machen.«

»Bin ich zu aufgedonnert?« fragte Katrin, mehr irritiert durch die familiäre Anrede als durch die Beurteilung ihres Aufzuges.

Frau Kreuz legte den Kopf schief. »Vielleicht ein bißchen zuviel Lippenstift.« Sie griff unter den Empfangstisch und reichte Katrin ein Papiertuch.

Katrin faltete es zusammen und schob es zwischen die Lippen, die sie darauf zusammenpreßte. »Jetzt besser?« fragte sie, als sie es wieder herausgenommen hatte – der Lippenstift hatte einen Abdruck ihres Mundes auf dem Papier hinterlassen.

»Tadellos, Kindchen. Wenn man so schön ist wie Sie, darf man nur ja nicht zu dick auftragen, sonst kann's ins Auge gehen.«

Katrin lachte. »Für eine Schönheit hat mich bisher noch niemand gehalten.«

»Vielleicht hat man es Ihnen nicht gesagt. Aber mit Ihren Farben – für mich sind Sie das reinste Schneewittchen, Frau Lessing.«

Die Redaktion der »Libertà« residierte nicht weit von der Pension in der Mönckebergstraße. Katrin konnte zu Fuß hingehen. Die Geschäftsräume waren im dritten und vierten Stock eines modernen Bürohauses untergebracht. Katrin fuhr im Lift nach oben. Sie klingelte, bis der Türsummer ertönte, und drückte dann auf.

Die junge Frau am Empfang blickte aufmerksam hoch, als

Katrin eintrat, und lächelte, als sie sie erkannte. Sie saß auf einem Podest hinter einem gerundeten Pult, einem Telefon links, einem Telefon rechts, und hatte, wenn ihr Zeit blieb, auch noch einen Computer zu bedienen.
»Guten Tag, Frau Velbert«, grüßte Katrin, »da bin ich mal wieder.«
»Willkommen in Hamburg, Frau Lessing.« Die junge Frau warf einen Blick auf ihre Armbanduhr. »Gleich kann's losgehen.«
»Habe ich noch Zeit, zu Frau Pöhl hereinzuschauen?«
»Aber ja doch. Genau sieben Minuten.«
Der Empfang durch die Redakteurin der Abteilung Handarbeit fiel eine Nuance frostiger aus. Frau Pöhl, einige Jahre jünger als Katrin, arbeitete mit zwei Gehilfinnen in einem schmalen, langgestreckten, sehr hellen Raum, in dem Schreibtische, Büromaschinen und ein Zeichentisch standen. Katrin hatte seit jeher den Eindruck, daß die Pöhl im tiefsten Herzen glaubte, auf Anregungen und Entwürfe von außen verzichten zu können, während sie, Katrin, hinwiederum meinte, daß den festangestellten Damen der Abteilung herzlich wenig einfiel.
Die Pöhl, das blonde Haar hochgesteckt, eine doppelreihige Perlenkette um den Hals, wirkte sehr elegant, und Katrin war froh, daß auch sie sich schöngemacht hatte. Von dem Kind, das Frau Pöhl erwartete, war in dem raffiniert geschnittenen Kleid noch nichts zu sehen.
Die beiden Frauen tauschten nicht ganz ehrlich gemeinte gegenseitige Komplimente aus. Dann wandte sich Katrin freundlich an die beiden Helferinnen, Frau Möbius, eine ältere, ehemalige Handarbeitslehrerin, und Gesine Schmitt, eine sehr junge Volontärin. Ilse Möbius, die Katrin schätzte, ließ es sie merken, Gesine Schmitt, der die Spannung zwischen ihrer Chefin und Katrin bewußt war, gab sich zurückhaltend.
Katrin tat so, als würde sie die Unterströmungen nicht spü-

ren, nickte den beiden zum Abschied freundlich zu – Ilse Möbius und Gesine Schmitt würden an der Redaktionssitzung nicht teilnehmen – und sagte heiter: »Bis gleich dann, Frau Pöhl!«

Sie schlüpfte aus dem Raum und klopfte nebenan bei der »Stellvertretenden Chefredakteurin« an. Als ein »Herein« ertönte, öffnete sie die Tür. Ellen Rieger, die »Stellvertretende« war gleichzeitig für das Feuilleton verantwortlich, eine schlanke, sehr große Frau mit kurzgeschnittenem Haar und markanten, fast männlichen Gesichtszügen. Jetzt war sie gerade dabei, Briefe in einer Unterschriftenmappe zu unterzeichnen, die eine Sekretärin für sie umblätterte.

»Sieh an«, sagte sie, nachdem sie kurz den Blick gehoben hatte, »unser Wunderkind aus der Provinz ist wieder mal da.« – Ohne sich stören zu lassen, unterzeichnete sie weiter.

Katrin hatte das Gefühl, sich verteidigen zu müssen. »Ich bin herzitiert worden«, sagte sie.

»Aber, aber, meine liebe Frau Lessing, als ob ich das nicht wüßte.«

›Warum tun Sie dann so?‹ hätte Katrin beinahe gesagt, verbiß es sich aber und erklärte statt dessen: »Ich komme immer gern nach Hamburg.«

»Das wollen wir doch auch hoffen«, erwiderte die Rieger ungerührt.

Katrin fühlte sich unerwünscht. »Dann gehe ich schon mal ins Konferenzzimmer«, sagte sie.

»Nein, nein, warten Sie, Frau Lessing. Das machen wir zusammen. Nur noch ein Momentchen.«

»Danke«, sagte Katrin ehrlich, »das wäre mir viel lieber.«

Die Rieger schmunzelte in sich hinein. »Hemmungen?«

»Sie haben es ja selber gesagt: ich komme aus der Provinz.«

»Schön, daß Sie wenigstens nicht die große Macherin hervorkehren.«

»Ich?« Katrin war erstaunt. »Wie käme ich denn dazu?«
»Bei der Protektion, die Sie genießen.«
Katrin setzte sich unaufgefordert. »Sie wollen doch wohl nicht andeuten, daß Sie Arbeiten von mir nur auf Druck von oben annehmen?«
»Bestimmt nicht. Wir sind eine demokratische Redaktion, und jeder ist für sein Ressort verantwortlich. Mist zu bringen, könnte ich mir gar nicht erlauben.«
»Warum sagen Sie dann ...«, begann Katrin, ohne ihre Frage ganz auszusprechen.
»Ich beliebte zu scherzen.«
»Ach so«, sagte Katrin, der Frau Riegers Andeutungen gar nicht komisch vorkamen.
»Seien Sie doch nicht so überempfindlich!« Frau Rieger schraubte ihren Füllhalter zu, legte ihn aus der Hand und bedankte sich bei der Sekretärin. »Das war's dann.« Sie stand auf. »Jetzt können wir. Haben Sie schon den Chef begrüßt, Frau Lessing?«
Auch Katrin stand auf. »Nein!« sagte sie und fügte nach kurzem Zögern hinzu: »Hätte ich das tun sollen?«
»Das liegt ganz in Ihrem eigenen Ermessen.«
»Sie sind doch schon so lange hier in der Redaktion. Können Sie mir keinen Rat geben? Sie wissen, wie man sich hier richtig benimmt. Ich weiß es nicht.«
»Nur nicht so ängstlich. Sie werden es rasch lernen, wenn Sie erst hier anfangen. Sie werden doch die Handarbeitsabteilung übernehmen, nicht wahr?«
»Wie kommen Sie darauf?«
»Ein Vögelchen hat es mir gezwitschert.«
»Aber das ist ein Irrtum. Ich kann nicht aus Hilden fort.«
»So, Sie können nicht?« Frau Rieger grinste unverhohlen. »Da wird der liebe Ernst Claasen aber sehr enttäuscht sein.«

Katrin und Frau Rieger betraten als letzte den Konferenzsaal. Katrin setzte sich neben Frau Pöhl auf den Stuhl, den

man ihr freigehalten hatte, Frau Rieger nahm als seine Stellvertreterin zur Linken von Ernst Claasen, dem Chefredakteur, Platz. Beide hatten nach allen Seiten genickt und andeutungsweise gelächelt.
Anwesend waren noch die beiden Chefs vom Dienst, die Cheflayouterin, der Redakteur, der zuständig für Technik und Medizin war, der Anzeigenleiter und der Vertriebsleiter, im ganzen waren sie also zehn Personen. Auf dem langen Tisch vor ihnen standen Aschenbecher und Gläser, Flaschen mit Wasser und mit Fruchtsaft.
Der Chefredakteur eröffnete die Sitzung. Besprochen werden sollte in großen Zügen die Linie der nächsten drei Hefte; die »Libertà« pflegte allmonatlich zu erscheinen.
Die Diskussion lief sehr langsam an, um dann, als der Anzeigenleiter und die Cheflayouterin sich in die Haare kriegten, ausgesprochen hitzig zu werden.
Katrin hielt sich bewußt zurück, obwohl sie gerne Partei ergriffen hätte. Auch sie fand, wie der Leiter der Anzeigenabteilung, daß das Layout hätte besser sein können, spritziger und witziger. Da sie aber keine konkreten Vorschläge zu machen hatte und sich auch nicht in ein ihr fremdes Ressort einmischen wollte, hielt sie den Mund.
Aber als die Sprache auf das Thema Handarbeiten kam, war sie ganz da. Sie öffnete ihre Mappe und ließ Zeichnung auf Zeichnung, wo es nötig war, beklebt mit Garnproben und Stoffschnitzeln, von Hand zu Hand gehen. Es war klar, daß nicht jeder Entwurf ungeteilten Beifall fand, aber das hatte sie auch nicht erwartet. Immerhin konnte sie sich gut gegen Frau Pöhl durchsetzen, die sehr viel weniger vorzuweisen hatte.
»Gratuliere«, zischte die Abteilungsleiterin ihr mit verzerrten Lippen zu, »das war ein voller Erfolg.«
Katrin machte sich Notizen auf den Blättern, die wieder zu ihr zurückgekommen waren. »Bitte, nehmen Sie's nicht persönlich, Frau Pöhl.«

»Wie werd' ich denn! Ich bin ja froh, daß ich bald mit dem ganzen Quatsch nichts mehr zu tun haben werde.«
»Lassen Sie das nur niemanden hören!« warnte Katrin.
»Als wenn ich nicht wüßte, daß Sie es kaum noch erwarten können, meinen Posten einzunehmen!«
Katrin verzichtete darauf, ihr klarzumachen, daß dies durchaus nicht ihre Absicht war. Private Auseinandersetzungen waren im Rahmen dieser Sitzung mehr als unangebracht, fand sie, und konzentrierte sich wieder auf den Chefredakteur, der gerade um Themenvorschläge für das Feuilleton bat.
»Sonnenbaden«, schlug Frau Rieger vor, »Gefahr und Nutzen, Ozonloch, Hautkrebs und so weiter.«
»Klingt ziemlich unerquicklich«, meinte Claasen.
Katrin nahm allen Mut zusammen; es war ihr nicht angenehm, vor versammelter Mannschaft das Wort zu ergreifen.
»Ein interessantes Thema. Wir sollten unseren Leserinnen klarmachen, daß oben ohne nichts mit Erotik zu tun hat.«
»Finden Sie?« fragte Claasen.
Katrin verteidigte ihren Standpunkt. »Unbedingt. Ich kann mir vorstellen, daß es einem ein Gefühl von Freiheit gibt, wenn man das Bikinioberteil abstreift...«
Frau Rieger fiel ihr ins Wort. »Selber haben Sie es noch nie getan?«
»Nein«, mußte Katrin zugeben.
»Dann können Sie darüber gar nicht mitreden.«
»Doch, Frau Rieger, zwar nicht als praktizierende Nacktbaderin, aber als Betrachter. Wenn eine einzige Frau in einer Gruppe die Hüllen fallen läßt, wird sie, egal wie ihr Busen ist, allgemeine Beachtung finden. Wenn aber mehrere Frauen halbnackt herumhüpfen, kann das nicht mehr aufreizend oder anziehend wirken, sondern nur noch abstumpfend. Interessant wird dann nur diejenige sein, die ihr Oberteil anbehält oder, vielleicht besser noch, einen einteiligen Badeanzug trägt.«

Frau Rieger wollte offensichtlich noch etwas dazu sagen, aber Claasen hob abwehrend die Hand.
»Das genügt!« bestimmte er. »Schreiben Sie es nieder, Frau Lessing. Alles, was Ihnen dazu einfällt.«
»Man sollte es vielleicht in der gleichen Nummer bringen, in der wir die selbstgehäkelten Bikinis vorstellen.«
»Sehr gut. Und weiter?«
Andere Themen wurden vorgebracht, diskutiert, abgelehnt oder angenommen. Katrin war lebhaft dabei, obwohl ihr der Kopf nach einiger Zeit zu schwirren begann. Auch die anderen wurden allmählich müde. Die Cheflayouterin begann sich in Schweigen zu hüllen und Männchen zu zeichnen, der Leiter der Anzeigenabteilung gähnte unverhohlen, und Frau Rieger begann immer öfter auf die Uhr zu blicken.
Es war dann Frau Pöhl, die das Zeichen zum Aufbruch gab – nicht, weil es ihr zugestanden hätte, sondern weil sie sich innerlich schon halb ins Privatleben zurückgezogen hatte.
»Tut mir leid, Freunde«, sagte sie, »aber mir reicht's. Ich kann meinen Mann nicht länger warten lassen.«
»Ach, der Ärmste!« spöttelte Frau Rieger.
»Es ist leicht reden, wenn man niemanden hat, der zu Hause wartet!« gab Frau Pöhl zurück und stand auf.
»In der Sache haben Sie ja recht«, räumte die »Stellvertretende« ein, »es ist reichlich spät und unsere Gedankenblitze werden immer schwächer. Nur Ihre Begründung ist mehr als naiv aus dem Mund einer berufstätigen Frau.«
»Na, bald bin ich das ja nicht mehr«, gab Frau Pöhl patzig zurück und stand auf. »Gute Nacht allerseits.«
»Machen wir also Schluß?«
Claasen hatte es fragend gesagt, an seine Stellvertreterin gewandt, aber alle nahmen es als Signal, ihre Plätze zu räumen. Einige beeilten sich hinauszukommen, andere dehnten und reckten sich noch, nahmen sich Zeit für einige private Worte.
Obwohl Katrin gut abgeschnitten hatte, empfand sie eine

leichte Enttäuschung; sie wußte selber nicht warum. Sie wünschte eine gute Nacht und ging zur Tür.
»Frau Lessing«, rief Claasen ihr nach, »einen Moment noch!«
Ihr Herz schlug ein wenig schneller, als sie sich sehr langsam umdrehte. »Ja?«
»Wie lange bleiben Sie noch in Hamburg?«
»Kommt darauf an. Ich möchte einige meiner Entwürfe hier näher konkretisieren und dann noch einmal mit Frau Pöhl darüber sprechen.«
»Unsere Musterschülerin!« spottete Frau Rieger, die neben Claasen stand.
»Ich dachte, es ist leichter, darüber zu reden, als hin- und herzuschreiben. Wenn Sie aber meinen, daß das nicht nötig ist...«
Claasen fiel ihr ins Wort. »Sie wissen, daß ich Sie am liebsten ganz in Hamburg haben würde, Frau Lessing.«
»Aber das wird nicht klappen, denn sie kann nicht aus Hilden fort!« erklärte Frau Rieger. »Also dann, gute Nacht, ihr beiden.«
Sie verließ den Konferenzraum. Katrin und Ernst Claasen blieben allein zurück.
»Wollen wir noch irgendwo eine Kleinigkeit essen gehen?« fragte er.
Sie dachte an ihre Mutter, die vielleicht jetzt schon auf ihren Anruf wartete; es war 22 Uhr vorbei.
»Oder haben Sie etwas anderes vor?« drängte er.
»Nein«, sagte sie, »und ich würde sehr gern etwas essen. Mir schwabbelt der Magen von dem vielen Wasser, das ich in mich hineingeschüttet habe.«
»Aber?«
»Wenn ich vorher ganz kurz zu Hause anrufen dürfte?«
Claasen wies mit einer Handbewegung auf das Telefon am Kopfende des Tisches.
»Danke!« – Katrin nahm den Hörer ab und wählte die Nummer, die sie auswendig kannte.

Helga Großmann war sofort am Apparat.
»Hallo, Mutter! Die Sitzung ist vorbei. Es ist alles gut gelaufen. Nur, damit du Bescheid weißt.« – Katrin blickte zu Ernst Claasen hin, der abwartend in der Tür stand und sich bemühte, ein Gesicht zu machen, als ob er nicht zuhörte; er war, in grauem Anzug, mit Weste, Hemd und Krawatte so elegant und unauffällig angezogen, wie sie ihn seit jeher kannte. »Nein«, sagte Katrin, »noch nicht, Mutter. Ich will jetzt erst noch essen gehen. Nein, ich rufe nicht noch einmal an. Das wäre wirklich ganz unnötig. Nein, Mutter. Gib Daniela einen Kuß von mir und leg dich schlafen. Ja, ja, ich weiß, daß es dich nicht stören würde, aber mich. Gute Nacht, Mutter. Ich melde mich morgen wieder.« – Mit einem Seufzer legte sie den Hörer auf.
»Gut gemacht«, sagte er, ohne den Mund zu einem Lächeln zu verziehen, »das war ein Rundumschlag, wie?«
»Sie haben also doch zugehört!«
»Das war nicht zu vermeiden.«
»Sie hätten mich allein lassen können.«
»Hätte ich«, gab er unverblümt zu, »aber Sie sollten doch schon langsam gemerkt haben, welches Interesse ich an Ihren kleinen Geheimnissen nehme.«
»Es war überhaupt nichts Geheimnisvolles dabei. Ich hatte Mutter versprochen anzurufen, sobald ich in der Pension zurück bin. Aber ich wollte das jetzt schon hinter mich bringen.«
Er sah sie aus seinen hellen blauen Augen wissend an. »Sonst hätte es Ihnen den Appetit verdorben.«
»Ja«, sagte sie erstaunt, weil er sie so durchschaute, »es hätte mich bedrückt, dauernd daran denken zu müssen.«
»Nun, das haben Sie ja glücklich abgebogen. Ich nehme an, daß Sie sich jetzt noch frisch machen wollen?«
Erst jetzt wurde Katrin bewußt, daß sie den ganzen Nachmittag keine Gelegenheit gehabt hatte, auf die Toilette zu gehen. »Oh ja«, sagte sie dankbar, »gute Idee.«
»Ich warte dann beim Empfang auf Sie.« –

Im Waschraum für weibliche Angestellte begutachtete sie sich im Spiegel. Sie wirkte durchaus nicht so abgeschlafft, wie sie sich fühlte, sondern eher angeregt. Ihre sorgsam ummalten grauen Augen strahlten. Was erwartete sie sich von dem Zusammensein mit Ernst Claasen? Sie wußte es nicht. Aber sie gab sich zu, daß sie sehr enttäuscht gewesen wäre, wenn er es nicht herbeigeführt hätte.

Das Restaurant, in das Ernst Claasen sie einlud, lag in der Rathausstraße, ganz in der Nähe der Redaktion. Unterwegs erzählte er ihr, daß er hier häufig mittags oder nach Dienstschluß einzukehren pflegte. Sie fragte sich zum ersten Mal, ob er wohl verheiratet wäre, mochte ihn aber nicht fragen. Es sprach dagegen, daß es ihn anscheinend nicht nach Hause drängte.
Das Restaurant war eleganter, als sie erwartet hatte, durchaus kein Platz, um schnell einen Happen hinunterzuschlingen. Es gab gleich hinter der Eingangstür, nachdem sie wenige Stufen hinuntergeschritten waren, eine Garderobe mit einer adretten jungen Frau, die bereit war, ihre Mäntel entgegenzunehmen, die sie beide nicht bei sich hatten.
»Guten Abend, Herr Claasen«, grüßte sie respektvoll.
»'n Abend, Gerda«, gab er zurück.
Auch der Geschäftsführer in gutsitzendem Smoking nannte ihn beim Namen und geleitete ihn zu einem für zwei Personen reservierten Tisch neben der Bar. Es war also keinesfalls ein impulsiver Entschluß von ihm gewesen, sie zum Essen einzuladen. Der Tisch war mit einem makellos weißen Tuch bedeckt, auf dem spitzgefaltete Stoffservietten Wache hielten. Als sie sich setzten, zündete ein Kellner die Kerzen eines Silberleuchters an.
»Ich hoffe, es gefällt Ihnen in meiner Stammkneipe«, sagte Ernst Claasen.
»Eine Stammkneipe«, erwiderte Katrin, »würde ich mir schon etwas uriger vorstellen.«

Er erhob sich halb. »Wollen wir woanders hingehen?«
»Nein, absolut nicht. Es ist doch nett hier. Bloß für den Hunger, den ich habe, hätte es ein Hamburger auch getan.«
»Den sollen Sie kriegen.«
»Hier?«
»Warum denn nicht? Aber erst gönnen wir uns einen Armagnac, ja? Damit wir das schwabbelige Gefühl aus dem Magen kriegen.«
»Einverstanden«, sagte sie; sie war harte Getränke zwar nicht gewohnt, aber jetzt durchaus bereit, sich zu entspannen, da sie ihr Bett nur wenige hundert Meter weit wußte.
Der Ober kam mit der Flasche, hielt sie Ernst Claasen hin, damit er sie begutachtete – Katrin hatte den Eindruck, daß es sich wohl um einen recht alten Armagnac handeln mußte – und schenkte dann zwei kleine Gläser voll.
Sie tranken sich zu, und eine köstliche Wärme stieg ihr vom Magen bis in den Kopf.
»Also deutsches Beefsteak?« fragte er.
»Wenn Sie meinen.«
»Sie wollten doch einen Hamburger.«
»Wenn das das gleiche ist...«
»Ein Beefsteak besteht aus gebratenem Rindfleisch«, erklärte er, »und Zwiebeln.«
»Klingt gut.«
Er lächelte ihr zu. »Es wird Ihnen schmecken.«
Ernst Claasen bestellte die Beefsteaks und dazu, ohne sich erst die Karte zeigen zu lassen, einen Rotwein Châteauneuf du Pape 1984.
»Ist es denn wahr?« fragte er, als der Ober sie allein gelassen hatte.
»Was denn?«
»Daß Sie nicht nach Hamburg kommen können?«
»Ich täte es nur zu gerne«, gestand sie, »aber meine Mutter und meine Tochter sind total dagegen.«
»Und Sie können nicht tun, was Sie wollen?«

»Können Sie es?« fragte sie zurück.
»Wie meinen Sie das?«
»Das liegt doch auf der Hand. Wenn Sie Lust hätten, nach München oder nach New York überzusiedeln, könnten Sie es ohne Rücksicht auf Verluste tun?«
»Durchaus«, behautete er, »ich bin frei.«
»Wie schön für Sie!« Sie war froh über seine Antwort, dachte dann aber nach und fügte hinzu: »Ist es nicht auch manchmal schwer, ganz allein, nur auf sich selbst gestellt zu sein?«
»Das ist das Schicksal eines erwachsenen Menschen.«
»Nein, das glaube ich nicht. Manche leben doch noch bei ihren Eltern, viele sind verheiratet oder sonst irgendwie gebunden.«
»Sind Sie es?«
Diese Frage kam so unerwartet, daß sie ihn, statt zu antworten, mit offenem Mund anstarrte.
»Haben Sie einen Freund?« fragte er, noch direkter.
»Ich habe gerade mit ihm Schluß gemacht.«
»Und warum?«
»Das ist schwer zu erklären.«
»Versuchen Sie es.«
Katrin trank den letzten Tropfen Armagnac, um sich Mut zu machen. »Er läßt sich gerade scheiden oder seine Frau will es. Ich schaue nicht ganz dahinter. Jedenfalls geht es nicht ohne ein ungutes Hin und Her. Ich will mich da nicht hineinziehen lassen.«
»Daß er verheiratet ist, hat Sie also nicht gestört?«
»Doch. Ich habe es in Kauf nehmen müssen.«
»Aber jetzt, wo es ernst wird, kneifen Sie?«
Ihre grauen Augen flammten auf. »So können Sie es nennen, wenn Sie wollen!«
»Bitte, seien Sie jetzt nicht beleidigt.«
»Bin ich ja gar nicht. Was Sie sagen, klingt zwar ziemlich hart. Aber vielleicht haben Sie den Nagel auf den Kopf getroffen.«
»Ach ja?« fragte er mit einem sparsamen Lächeln.

»Er hat mir viel bedeutet. Aber ein Mann zum Heiraten war er in meinen Augen nie.«
»Nicht wert, die Mutter zu verlassen?«
»Das hat mit meiner Mutter gar nichts zu tun.«
Der Ober kam, die Flasche Rotwein in eine Serviette eingeschlagen, schenkte Claasen einen Schluck ein und ließ ihn kosten, füllte dann, als er zufrieden nickte, die Gläser und zog sich zurück. Sie tranken beide. Der Wein war von samtiger Fülle.
»Wunderbar!« lobte sie.
»Mein Lieblingstrank.«
»Ihr Geschmack ist fabelhaft.«
»Im Gegensatz zu meinen Ansichten?«
»Das habe ich nicht gesagt. Es ist nur ... Sie wollen so viel von mir wissen, und über sich verraten Sie nichts.«
»Doch. Habe ich schon getan. Sie wissen, daß ich an niemanden gebunden bin.«
»Das kommt mir komisch vor.«
»Komisch?«
»Ja. Ein Mann in Ihrem Alter ...« Sie verstummte, weil sie merkte, daß sie indiskret wurde.
»Auf wie alt schätzen Sie mich denn?«
Sie dachte nach. »Anfang Dreißig?«
»Zweiunddreißig.«
Sie nahm einen Schluck Wein und fuhr mutig fort: »Ein Mann von zweiunddreißig müßte doch Beziehungen haben.«
»Die habe ich auch. Das will ich gar nicht leugnen. Aber keine Bindungen.«
»Das könnte Zufall sein.«
»Nein, ist es nicht. Ich gebe zu, ich verliebe mich wie jeder andere Mann. Aber wenn meine Partnerin dann in Richtung Ehe zu drängen beginnt – und früher oder später tut das leider jede –, ziehe ich mich zurück.«
»Dann waren Sie wahrscheinlich noch nie wirklich verliebt.«

»Genau wie Sie.«
»Nein, bei mir ist es etwas anderes. Ich war wirklich sehr verliebt, und ich glaube, ich bin jetzt noch nicht ganz darüber weg. Aber ich habe ja am eigenen Leibe erlebt, daß er als Ehemann nicht zuverlässig genug ist. Nein, ich will ihn nicht heiraten, und ich will auch nicht in diese schmutzige Scheidungsgeschichte hineingezogen werden.«
»Ich bin prinzipiell gegen die Ehe.«
Der Ober servierte die Beefsteaks auf heißen Tellern mit knusprigen Bratkartoffeln, und eine Weile aßen sie schweigend.
»Ich war noch nie so ausgehungert«, gestand Katrin, »oder es hat mir noch nie etwas so gut geschmeckt.«
»Die Beefsteaks sind eine Spezialität des Hauses«, erklärte er, »das Fleisch wird nicht, wie heute üblich, durch den Wolf gedreht, sondern wirklich noch gehackt und dann mit einer zerdrückten Pellkartoffel gebunden.«
»Oh, das würde ...«, begann sie, stoppte sich aber gleich wieder. ›... Jean-Paul interessieren‹, hatte sie sagen wollen, diese Bemerkung dann aber doch unangebracht gefunden.
»Sie scheinen etwas vom Kochen zu verstehen«, meinte sie statt dessen.
»Sie nicht?«
»Leider nein. Ich lese gerne Rezepte, aber bei der Ausführung hapert es.«
»Ihre Mutter macht die Küche?«
»Ja«, sagte sie.
Immer mehr Gäste betraten das Restaurant, die meisten in abendlicher Garderobe; sie wurden zu freien Tischen oder an die Bar geführt. Anscheinend hatten die Theater »Thalia« und »Ohnsorg«, die ganz in der Nähe lagen, ihre letzten Vorstellungen beendet.
Katrin, die von ihren eigenen Familienverhältnissen ablenken wollte, fragte: »Warum sind Sie eigentlich so strikt gegen die Ehe, Herr Claasen? Das haben Sie mir noch nicht erklärt.«

Die Kerzenflammen, die in der Unruhe des Raumes zu flackern begannen, vertieften die Schatten in seinem Gesicht und gaben ihm fast etwas Dämonisches. »Ich bin nicht gegen die Ehe, wenn sie aus vernünftigen Gründen geschlossen wird. Aber es ist immer ein Fehler, durch Heirat zu versuchen, eine Verliebtheit oder Leidenschaft, von mir aus, nennen wir es auch Liebe, festzuhalten. Das gleicht in meinen Augen der Prozedur, einen Schmetterling aufzuspießen, um seine Schönheit zu erhalten.«
»Oh!« sagte Katrin, die den Vergleich für sehr hart hielt.
»Gefühle«, dozierte er, »sind wandelbar, sie lassen sich nicht zementieren.«
Katrin schluckte ihre letzte Scheibe Bratkartoffel herunter und stellte zufrieden fest, daß ihr Magen nicht revoltierte. Sie wischte sich den Mund ab und trank einen Schluck Wein. »Und was sind Ihrer Meinung nach Vernunftgründe, die für eine Ehe sprechen könnten?«
»Wenn ein Mann es satt hat, sich selbst zu bekochen, die Wohnung in Ordnung zu halten und seine Hemden zu bügeln. Dann wäre es selbstverständlich, wenn er auf den Gedanken käme, eine Frau zu ehelichen, die ihm das alles abnimmt.« Er trank ihr zu. »Aber es fragt sich, ob es das wert ist – für seine Bequemlichkeit die Freiheit aufzugeben.«
»Sie reden, als wären sie ein eingeschworener Frauenfeind.«
»Daß ich das nicht bin, sollten Sie wissen, Katrin.«
Sie bemerkte, daß er sie zum ersten Mal beim Vornamen genannt hatte, und es wurde ihr warm ums Herz. »Bisher hatte ich das immer gedacht!« sagte sie. »Ich hatte geglaubt, Sie machten die ›Libertà‹, um den Frauen zu helfen.«
»Genau so war es, Katrin. Aber je länger ich dabei bin, desto stärker wird mein Eindruck, daß sie sich gar nicht helfen lassen wollen.«
»Klingt verbittert.«
»Nein, nur enttäuscht.«
»Aber die Auflagenzahlen sind doch gut?«

»Ja, doch nur, weil wir schreiben, was unsere Leserinnen sich wünschen. Die Wahrheit will keine wissen.«
»Ich schon«, sagte Katrin, »ich suche dauernd nach der Wahrheit. Aber ich finde sie nicht.«
»Die Wahrheit über was?«
»Warum alles so gekommen ist, wie es kam. Warum mußte mein Vater meine Mutter betrügen? Warum konnte er nicht wenigstens so vorsichtig sein, daß sie es nicht bemerkte? Und hätte sie ihm nicht doch verzeihen können, statt ihm davonzulaufen? Und warum habe ich mich ausgerechnet in Peter, meinen späteren Mann, verliebt? Und warum haben wir geheiratet, obwohl wir noch so jung waren? Und warum mußte er ...« Sie brach ab. ›Sterben?‹ hätte sie beinahe gesagt, aber das wäre denn doch ein Bekenntnis zuviel gewesen. Sie nahm ihre Serviette vom Schoß und legte sie zusammen. »Ich langweile Sie fürchterlich.«
»Das tun Sie nicht. Sie wissen, daß ich mich für jeden Ihrer Gedanken interessiere.«
»Es ist sonst gar nicht meine Art, wie ein Wasserfall zu reden.«
Er griff über den Tisch hinweg nach ihrer Hand. »Ich mag es.«
Sie sahen sich in die Augen, und Katrin war es, die als erste den Blick senkte.
Er merkte es und zog seine Hand zurück. »Was möchten Sie zum Dessert?«
»Nichts. Gar nichts. Das Beefsteak war so gut. Alles, was danach käme, könnte nur den Geschmack verderben.«
»Aber einen Kaffee werden Sie doch noch mit mir nehmen?«
»Gerne«, stimmte Katrin zu und dachte, daß er ihr helfen würde, morgen früh munter zu werden.
Obwohl der Ober jetzt sehr beschäftigt war, hatte er ihren Tisch nie ganz aus den Augen verloren. Er war auf Ernst Claasens Wink hin sofort zur Stelle, schenkte noch einmal die Gläser voll und notierte die Bestellung.

»Sie wollen wissen, ob man sein Schicksal selbst bestimmen kann?« fragte Claasen, als sie wieder allein waren. »Oder ob man Zwängen folgt?«
»Ja«, sagte Katrin, »genau das ist es.«
»Nun, ich denke, als Kind ist man in gewisser Weise ausgeliefert, seinen Eltern, den Geschwistern, den Lehrern, den häuslichen Verhältnissen. Ein Kind kann sich nur, wenn es viel Glück hat, seine eigene Gedankenwelt schaffen. Gegen die Scheidung Ihrer Eltern, ob sie nun unabwendbar war oder nicht, waren Sie ganz machtlos. Genauso wie für den Taumel Ihrer Gefühle, als Sie in Ihre erste Liebe gerieten. Erst wenn ein Mensch erwachsen ist, kann er sein Leben selbst bestimmen, und umgekehrt – wenn jemand sein Leben selbst bestimmt, ist er erwachsen.«
»Dann«, sagte Katrin, »bin ich es längst noch nicht.«
»Aber Sie sind auf dem besten Weg.«
»Wirklich? Da bin ich mir nicht so sicher.«
Er holte Atem, und sie wußte, daß er drauf und dran war, sie einmal mehr aufzufordern, nach Hamburg zu kommen. Sie war ihm dankbar, daß er es nicht tat.
»Ich würde gerne wissen«, sagte sie rasch, »wie Ihre Kindheit war.«
»Meine Eltern haben sich nicht scheiden lassen«, erklärte er, »aber das macht die Sache nicht besser.«
Sie stellte keine weiteren Fragen, sondern wartete, daß er von sich aus mehr erzählen würde.
Nach einer Weile tat er es. »Mein Vater war Schulmeister, ein kluger, gebildeter Mann, ordentlich bis zur Pedanterie. Ich glaube nicht, daß er meiner Mutter je untreu war. Aber er tyrannisierte sie, er tyrannisierte uns alle, meine Mutter, meine Schwester und mich. Mich am wenigsten, um die Wahrheit zu sagen, denn ich war ja immerhin ein Junge, ein kleiner Mann. Von mir erwartete er, daß ich mich zu einem Menschen entwickeln würde. Aber Frauen waren in seinen Augen gar nichts. Es lohnte sich für ihn nicht, ihnen auch

nur zuzuhören. Wenn sie ihm etwas erzählen wollten, las er prinzipiell in einer Zeitung oder hielt sich ein Buch vor die Nase. Seine Mißachtung machte mich wahnsinnig. Ich wurde so wütend, daß ich ihn am liebsten geschlagen hätte. Aber natürlich war er der Stärkere.«
Der Ober brachte die Kaffeekanne, ein Kännchen mit Sahne, eine Schüssel mit weißem und braunem Kandiszucker und das Geschirr auf einem Silbertablett und baute alles auf dem Tisch zwischen ihnen auf, dazu einen Aufsatz mit Kleingebäck. Er schenkte den Kaffee ein und zog sich dann eilig zurück.
»Und Ihre Mutter?« fragte Katrin.
»Sie war weder dumm noch schwächlich, aber sie wagte es nicht, sich aufzulehnen. Sie war in dem Glauben erzogen worden, daß der Mann die Krone der Schöpfung wäre – das war wohl auch der Grund, daß er sie zur Frau genommen hatte, ihre Demut. Sie hatte kaum etwas mit in die Ehe gebracht, eine Tatsache, die ihr bei jeder Gelegenheit unter die Nase gerieben wurde. Sie nahm alles hin, auch daß sie über jeden Knopf, den sie kaufte, über jedes Bonbon genau Buch führen und es Woche für Woche meinem Vater zur Prüfung vorlegen mußte. Grauenhaft.« – Er schauderte.
»So wie Sie sie schildern, wird sie nicht einmal etwas Schmu gemacht haben«, sagte Katrin.
»Ganz richtig. Hat sie nicht. Wenn sie oder ich ein neues Kleidungsstück brauchten, mußte sie bitten und betteln. Meine Schwester verstand es besser, mit Schöntun etwas aus ihm herauszuholen. Aber entscheidend hat ihr das auch nicht geholfen.«
Trotz der verlockenden Beigaben tranken beide ihren Kaffee schwarz.
»Ethel hatte eine sehr schöne Stimme, Sopran, sie sang im Kirchenchor. Obwohl mein Vater in gewisser Weise stolz auf sie war, weigerte er sich, ihr eine Ausbildung zu bezahlen. Das wäre in seinen Augen rausgeschmissenes Geld gewesen. –

›Du heiratest ja doch‹, war sein Argument, ›dann wirst du froh sein, wenn du eine anständige Aussteuer hast‹. – Er hielt ihr das auch noch vor, als sie, viel zu früh übrigens, resignierte und tatsächlich heiratete, nur um aus dem Haus zu kommen. – ›Da siehst du, wie recht ich immer hatte‹.«
»Deshalb also hatten Sie den Wunsch, für uns Frauen etwas zu tun«, sagte Katrin.
»Von jüngster Jugend an.«
»Wie schön muß es sein, so einen Bruder zu haben!«
»Für meine Schwester konnte ich nichts tun. So gut wie nichts. Sie war ein paar Jahre älter als ich.«
»Aber wenigstens werden Sie sie nicht geärgert haben, wie andere Jungen das tun.«
»Wir hatten auch unsere Kräche. Ich fand es widerlich, wie sie unserem Vater um den Bart ging, und ich ließ das an ihr aus.« Er fuhr sich mit der Hand über das Kinn, als hätte er das Gefühl, sich rasieren zu müssen. »Natürlich kam das erst später. Als ich noch ganz klein war, war mein Vater der Größte für mich, eine Art Gott.«
»Er muß unter Ihrem kritischen Verhalten aber wohl auch gelitten haben«, meinte Katrin.
»Nein, überhaupt nicht. Er fühlte sich völlig im Recht, und daß ich ihm Widerstand leistete, gefiel ihm. Er meinte, daß ich schon noch lernen würde, mit den Frauen richtig umzugehen.«
›Und – haben Sie es gelernt?‹ hätte Katrin beinahe gefragt, aber dann fand sie diese Bemerkung doch zu provozierend. –
»Leben Ihre Eltern noch?«
»Mein Vater, ja.«
»Und verstehen Sie sich heute besser mit ihm?«
»Das kann man nicht behaupten. Wir bemühen uns beide, auf zivilisierte Art miteinander umzugehen. Aber unsere Ansichten über alles und jedes sind so grundverschieden, daß sie schon beim geringsten Anlaß aufeinanderprallen.«
»Sicher findet er es nicht richtig, daß Sie diese Zeitschrift

gegründet haben«, sagte Katrin, »und wahrscheinlich hat er sich gewünscht, daß Sie Lehrer werden sollten.«
Er lachte auf. »Ich muß schon sagen – Sie haben den alten Knaben sehr gut durchschaut.«
Katrin leerte ihre Tasse. »Ich glaube, wir sollten aufbrechen. Von der Bar her werden wir schon verlangend beobachtet.«
»Oder wir trinken noch etwas.«
»Nein, danke, Herr Claasen. Ich muß gestehen, daß ich schon ziemlich müde bin.« – Daß das nicht stimmte, wurde ihr sofort bewußt. Sie hätte die ganze Nacht mit ihm weiterplaudern mögen. Zudem war ihre Bemerkung beleidigend, da sie sie vorgebracht hatte, als er gerade aus sich herausging. Über sich selber betroffen, sah sie ihn an: »Ich weiß nicht, warum ich das jetzt gesagt habe.«
»Sie müssen sich nicht entschuldigen, Katrin. Es war ein anstrengender Tag für Sie.«
Danach hielt sie es für besser, die Sache auf sich beruhen zu lassen.
Er winkte dem Ober, zahlte, ließ sich eine Quittung geben und bat, ein Taxi zu bestellen. Sie warteten an der Garderobe darauf.
»Das war ein schöner Abend«, sagte sie.
»Wie wäre es, wenn Sie übers Wochenende bleiben würden?«
Sie zögerte, dachte über seinen Vorschlag nach.
Er lächelte verhalten und gab sich selbst die Antwort. »Nein, das können Sie natürlich Ihrer Mutter nicht antun.«
»So ist das nicht«, protestierte sie, »wirklich nicht! Meine Mutter läßt mir jede Freiheit.«
»Wie nett von ihr.«
»Machen Sie sich nicht über mich lustig, Herr Claasen«, sagte sie heftig, »das kann ich nicht vertragen.« In einer Anwandlung von Trotz, die ihr selbst kindisch vorkam, fügte sie hinzu: »Im übrigen brauche ich gar kein Taxi. Ich kann geradesogut zu Fuß gehen. Es sind ja höchstens fünf Minuten.«

»Kommt gar nicht in Frage. Sie glauben doch nicht im Ernst, daß ich Sie nachts allein durch die Straßen laufen lasse?«
Sie kapitulierte vor seiner Entschlossenheit. »Wenn Sie darauf bestehen«, sagte sie achselzuckend.
»Ja, das tue ich. Von allem anderen abgesehen, haben Sie ja nicht einmal einen Mantel mit.«
»Sie doch auch nicht.«
»Ich wußte, daß ich für die Fahrt nach Hause ein Taxi nehmen würde.«
Sie sahen sich in die Augen, und plötzlich mußten sie beide lachen.
»Wir benehmen uns wie die kleinen Kinder, nicht wahr?« fragte Katrin. »Ja, ja, ich weiß, ich habe damit angefangen.«
»Bewundernswerte Einsicht. Ich bin zu sehr Kavalier alter Schule, um Sie darauf hinzuweisen.«
»Ihr Taxi ist da, Herr Claasen«, verkündete die Garderobiere.
»Danke, Gerda.«
Er ging voraus, die wenigen Stufen hinauf, trat auf die Straße und hielt ihr die Tür auf. Der Taxifahrer war, in Erwartung eines angemessenen Trinkgeldes, ausgestiegen und öffnete ihr die Tür zum Bürgersteig hin, Claasen stieg von der Fahrbahnseite her ein. Sie kuschelte sich in die Ecke, während er das erste Fahrziel angab. Der Motor sprang an, und das Auto setzte sich in Bewegung.
»Es ist wirklich ganz hübsch kühl geworden«, sagte sie.
»Das haben die Hamburger Nächte so an sich.«
Sie war dankbar, daß er nicht den Versuch machte, sie an sich zu ziehen oder auch nur in ihre Nähe zu rücken.
»Waren Sie übrigens schon mal auf der Reeperbahn?« fragte er.
»Nein. Nie.«
»Dann müssen wir mal zusammen dorthin. Natürlich ist es nicht so, wie es früher mal war. Nicht halb so aufregend.«

»Ich würde es schon gern kennenlernen.«
»Dann zeige ich sie Ihnen«, sagte er bereitwillig.
Aber es fiel ihr auf, daß er sich nicht auf einen Zeitpunkt festlegte. Er sagte nicht »morgen abend« und auch nicht »übermorgen«, nicht einmal: »Das nächste Mal, wenn Sie nach Hamburg kommen«. Es war ein sehr vages Versprechen, und sie würde ihn drängen müssen, damit er es wahr machte. Doch das lag durchaus nicht in ihrer Absicht.
Als das Taxi hielt, reichte sie ihm die Hand. »Gute Nacht, Herr Claasen, und noch einmal Dank für alles.«
Er nahm ihre Hand nicht. »Warten Sie, Katrin, ich steige mit aus.« Zum Fahrer gewandt, fügte er hinzu: »Sie warten, bitte!«
Die Haustür der »Pension Kreuz« lag im Dunkel.
»Da müßte man ja glatt eine Taschenlampe haben«, sagte Claasen.
»Könnte der Fahrer uns nicht leuchten?« schlug Katrin vor.
»Gute Idee!« Während er zum Auto ging, um den Fahrer zu bitten, fingerte sie in ihrer Mappe nach dem Schlüssel. Sie hatte ihn gefunden, als er zurückkam, und hielt ihn triumphierend hoch, gerade als die Scheinwerfer aufblendeten.
»Jetzt stehen Sie da wie die Freiheitsstatue«, sagte er und nahm ihr den Schlüssel aus der Hand, »lassen Sie mich das machen.« Er schloß auf.
Sie drückte die Tür einen Spalt weit auf, er zog den Schlüssel heraus und gab ihn ihr wieder. Sie waren sich sehr nahe. Wenn sie nicht in der blendenden Helle gestanden hätten, hätte er sie vielleicht geküßt. Es kam ihr so vor. Vielleicht hätte auch nur sie ihm einen zarten Kuß auf die Wange gedrückt.
So aber stand sie, den Rücken gegen die Tür gepreßt, den Schlüssel in der einen, die Mappe in der anderen Hand, und sagte nur: »Gute Nacht, Herr Claasen! Kommen Sie gut nach Hause!«

»Schlafen Sie schön, Katrin!« gab er zurück. »Wir sehen uns ja morgen.«
Im Moment, da er sich abwandte, schaltete der Fahrer zum Standlicht um.
Der Übergang von gleißender Helle zur Finsternis geschah so unvermittelt, daß Claasen für Katrin von der Dunkelheit verschluckt wurde. Sie wußte, daß auch er sie jetzt nicht mehr sehen konnte und daß kein Zeichen mehr von ihm zu erwarten war. Dennoch blieb sie, wo sie war, bis das Auto anfuhr und sich entfernte. Dann erst stieß sie die Haustür vollends auf.
Zu ihrer Erleichterung stellte sie fest, daß über der Rezeption ein Nachtlicht brannte, so daß sie sich nicht im Dunkel zurechtfinden mußte. Sie schloß die Tür von innen ab, obwohl sie nicht wußte, ob es nötig war. Frau Kreuz hatte es ihr jedenfalls nicht ans Herz gelegt.
Um niemanden zu stören, zog sie ihre Pumps aus und schlich auf Strümpfen die Treppen hinauf. Der Sisalläufer kitzelte ihre Sohlen. In ihrem Zimmer angekommen, nahm sie sich nur noch die Zeit, sich abzuschminken, die Strümpfe auszuwaschen, sich auszuziehen und einzucremen. Dann schlüpfte sie ins Bett. Sie knipste die Nachttischlampe aus und verschränkte die Arme hinter dem Kopf, um in aller Ruhe über ihr Gespräch mit Ernst Claasen nachzudenken. Zum Schlafen fühlte sie sich viel zu aufgedreht.
Aber schon nach wenigen Minuten rollte sie sich zusammen, die Grenze zwischen Traum und Wachen verwischte sich, und sie merkte nicht einmal mehr, wie der Schlaf sie überfiel.

Am nächsten Morgen erwachte Katrin zur gewohnten Zeit – Punkt 7 Uhr, ohne daß ein Wecker klingelte; sie war sofort putzmunter.
Trotzdem blieb sie erst noch liegen, dehnte und reckte sich, gähnte ausgiebig. In Gedanken suchte sie den Punkt, über

den sie in der Nacht zuletzt nachgedacht hatte. Sie kam zu dem Schluß, daß Ernst Claasen seine Aufforderung, über das Wochenende in Hamburg zu bleiben, nicht ernst gemeint hatte. Sonst hätte er doch abwarten müssen, bis sie selber zu einer Entscheidung gekommen wäre. Daß sie nicht mit ihrer Familie nach Hamburg umziehen konnte, bedeutete doch nicht, daß sie nicht ein paar Tage hier hätte verbringen können.
Wenn er es aber nicht wirklich wollte, warum brachte er es überhaupt zur Sprache? Spielte er nur mit ihr? Sie wußte es nicht.
Katrin stellte fest, daß sie überhaupt nur sehr wenig über ihn wußte. Er hatte ihr von seiner Kindheit erzählt, und das hatte sie als einen Beweis seines Vertrauens genommen. Aber was besagte es schon, daß sein Vater ein Tyrann gewesen war und er, der Sohn, sich von Kindheit an auf die Seite der Frauen geschlagen hatte. Er verstand sehr viel von Frauen, das war ihr bei früheren Begegnungen und auch in den Redaktionssitzungen klargeworden. Er wußte um ihre Hoffnungen, Wünsche, Träume, Schwächen und Stärken. Deshalb war seine Zeitschrift ja auch erfolgreich. Sein Verhältnis zu den Frauen im allgemeinen war gut, das stand außer Frage.
Doch wie verhielt er sich im individuellen Fall? Er hatte sie, Katrin, stets unterstützt, ihr zu verstehen gegeben, wieviel er von ihren Fähigkeiten hielt. Das hatte sie als außerordentlich wohltuend empfunden und es hingenommen, daß er, trotz aller Bewunderung, sich auch ein wenig über sie amüsierte. Wie Salz in einem süßen Pudding gaben seine Sticheleien ihrer beiderseitigen Sympathie eine gewisse Würze.
Aber sein Bekenntnis, daß er sehr wohl Beziehungen zu Frauen hätte, sie aber stets abbräche, sobald eine Bindung drohte, hatte sie erschreckt. Zwar wünschte sie selber durchaus keine Bindung, und es bestand auch weder zu hoffen

noch zu fürchten, daß es zwischen ihnen, schon der räumlichen Entfernung wegen, je dazu kommen würde. Doch schien ihr aus seiner sehr rigorosen Einstellung eine gewisse Grausamkeit zu sprechen. Es gehörte schon ein gewaltiges Maß an Härte dazu, seiner Geliebten, sobald sie von einer Heirat zu sprechen begann, den Stuhl vor die Tür zu setzen. Und sich zu dieser Haltung auch noch ganz offen zu bekennen.

Wenn er das jeder Frau gegenüber tat, die ihn in irgendeiner Weise interessierte, mochte er manche dazu angeregt haben, sich doppelt intensiv um ihn zu bemühen, nach dem Motto: »Wart's nur ab, dich krieg ich schon!« – Doch der kecke Vogel hatte stets nur auf den richtigen Moment gewartet, ungerupft entflattern zu können.

Katrin gestand sich, daß sie Ernst Claasen sehr mochte. Sie hätte tage-, ja, wochenlang mit ihm zusammensein mögen, nur um mit ihm zu reden. Aber sie fürchtete, daß das Vertrauen, das er ihr einflößte, trügerisch sein könnte. Sie war sich ziemlich sicher, daß es so war. Auf keinen Fall durfte sie ihrem Gefühl nachgeben. Sie mußte stark bleiben und ihn auf Abstand halten.

Am liebsten wäre sie, um einer erneuten Begegnung auszuweichen, gleich nach dem Frühstück nach Hilden zurückgefahren. Aber das wäre feige gewesen. Er hätte ihr Verhalten unzweifelhaft durchschaut und es, mit Recht, als Schwäche ausgelegt.

Nein, sie mußte noch einmal in die Redaktion und ihre Verabredung mit Frau Pöhl einhalten. Aber sobald alles besprochen war, wollte sie sich durch nichts aufhalten lassen und sofort die Rückreise antreten.

Katrin stand auf. Sie ließ sich viel Zeit, sich frisch zu machen und anzuziehen. Sie nahm an, daß die Redakteure von »Libertà« nicht allzu früh eintrudeln würden.

Auch beim Frühstück bummelte sie, las die »Hamburger Nachrichten« von der ersten bis zur letzten Zeile. Anschlie-

ßend ging sie noch einmal auf ihr Zimmer hinauf, um sich die Zähne zu putzen und zu packen. Dann trug sie ihren Koffer zum Empfang hinunter und bat Frau Kreuz, ihn aufzubewahren. Sie teilte ihr mit, daß sie abreiste, und bat ihre Rechnung fertigzumachen.
Dann trat sie in den Tag hinaus, der kälter war als der gestrige und auch diesiger. Sie war froh, daß sie lange Hosen und ihre Lederjacke trug.
Gemächlich schlenderte sie zur Mönckebergstraße. Dennoch traf sie, am Empfang sehr freundlich begrüßt, vor Frau Pöhl in der Redaktion ein.
»Was ist mit Frau Rieger?« fragte Katrin.
»Die Stellvertretende ist auch noch nicht da«, erklärte Frau Velbert, »und wenn Sie zum Chef wollen, haben Sie auch Pech gehabt.«
»Das macht nichts. Ich habe nur noch etwas mit Frau Pöhl zu besprechen.«
»Dann warten Sie am besten in der ›Handarbeit‹.«
Ilse Möbius war herzlich wie immer. »Hoffentlich kommt Frau Pöhl bald. Theoretisch könnten Sie natürlich auch mit mir reden, aber praktisch würde es wohl wenig nutzen. Sie wissen, wie die Pöhl reagiert, wenn sie sich übergangen fühlt.«
»Immer noch? Ich hatte den Eindruck, sie wäre nur noch mit halbem Herzen bei der Sache.«
»Stimmt schon. Aber auch eine Königin, die kurz vor der Abdankung steht, will noch als Königin respektiert werden.«
Die beiden Frauen lachten, während die junge Volontärin nur eben ein Lächeln riskierte und einen furchtsamen Blick zur Tür warf.
»Darf ich Ihnen einen Kaffee anbieten, Frau Lessing?«
»Nein, danke. Ich komme gerade vom Frühstück. Aber lassen Sie sich, bitte, durch mich nicht von der Arbeit abhalten. Ich warte nur eine halbe Stunde, und wenn bis dahin nichts

passiert, verziehe ich mich.« Katrin entdeckte das noch unfertige Layout der nächsten Nummer und griff danach. »Ich darf doch?«
»Aber natürlich.«
Katrin wäre es ganz recht gewesen, Frau Pöhl gar nicht mehr zu treffen. Aber die Frist, die sie sich gesetzt hatte, war noch nicht verstrichen, als die Redakteurin erschien. Sie trug einen pelzgefütterten Mantel und auf dem hochfrisierten Haar einen aufsehenerregenden Hut.
»Hallo, ihr Lieben«, grüßte sie, »einen schönen guten Morgen.«
Die anderen echoten den Gruß zurück. Gesine Schmidt stürzte vor, um ihr aus dem Mantel zu helfen, den sie dann, sorgfältig über einen Bügel gezogen, im Wandschrank verstaute.
Frau Pöhl öffnete die Tür zum Waschkabinett und zog sich vor dem Spiegel die Nadeln aus dem Haar, mit denen sie ihren Hut befestigt hatte. »Schon auf, Frau Lessing? Mit Ihnen hatte ich, ehrlich gestanden, noch gar nicht gerechnet.«
»Ich bin es von zu Hause her gewohnt, früh aufzustehen, Frau Pöhl. Meine Tochter muß jeden Morgen um acht in der Schule sein.«
»Ach ja, natürlich. Ich hatte nur gedacht – nach einer solchen Nacht.« Sie überreichte der Volontärin ihren Hut und zupfte ihre Frisur zurecht.
»So spät«, sagte Katrin mit unschuldsvollem Gesicht, »ist es doch gestern gar nicht geworden.«
Jetzt wandte Frau Pöhl sich ihr zu. »Nein? Nicht? Ich dachte ...« Sie ließ den Satz unausgesprochen.
»Was dachten Sie?« fragte Katrin sehr direkt.
»Nun, jeder hier im Haus weiß, daß Sie über eine gewisse Protektion verfügen.«
»Anscheinend nur ich nicht.«
»Sei dem, wie ihm sei«, Frau Pöhl nahm hinter ihrem

Schreibtisch Platz, »ich hatte nicht so früh mit Ihrem Auftauchen gerechnet, Frau Lessing. Ich erwarte Besuch.«
»Wenn es so ist«, sagte Katrin und griff nach ihrer Jacke, die sie über einen Stuhl gehängt hatte, »kann ich nur ›Auf Wiedersehen‹ sagen und weiterhin viel Erfolg.«
»Schauen Sie um elf noch einmal herein?«
»Nein, da bin ich schon auf halbem Weg nach Hilden.«
»Wenn ich einen Vorschlag machen darf«, mischte sich Frau Möbius ein, »gehen wir es jetzt doch einmal an und sehen wir, wie weit wir kommen.«
Katrin zögerte, sah Frau Möbius nicken und legte ihre Jacke aus der Hand. Sie öffnete ihre Mappe und zog das Skizzenbuch heraus. »Was Ihnen nicht einleuchtete«, sagte sie und unterdrückte den Nebensatz: ›obwohl alle anderen dafür sind‹, »waren meine ärmellosen Pullover.«
»Sie sind zu lang.«
»Stimmt. Über Rock oder Jeans getragen, wirken sie sehr lang, wenn man sie nicht hochschupft. Aber sie sind ja dafür bestimmt, unten ohne getragen zu werden, also zu nackten Beinen oder zu Strumpfhosen. Dann sind sie sehr kurz, reichen gerade über den Po.«
»Wer wird so etwas tragen?«
»Jede Frau, die schöne Beine hat.«
»Sie?«
»Nein, Frau Pöhl. Sie werden schon bemerkt haben, daß ich konventionelle Kleidung bevorzuge.«
»Na, also.«
»Aber das besagt gar nichts. Ich gehe ja auch schon hart auf die Dreißig zu. Jüngere und modebewußtere Frauen werden darauf fliegen.«
»Was ich stark bezweifle.«
»Lassen wir es doch auf den Versuch ankommen, ja? Dieses ganz gerade geschnittene Modell hat auch noch den Vorzug, daß es schlank macht. Es gibt ja diese Molligen mit den Gazellenbeinen. Für die ist es geradezu ideal. Das sehr breite,

abschließende Bündchen sorgt dafür, daß der Pulli fest sitzt und nicht ins Flattern kommt. Das wäre bei seiner Kürze natürlich fatal.«
Sie redeten noch eine Weile hin und her und kamen schließlich zu dem Ergebnis, daß Frau Pöhl sich unter der gezeichneten Vorlage nichts vorstellen konnte. Katrin erklärte, daß das Modell in wenigen Stunden zu stricken sei, versprach das zu tun und ihr einen Pulli zur Ansicht sofort zu schicken.
»Warum stricken Sie ihn nicht hier? Jetzt gleich? An Ort und Stelle?«
Katrin überlegte. Sie begriff, daß sich ihr durch diesen Vorschlag eine Möglichkeit bot, länger in Hamburg zu bleiben und, ohne sich etwas zu vergeben, noch einmal mit Ernst Claasen zusammenzutreffen.
»Wir könnten dann heute nachmittag, wenn ich wieder frei bin«, fügte Frau Pöhl hinzu, »in aller Ruhe über alles sprechen.«
»Nein«, sagte Katrin, »lieber nicht. Ich habe mein Zimmer schon aufgegeben. Bringen wir es jetzt, auf die Schnelle hinter uns. Den Pulli gebe ich morgen abend per Eilboten auf, dann haben Sie ihn noch vor dem Wochenende. Das wird früh genug sein.«
Tatsächlich gelang es ihnen, alle Unklarheiten zu beseitigen, bevor der erwartete Besucher – Katrin hatte schon daran gezweifelt, ob er überhaupt auftauchen würde – eintraf. Es war ein junger Fotograf, und sie hatte noch Gelegenheit, ihm zu erklären, wie sie sich die Präsentation ihres Pullis am Körper eines langbeinigen, barfüßigen Mädchens vorstellte. Im Gegensatz zu Frau Pöhl war er von der Idee hell begeistert.
Katrin verabschiedete sich rasch, warf noch einen Blick in Frau Riegers Büro und stellte fest, daß die »Stellvertretende« noch nicht erschienen war. Sie bat ihre Sekretärin, Frau Rieger zu grüßen und sie bei ihr zu entschuldigen. »Und sollte Herr Claasen nach mir fragen«, fügte sie hinzu, »so entschuldigen Sie mich, bitte, auch bei ihm.«

»Er ist schon im Haus, soviel ich weiß«, entgegnete die Sekretärin, »Sie können sich selber bei ihm verabschieden.«
»Ach ja?« Katrin zögerte. »Nein. Wozu soll ich ihn stören. So wichtig bin ich ja nicht.«
Ein wenig unglücklich war sie doch, als sie die Redaktion verließ. Sie hätte gern noch einmal mit Ernst Claasen gesprochen. Aber sie glaubte, sich richtig entschieden zu haben.

Mutter und Tochter freuten sich über Katrins Heimkehr. Helga Großmann hatte gerade das Geschäft geschlossen, und Daniela war dabei, den Abendbrottisch zu decken.
»Schon zurück?« fragte die Mutter.
»Was für eine blöde Frage!« rief Daniela. »Denkst du, sie ist ihre Doppelgängerin?«
»Ich habe mich beeilt, so schnell wie möglich wieder nach Hause zu kommen.« – Katrin dachte, daß sie eigentlich froh sein müßte, wieder bei ihren Lieben zu sein, aber sie fühlte sich beklemmt.
»Was hast du mir mitgebracht?« forschte Daniela.
»Nichts. Ich hatte keine Zeit einzukaufen.«
»Och«, sagte das Mädchen enttäuscht.
»Zeit«, bekannte Katrin, »hätte ich gestern schon gehabt, aber da habe ich nicht daran gedacht. Und heute hatte ich es, wie gesagt, eilig.«
»Deine Mutter braucht dir nicht jedesmal was mitzubringen«, erklärte Helga Großmann, »wenn sie nur einen Tag fort gewesen ist.«
»Braucht sie nicht, könnte sie aber doch, oder?«
»Du hast alles, was dein Herz begehrt.«
»Habe ich eben nicht. Andere aus meiner Klasse haben einen Videorecorder. Damit können sie Filme aufnehmen, die abends zu spät für sie kommen.«
»Die werden so spät gebracht, weil sie nichts für Kinder sind.«

»Das kann man erst feststellen, wenn man sie sich ansieht.«
Katrin kam es vor, als hätte sie diesen Dialog schon dutzendmal gehört. »Gibt es etwas Neues?« fragte sie.
»Was schon? Von heute auf morgen?«
»Könnte doch sein.«
»Du willst wissen, ob Monsieur Quirin angerufen hat?« fragte Helga scharf.
»Daran habe ich gar nicht gedacht«, behauptete Katrin.
»Nein, hat er nicht. Und wenn er es hätte, würde ich es dir auch nicht unbedingt auf die Nase binden, da du ihn ja ohnehin nicht sprechen willst.«
»Schon in Ordnung, Mutter.«
Katrin ging auf ihr Zimmer, um ihren Koffer auszupacken. Sie hatte sich wirklich auf zu Hause gefreut, dachte sie. Jedenfalls war ihr Abgang aus Hamburg ja fast eine Flucht gewesen. Jetzt hatte sie das Gefühl, daß ihr die Decke ihres gemütlichen kleinen Zimmers fast auf den Kopf fiel.
Warum war sie nicht in Hamburg geblieben, ob Ernst Claasen das nun wünschte oder nicht? Sie hätte sich ein paar nette Tage machen können, eines der Theater besuchen, vielleicht eine Hafenrundfahrt machen. Warum nicht?
Jetzt war die Chance verpaßt. Sie hatte den fatalen Hang, dachte sie, sämtliche Chancen ihres Lebens zu verpassen. Wahrscheinlich würde sie, wohl bis zum Ende ihres Lebens, hier bei Mutter und Tochter hockenbleiben.
Aber was war so schlimm daran? Hatte sie es denn nicht gut hier? Tatsächlich konnte sie sich doch kaum ein besseres Leben vorstellen. Sie hatte allen Grund, zufrieden zu sein.
Aber ihr Magen war es nicht. Er revoltierte schon nach dem ersten Bissen des Hackbratens, den sie zu sich nahm.
»Was ist los mit dir?« fragte die Mutter. »Du kaust wie auf Häcksel.«
»Ich habe einfach keinen Hunger. Wahrscheinlich habe ich zu ausgiebig gefrühstückt.«

»Und seitdem hast du nichts mehr zu dir genommen? Kein Wunder, daß dein Magen verrückt spielt.«
»Du kannst schon recht haben«, sagte Katrin gefügig, obwohl sie wußte, daß diese Erklärung ihrer Mutter bestimmt nicht zutraf. Aber sie hatte selber noch nicht herausgebracht, nach welchen Gesetzen ihr Magen sie plagte und sich dann wieder brav verhielt, und sie fürchtete, sie würde es nie durchschauen.

Es war Samstag mittag, kurz vor Ladenschluß. Helga Großmann und Katrin waren beide damit beschäftigt, Kundinnen zu bedienen, Helga legte Docken zur Farbauswahl vor, Katrin erklärte ein Strickmuster.
Die Tür von der Straße her öffnete sich, und ein Herr trat ein. »Guten Tag, meine Damen«, grüßte er mit sonorer Stimme.
Katrin und Helga blickten hoch, die beiden anderen Frauen drehten sich zu dem Ankömmling um. Katrin klammerte sich am Ladentisch fest, als fürchtete sie sich umzufallen. Es war Jean-Paul Quirin.
»Dies ist ein Überfall«, verkündete er, aber sein Lächeln verriet, daß er scherzte.
Die Kundinnen lachten beifällig und starrten ihn bewundernd an. Er wirkte sehr elegant in einem beigen Trench mit hochgeschlagenem Kragen, unter dem er einen hellen Anzug trug, ein braunes Hemd und eine maisgelbe Krawatte. Den weichen Hut hatte er beim Eintritt abgenommen und hielt ihn jetzt in der Hand. Seinen Koffer-Ranzen hatte er nicht bei sich. Unwillkürlich machten die Kundinnen Platz.
Helga Großmann hob die sorgsam gezupften Augenbrauen. »Sie wünschen, mein Herr?«
»Mutter«, sagte Katrin mühsam, »das ist Jean-Paul Quirin.«
Jean-Paul lächelte Helga siegesgewiß an. »Wir kennen uns von diversen Telefonaten, gnädige Frau.«

»Jean-Paul«, sagte Katrin, »du siehst, daß wir zu tun haben.«
»Oh, ich kann gerne warten«, erklärte die jüngere Kundin.
»Ich doch auch«, fügte die andere sofort hinzu.
Es war deutlich, daß sie die kleine Szene genossen und hofften, noch mehr geboten zu kriegen.
»Wir schließen«, erklärte Helga streng mit einem Blick auf ihre Armbanduhr, »in fünf Minuten.«
»Ich wollte mir nur erlauben, die Damen zum Essen einzuladen«, sagte Jean-Paul charmant, »mit der Kleinen natürlich.«
»Nein, danke«, wehrte Helga ab.
»Sie würden mir eine so große Freude machen, gnädige Frau.«
»Nein.«
Er wandte sich Katrin zu, seine Siegessicherheit war verflogen, er wirkte jetzt deprimiert. »Und was ist mit dir, Katrin?«
Sie mochte ihn immer noch, er tat ihr leid, und sie fand, daß er eine solche Abfuhr nicht verdient hatte. Mit einer hilflosen Geste hob sie die Hände und ließ sie gleich wieder fallen.
»Ich kann nicht.«
»Erklärst du mir, bitte, warum nicht?«
»Wir haben einen Auflauf im Ofen.«
Er lachte auf. »Wenn das kein triftiger Grund ist.«
Katrin nahm allen Mut zusammen. »Du könntest mit uns davon essen.« Sie sah ihre Mutter flehend an. »Das könnte er doch, nicht wahr? Es ist genügend da.«
»Nein«, sagte Helga Großmann.
»Aber, Mutter!« rief Katrin entsetzt.
»Ich will diesen Mann nicht in meinem Haus haben.«
»Oben wären wir wenigstens unter uns. Wir könnten in Ruhe alles besprechen.«
»Ich habe nichts mit diesem Herrn zu besprechen, und ich denke, du auch nicht.« Sie wandte sich wieder ihrer Kundin zu. »Dieses kräftige Blau gefällt Ihnen besser, ja?«

»Ich komme Montag wieder, Frau Lessing«, sagte die andere Kundin, die begriff, daß Katrin außerstande war, ihr etwas zu erklären.
»Aber sicher wollten Sie doch am Wochenende schon anfangen?«
»Das kann ich doch. Ich stricke erst einmal das Bündchen. Bis Montag dann, Frau Lessing. Wiedersehen, Frau Großmann.« Und, mit einem Augenzwinkern zu Jean-Paul: »Es hat mich sehr gefreut, Herr Quirin.«
Helga hatte sich inzwischen so weit beruhigt, daß sie erkannte, die falsche Taktik ergriffen zu haben. »Natürlich kannst du dich treffen mit wem, wie lange und wann immer du willst, Liebes«, sagte sie zu Katrin, »das ist allein deine Entscheidung. Aber du solltest es überlegen, ob es klug wäre. Nach allem, was du mir selber gesagt hast ...«
»Hör auf damit, Mutter, bitte!«
»Ich werde auf dich warten, chérie«, erklärte Jean-Paul, »im ›Hagelkreuz‹.« Er verbeugte sich in Richtung Ladentisch und ging.
»Was für ein reizender Mensch«, erklärte die noch verbliebene Kundin.
»Über Geschmack läßt sich nicht streiten«, gab Helga Großmann zurück.
»Ich gehe jetzt schon mal nach oben«, erklärte Katrin.
»Wir haben noch nicht geschlossen«, sagte Helga scharf, »und wenn du trotz meines guten Rates zu ihm willst, dann solltest du dich wenigstens nicht so beeilen, daß er den Eindruck gewinnen muß, du rennst ihm nach.«
Katrin hätte am liebsten gar nicht mehr auf sie gehört und wäre gegangen. Aber dann sagte sie sich, daß es auf ein paar Minuten mehr oder weniger nicht mehr ankäme. Wortlos begann sie aufzuräumen.
Dann, als die letzte Kundin sich endlich verabschiedet hatte, schloß Helga die Ladentür. »Ich verstehe dich wirklich nicht mehr, Liebes«, sagte sie.

»Das kann schon sein«, erwiderte Katrin, ohne sie anzusehen.
»Du warst so entschlossen, mit ihm Schluß zu machen, du hast mich beschworen, ihn dir vom Leib zu halten – aber tatsächlich braucht er nur aufzutauchen, und schon fällst du wieder um.«
»Ich bin nicht umgefallen, Mutter.«
»Aber du läufst zu ihm hin.«
»Ich laufe nicht, sondern ich gehe.«
»Kannst du mir einen einzigen triftigen Grund dafür nennen?«
»Ich finde es rührend, daß er meinetwegen extra hergekommen ist.«
»Was soll daran schon rührend sein? Er erträgt es nicht, daß du ihn hast sitzenlassen. Das haben wir nun schon oft genug durchgekaut. Er will, daß du dich mit ihm versöhnst, damit er dir dann den Laufpaß geben kann.«
»Woher willst du das so genau wissen?«
»Ich kenne die Männer.«
»So? Wirklich? Tust du das? Meines Wissens hast du nur zwei gekannt, und mit beiden ist es nicht gut ausgegangen.«
»Du warst es, die mir meine Beziehung zu Karl vermiest hat.«
»Wenn es euch wirklich ernst gewesen wäre, hätte er nicht so schnell aufgegeben und du hättest dir von mir nicht reinreden lassen.«
»Ich habe deinetwegen verzichtet.«
»Mag sein. Vielleicht war es ein Fehler, vielleicht aber auch nicht. Jedenfalls ist das eine alte Geschichte, und ich finde, es wird endlich Zeit zu vergessen. Jedenfalls werde ich deinetwegen Jean-Paul nicht aufgeben.«
»Ist das dein Ernst?« Helga konnte ihr Entsetzen nicht verbergen. »Du willst wieder mit ihm anfangen?«
»Nicht deinetwegen, habe ich gesagt. Falls ich mit ihm Schluß mache, dann nur, weil ich selber es so will.«

Helga holte tief Luft. »Wenn du dich wieder mit ihm einläßt ...«, begann sie, unterbrach sich dann aber. Sie hatte sagen wollen: ›Dann kannst du deine Koffer packen‹. Aber gerade noch rechtzeitig hatte sie die Gefahr erkannt, daß Katrin sie beim Wort nehmen könnte. »Katrin«, sagte sie in verändertem Ton, »Liebes, das willst du doch nicht wirklich?«
»Ich will ihn wenigstens anhören. Dazu hat er jedes Recht.«
»Mach dir doch nichts vor. Du bist ihm nicht gewachsen.«
»Das werden wir ja sehen.«

Helga Großmann blieb noch im Geschäft zurück, als Katrin längst davongestürmt war. Sie machte sich hier und dort zu schaffen, überprüfte die Stapel der Kartons, ob sie auch am richtigen Platz standen, und schichtete die Zeitschriften zu einem ordentlichen Stapel. Keine dieser Tätigkeiten wäre unbedingt nötig gewesen, aber sie redete sich ein, daß unbedingt aufgeräumt werden müßte.
Tatsache war, daß sie ihrer Tochter nicht sogleich wieder begegnen wollte. Sie wollte ihr Zeit lassen, aus der Wohnung zu verschwinden, bevor sie selber hinaufging.
Helga war tief beunruhigt darüber, daß sie sich gestritten hatten. Sie kannte es nicht an Katrin, daß sie heftig wurde, und ihr selber war das seit langen Jahren nicht mehr passiert. Es gab kaum etwas auf dieser Welt, was sie so sehr haßte wie hitzig geführte Auseinandersetzungen. Sie hatte in ihrer Kindheit genug davon mitbekommen, genug für ein ganzes Leben. Ihre Eltern hatten dauernd miteinander gestritten, um alles und jedes, vor allem aber um Geld. Obwohl sie sich nie geschlagen hatten, hatte ein Ausbruch von Gewalttätigkeit doch stets in der Luft gelegen. Jedenfalls war es ihr, die allzuoft selber der Zankapfel gewesen war, so vorgekommen. Sie hatte nie gewußt, zu wem sie halten sollte, hatte zuweilen die Partei des Vaters ergriffen, meist aber die der Mutter, die sich bei ihr beklagt und ausgeweint

hatte. Das war etwas, das der Vater niemals tat. Wenn sie dann das Gefühl hatte, mit der Mutter ein Herz und eine Seele zu sein, wenn sie beide kurz davorstanden, den Vater und das unerträgliche Zuhause zu verlassen, war es immer wieder zur Versöhnung der Eltern gekommen, so unmotiviert, jedenfalls in ihren Augen, so explosiv und mit dem Verstand so wenig zu fassen wie der Ausbruch einer neuen Auseinandersetzung. Dann war sie von einer Minute zur anderen aus der Rolle als Mutters Trösterin gekippt, war zu einem Nichts und Niemand geworden. Sie hatte jede Beachtung verloren, war sich völlig überflüssig vorgekommen.

Dann war, wenn alles gutging, eine Zeit gefolgt, in der sie glückliche Familie gespielt hatten – sie, mit zunehmendem Alter und wachsender Erfahrung, mit der bösen Vorahnung, daß es nicht so bleiben würde –, bis die Eltern wegen einer Nichtigkeit, eines ungeleerten Aschenbechers, einer falsch ausgedrückten Zahnpastatube, einer überhöhten Telefonrechnung, wieder aufeinander losgegangen waren, als wollten sie sich umbringen.

Helga hatte sich aus diesem Zuhause in die Arme des ausgeglichenen, zuverlässigen – nein, nicht zuverlässigen, nur so wirkenden – Gustav Großmann geradezu geflüchtet. Sie hatte sich geschworen, daß es in ihrer Ehe keine Zankereien geben würde, und sie hatte diesen Schwur auch gehalten. Eine Menge hatte sie eingesteckt, manche Rücksichtslosigkeit in Kauf genommen, ohne ein böses Wort zu verlieren. Sie hatte sich stets gleichbleibend liebevoll und großmütig gegeben, harmonischer als ihre Ehe hätte das Zusammenleben zweier Menschen nicht sein können. Bis – hier stockte Helgas Gedankenfluß, denn noch bis heute war ihr die Erinnerung schmerzhaft – sie seiner Untreue gewahr geworden war. Für sie war das ein nie wiedergutzumachender Verrat gewesen. Es hatte nur eines gegeben – zurück in die Hölle ihres Elternhauses.

Aber jetzt war sie nicht mehr das Kind gewesen, das Opfer,

das zwischen den feindlichen Parteien hin- und hergerissen wurde, sondern die überlegene Erwachsene. Sie hatte die Kraft gehabt, die Eltern so zu nehmen, wie sie waren, hatte jeden Angriff abprallen lassen und eine ausgeklügelte Strategie darauf verwandt, Katrin zu schützen. Sie hatte nur noch für ihre Tochter gelebt und war entschlossen gewesen, es bis zum Ende ihrer Tage zu tun. Karl hatte ihr, wie sie zurückblickend meinte, nichts bedeutet. Er hatte ihr höchstens die Bestätigung gegeben, daß sie als Frau durchaus reizvoll genug war, einen männlichen Partner zu finden. Um so höher, meinte sie, war ihr Entschluß zu werten, sich nur noch ihrer Tochter zu widmen.

Mit Katrin hatte sie ein Leben geführt, wie sie es sich immer ersehnt hatte: ein Leben in Frieden und gegenseitigem Verstehen. Die Geschichte mit Peter hatte sie ihr rasch verziehen. Sie hatte großmütig und verständnisvoll reagiert, wie es nur eine liebende Mutter konnte. Sie hatte das um so leichter fertiggebracht, als sie von Anfang an gewußt hatte, daß diese Ehe nur eine Episode bleiben würde. Peter war schwach gewesen, lebensfremd und versponnen. Er hatte in keiner Weise zu Katrin gepaßt. Sobald die erste Verliebtheit vorüber war, hätte sie das erkennen müssen.

Nun, dazu war es nicht mehr gekommen. Er hatte sich vorher aus dem Staub gemacht, möglicherweise wissend, daß seine junge Frau ihm auf Dauer nicht den Halt geben konnte, den er brauchte.

Was hätte Katrin damals ohne sie gemacht? Sie, die Mutter, war es gewesen, die ihr tröstend und ermutigend zur Seite gestanden, die ihr Leben wieder neu aufgebaut hatte. Sie hatte ihr nicht nur gesagt, sie hatte ihr bewiesen, daß man als Frau sehr wohl auch ohne Mann glücklich sein kann.

Und wie glücklich waren sie all die Jahre gewesen, sie beide allein mit der zauberhaften kleinen Daniela. Zurückblickend war sie bereit, Peter alles und jedes zu verzeihen, nur wegen des süßen kleinen Wesens, das er ihnen hinterlassen hatte.

Ja, sie war immer großzügig gewesen, hatte es sogar über sich gebracht, über Katrins Triebhaftigkeit hinwegzusehen. Dieses Verhältnis mit Jean-Paul, der sie selbstverständlich nur ausnutzte, war so unnötig wie ein alter Hut gewesen. Aber sie hatte Katrin deswegen weder verspottet noch getadelt. Sie hatte es hingenommen, ohne sie auch nur fühlen zu lassen, wie sehr sie darunter litt.

Sie hatte Katrins gesundem Menschenverstand vertraut, war überzeugt gewesen, daß ihr eines Tages der Knopf aufgehen würde, und das war dann ja auch geschehen. Sie hatte sich immer bemüht, alles zu verstehen, jede menschliche Schwäche, jede weibliche Laune, aber daß Katrin so hatte umfallen können, nur weil er leibhaftig hier aufgetaucht war, das ging über ihren Horizont. Das hatte ihre schlimmsten Befürchtungen übertroffen.

Trotzdem hätte es ihr nicht passieren dürfen, daß sie die Beherrschung verlor. Sie hatte Katrin geradezu angegriffen und dabei, wenn sie jetzt darüber nachdachte, fast wie ihre eigene Mutter geklungen.

Natürlich hatte sich auch Katrin falsch verhalten. Statt einzulenken und sich zu entschuldigen, hatte sie sich hinreißen lassen, Widerworte zu geben. Wenn das das Ergebnis ihrer jahrelangen Erziehung zur Friedfertigkeit und Selbstbeherrschung war, dann mußte sie etwas falsch gemacht haben.

Nein, nein, nicht sie! Ein Dämon war in ihr Leben gedrungen. Katrins weibliche Hormone hatten ihr diesen bösen Streich gespielt.

Sie, Helga, hatte keinen Fehler gemacht, sie hatte nur einen Augenblick Schwäche gezeigt. Das durfte nicht mehr vorkommen. Sie würde die Dinge wieder in den Griff bekommen.

Aber es war ihr, als hätte diese kurze Auseinandersetzung einen Riß im Fundament ihres Zusammenlebens sichtbar gemacht.

Als Helga die Treppe hinaufstieg, ziemlich sicher, daß Katrin inzwischen gegangen war – sie hatte es ja so eilig gehabt, zu ihrem geliebten Jean-Paul zu kommen –, glaubte sie sich beruhigt zu haben. Sie fand Daniela, bequem hingefläzt, vor dem Fernseher. Bei diesem Anblick brannten ihre Sicherungen durch.
»Was fällt dir ein?« schrie sie.
Daniela zuckte bei diesem ungewohnten Ton zusammen.
»Was ist denn?« fragte sie erschreckt, aber nicht wirklich beunruhigt.
»Wie kannst du nur? Am Vormittag fernsehen!« – Helga schaltete den Apparat aus.
»Was hätte ich denn sonst tun sollen?« gab Daniela pampig zurück.
»Den Tisch decken zum Beispiel.«
Daniela räkelte sich hoch. »Möchte bloß wissen, was in euch gefahren ist. Mutti haut vor dem Mittagessen einfach ab, und du brüllst hier herum.«
Helga schnappte nach Luft. »Tut mir leid, Liebes. Ich bin einfach nervös.«
»Weil Mutti fort ist, was? Das brauchst du aber doch nicht an mir auszulassen.«
»In der Sache hatte ich jedenfalls recht. Es gehört sich nicht, am Vormittag fernzusehen.«
»Wer sagt das?«
»Ich.«
»Wozu machen sie dann ein Programm?«
»Für die Dummköpfe, die selber nichts mit sich anzufangen wissen.«
»Vielen Dank für die Blumen. Dann bin ich also ein Dummkopf.«
»Bist du nicht, Liebes, und das weißt du auch. Aber versprich mir, daß du das nicht wieder tun wirst.«
»Na schön. Wenn es dir eine Freude macht.«
»Versprochen?«

»Habe ich dir doch gesagt.«
»Weißt du, Liebes, du darfst mich nicht ärgern. Jetzt weniger denn je. Wir beide müssen ganz fest zusammenhalten.«
»Das tun wir doch immer, Omimi.«
»Ja, das stimmt, und du bist mein wirklicher kleiner Schatz. So, jetzt deck den Tisch, und ich kümmere mich um den Auflauf. Hat Mutti dir gesagt, wo sie hin ist?«
»Nein. Sie hatte es furchtbar eilig.«
»Dann weißt du also noch gar nicht, was passiert ist?«
»Was denn? Los, sag's schon!«
»Geduld, Liebes! Ich werd' es dir bei Tisch erzählen.«

Katrin hatte sich nicht einmal die Zeit genommen, sich umzuziehen. So, wie sie war, in schwarzem Lederrock und weißem Pullover mit eingestrickten orangenen und gelben Ornamenten, war sie aus der Wohnung gestürzt. Zuvor hatte sie sich nur eine Jacke übergezogen und ihre Handtasche ergriffen. Sie hatte sogar darauf verzichtet, die Schuhe zu wechseln, und die bequemen Treter anbehalten, die sie im Laden zu tragen pflegte.
Es war ein verheißungsvoller Frühlingstag. Graue Wolken jagten über den hellen Himmel, gaben die Sonne frei, um sie gleich darauf wieder zu bedecken. Katrin war es, als liefe sie mit ihnen um die Wette.
Erst als sie den »Gasthof zum Hagelkreuz« fast erreicht hatte, mäßigte sie ihren Schritt. Sie wollte nicht atemlos in die Wirtschaft stürzen und so womöglich den Eindruck erwecken, als hätte Sehnsucht sie getrieben. Es ging ihr nur darum, die unumgänglich gewordene Auseinandersetzung so schnell wie möglich hinter sich zu bringen.
Jean-Paul wartete vor der Tür auf sie. Damit hatte sie nicht gerechnet, und da sie ihre Brille nicht aufhatte, entdeckte sie ihn erst im letzten Moment. So landete sie unweigerlich in seinen Armen. Er zog sie fest an seine Brust, und sie spürte

noch einmal jenes warme, süße Gefühl, das sie bei seiner Berührung stets durchpulste.
»Ma petite«, raunte er, nahe an ihrem Ohr, »endlich! Warum quälst du mich so?«
Sie brauchte Kraft, um sich aus seinem Zugriff zu befreien. »Nicht«, stieß sie hervor, »bitte, laß mich!«
»Was soll denn das?« fragte er so erstaunt, als hätte es nie eine Spannung zwischen ihnen gegeben.
»Das weißt du ganz genau.«
»Nein, ich weiß nichts, gar nichts. Was ist nur in dich gefahren, meine Schöne.«
Katrin warf den Kopf in den Nacken und sah ihm fest in die Augen. »Ich habe dir gesagt, warum ich dich nicht mehr sehen will.«
»Nein, das hast du nicht. Du hast ohne jeden Grund verrücktgespielt.«
»Ohne jeden Grund?« fragte sie herausfordernd.
»Stimmt. Ich mußte dich einmal versetzen. Aber meinst du nicht, das hätte mir nicht ebenso weh getan wie dir?«
Katrin bemerkte, daß sie bereits die Neugier einiger Passanten erregt hatten. »Wir können unseren Streit nicht hier auf der Straße austragen.«
»Darin gebe ich dir recht. Laß uns in deine Düsseldorfer Wohnung fahren.«
»Ich habe nicht einmal den Schlüssel bei mir.«
»Dann irgendwo anders hin.«
Sie dachte nach. »In den Stadtwald, von mir aus.« – Zu ihrer Überraschung spürte sie, daß sie hungrig war; sie hatte seit Wochen kaum etwas gegessen, aber jetzt auf einmal war es, als hätte sich der Knoten in ihrem Magen gelöst.
»Gibt es dort ein Hotel?«
»Nein. Und ich will auch nicht mit dir in ein Hotel. Ich will dir nur klarmachen, warum es aus zwischen uns sein muß.«
»Weil deine Mama gegen mich ist. Gib es doch zu, ma petite! Du hast dich ihrem Einfluß nicht entziehen können.«

Sie mochte auf diese Behauptung jetzt nichts entgegnen, weil sie die Straße nicht länger zum Schauplatz ihrer Auseinandersetzung machen wollte. »Wo steht dein Auto?« fragte sie.
»Auf dem Parkplatz. Hinter dem Haus.«
»Dann fahr es her.«
Der Ausdruck seines Gesichtes zeigte, daß er von ihrem Ton befremdet war. Er hätte sie gerne zurechtgewiesen, zog es dann aber doch vor, ihre Anweisung zu befolgen.
Kopfschüttelnd sagte er: »Wie hart du sein kannst!« – Dann wandte er sich ab, schritt davon und verschwand um die Ecke.
Katrin fragte sich, was mit ihr geschehen war. Es war noch gar nicht lange her, daß sie über die Ohren in ihn verliebt gewesen war. Nun wünschte sie sich nur noch, mit ihm zu einem Ende zu kommen. Als er vorfuhr, gab sie ihm keine Gelegenheit, ihr die Tür zu öffnen, sondern stieg sofort ein.
Er musterte sie mit einem raschen Seitenblick. »Du bist sehr schön, wenn du wütend bist!«
›Geschwätz‹, dachte sie, aber sie sagte: »Wenigstens begreifst du, in welcher Stimmung ich bin.«
Er machte sich an der Gangschaltung zu schaffen und fuhr an. »Deine Mutter ist übrigens eine bemerkenswerte Frau. Sie könnte mir imponieren.«
»Meine Mutter hat mit uns beiden nichts zu tun«, entgegnete sie scharf.
»Oh, doch. Du hast mir erzählt, wie sehr sie unter der eigenen Scheidung gelitten hat . . .«
»Das hat sie nicht! Du scheinst mir nicht zugehört zu haben. Sie war außer sich über die Treulosigkeit meines Vaters. Die Scheidung hat sie selbst herbeigeführt.«
»Sei mir nicht böse, ma chérie, aber für mich kommt das auf das gleiche heraus. Sie ist allergisch gegen Scheidungen.«
»Das bin ich auch.«
»Du? Aber das ist doch absurd. Du hast mich geliebt, ob-

wohl ich nicht frei war. Wie kannst du mich verstoßen, da ich mich zu befreien suche?«
Sie wurde unsicher. »Wenn es wenigstens mit einem Schlag geschehen könnte...«
»Das kann es nie. Die Gesetze sind nicht danach, und der menschliche Charakter spricht dagegen.«
»Du hättest mir nichts davon erzählen sollen.«
»Du verlangst, daß ich vor dir, meiner einzig Geliebten, Geheimnisse haben soll?«
›Red nicht so schwülstig daher!‹ hätte sie beinahe gesagt, aber sie verbiß es sich, weil sie ihn nicht unnötig verletzen wollte. »Du hast mir nicht die Wahrheit gesagt«, erinnerte sie ihn, »du hast es mir mal so und mal so und dann wieder anders dargestellt.«
»Ich stecke in einer schwierigen Situation, und du solltest dafür Verständnis haben.«
»Tut mir leid, Jean-Paul, aber genau das bringe ich eben nicht auf. Ich habe nie begriffen, was für eine Art Ehe du eigentlich geführt hast. Aber für mich war das sozusagen die andere Seite deines Lebens, und ich habe darüber nicht nachgedacht. Es ging mich ja nichts an.«
»Ein sehr kluger Standpunkt.«
»Ja, nicht wahr?« fragte sie mit unüberhörbarer Ironie.
»Ihm verdanke ich ein paar sehr schöne Stunden oder Tage, zusammengenommen vielleicht auch Wochen. Aber wenn es jetzt zu einer Scheidung kommt – aus was für Gründen auch immer – ist das etwas anderes. Da kann ich mich nicht mehr blind und taub und stumm stellen.« Plötzlich kam ihr ein Gedanke. »Oder ist die Idee mit der Scheidung etwa schon wieder passé? Habt ihr euch versöhnt?«
Er lachte humorlos auf. »Wie recht du hast, chérie! Versöhnt und zerstritten, zerstritten und versöhnt. Ich mache die Hölle durch. Wenn du dir vorstellst, daß Elsa...«
Sie fiel ihm ins Wort. »Davon will ich nichts hören. Erspar mir deine Tiraden.«

»Aber ich brauche einen Menschen, der...«
Wieder ließ sie ihn nicht aussprechen. »Wende dich an deine Mutter, deinen Vater, einen Freund! Ich jedenfalls bin dieser Mensch nicht, ich will es nicht sein.«
»Aber du hast mir beteuert, daß du mich liebst.«
»Das habe ich auch so gefühlt. Da hattest du mich auch noch nicht in die Abgründe deines Ehelebens hineingerissen. In deinen Scheidungskrieg will ich absolut nicht hineingezogen werden.«
»Hast du Angst, dich zu verletzen?«
Sie dachte nach. »Ja, das auch.«
»Und was noch?«
»Es ist wohl so«, gab sie widerwillig zu, »daß ich kein Vertrauen zu dir habe oder doch nicht genug. Ich fürchte, wenn ich alles über deine Ehe wüßte, würde ich mich voll auf die Seite deiner Frau stellen.«
»Das würdest du?«
»Ich fürchte – ja.«
»Mais pourquoi? Warum? Warum?«
»Weil du so unzuverlässig bist. Deine Verabredungen im letzten Moment, deine Absagen, genauso kurzfristig, deine Schwindeleien. Mich hat das alles nicht so sehr getroffen, weil es für mich ja nur so eine Art Spiel war, ein wunderbares, unterhaltsames Spiel am Rande des grauen Alltags. Aber wenn du in deiner Ehe nicht viel anders warst – und das ist doch kaum anzunehmen –, tut mir deine Frau von Herzen leid.«
»Sie ist eine Kanaille.«
»Das kann ich nicht beurteilen, denn ich kenne sie ja nicht. Aber wenn sie es ist, könnte ich mir vorstellen, daß sie es durch die Ehe mit dir geworden ist.«
Er trat so heftig auf die Bremse, daß das Auto, das ihnen folgte, fast aufgefahren wäre. Der junge Mann am Steuer zeigte Jean-Paul einen Vogel, während er sie überholte.
»Verzeih«, bat Katrin, »ich wollte dich nicht kränken.«

»Aus jedem deiner Worte höre ich deine Mutter!«
»Das stimmt ja gar nicht«, behauptete Katrin, aber sie war verunsichert. Plapperte sie wirklich nur nach, was die Mutter ihr eingeredet hatte? »Ich finde das alles ganz schlimm«, sagte sie kleinlaut.
»Ich hatte erwartet, daß du in dieser schlimmen Zeit zu mir halten würdest.«
»Es tut mir leid, wenn ich dich enttäuscht habe«, erklärte sie lahm.
Sie hatten das Zentrum der Stadt hinter sich gelassen und fuhren jetzt auf der Elberfelder Straße in Richtung Stadtwald.
»Jedenfalls«, sagte sie, »finde ich es unsinnig, wenn wir uns jetzt über deine Ehe streiten. Du hast mir ja kaum je etwas davon erzählt. Ich hatte den Eindruck, daß deine Frau ungemein großzügig und überlegen wäre. Ich dachte, sie wüßte über deine Seitensprünge Bescheid oder würde sie wenigstens ahnen. Es paßt einfach nicht in das Bild, daß sie mit einem Mal auf eine Scheidung drängt.«
»Sie hat einen Liebhaber.«
»Wen? Siehst du, das weißt du nicht. Wenn es so wäre, würde sie doch auch nicht wieder zu dir zurückgekommen sein. Das ist sie aber doch, nicht wahr?«
»Aber sie ist nicht geblieben«, erklärte er.
»Da vorne, beim Schwimmbad«, sagte sie und zeigte es, »ist ein großer Parkplatz. Da kannst du dein Auto abstellen.«
Er folgte ihrer Anweisung, und nebeneinander liefen sie in den Frühlingswald hinein. Die Buchen zeigten ihr erstes helles Grün, während unter ihren Füßen Laub vom vergangenen Herbst raschelte. Noch immer jagten die Wolken über den Himmel, als könnten sie sich nicht entscheiden, ob sie bleiben und abregnen oder ob sie die Sonne freigeben sollten.
Jean-Paul griff nach Katrins Hand, aber sie entzog sie ihm.

»Wenn du wenigstens wüßtest, was du wolltest«, meinte sie.
»Ich will die Scheidung.«
»Aber als Elsa das erste Mal wieder zurückgekommen ist, hast du sie wieder aufgenommen.«
»Aus Mitleid. Sie war krank.«
»Und danach?«
»Inzwischen weiß ich, daß sie nicht krank ist – jedenfalls nicht so krank, wie sie tut. Woher nähme sie sonst die Kraft, mich niederzuknüppeln?«
Eine Weile gingen sie schweigend, mit raschen Schritten, nebeneinander her. Katrin mußte an all die anderen Wanderungen denken, die sie miteinander unternommen hatten. Wie sehr hatte sie sich mit ihm dabei im Einklang gefühlt. Die Erinnerung schmerzte.
»Jean-Paul«, sagte sie, »du könntest dem allen ein Ende machen.«
Er blieb stehen. »Und wie?«
Sie sah zu ihm auf. »Du brauchst ja nur auszuziehen. Trenn dich von Elsa, und der Streit hat ein Ende.«
»Das stellst du dir so einfach vor. Ich kann mir auf Dauer kein Hotelzimmer leisten, und es geht ja auch um Werte.«
»Ich könnte dir meine Düsseldorfer Wohnung zur Verfügung stellen.«
»Damit ich abhängig von dir werde?«
Sie hielt es für richtig, seinen Einwand, der ihr ganz töricht schien, zu überhören. »Und den Streit über die sogenannten Werte solltest du deinem Rechtsanwalt überlassen.«
»Du weißt nicht, wie gerissen Elsa ist.«
»Du wirst sicher einen genauso gerissenen Anwalt finden. Wenn du nach deutschem Recht verheiratet wärst, müßtest du alles, was du in den Jahren deiner Ehe erworben hast, mit deiner Frau teilen. Das finde ich auch ganz richtig so, und darauf solltest du dich einstellen.«
»Aber ich habe in Frankreich geheiratet, und da sieht das an-

ders aus. Da spielt noch das Schuldprinzip die einzig entscheidende Rolle.«
Sie hob die Augenbrauen. »Willst du etwa allen Ernstes deiner Frau die Schuld zuschieben?«
»Sie hat einen Liebhaber.«
»Immer wieder die gleiche Leier, Jean-Paul. Daß du dich nicht schämst! Denk doch darüber nach, wie oft du sie betrogen hast.«
»Das kann sie nicht beweisen.«
Katrin schüttelte den Kopf. »Oh, Jean-Paul! Ich fürchte, du genießt diese schmutzigen Auseinandersetzungen auch noch. Sonst hättest du längst reinen Tisch gemacht.«
»Du verstehst das nicht, chérie. Es geht um viel. Da sind Häuser in der Schweiz und in Frankreich, ein Grundstück am Lac Léman.«
»Häuser!« rief Katrin. »Und da seid ihr außerstande, mit Anstand zu teilen?«
»Ich will nicht als der Dumme dastehen.«
Katrin drehte sich auf dem Absatz um und trat den Rückweg an.
Er folgte ihr und packte sie bei der Schulter. »Was ist los, chérie? Wo willst du hin?«
Sie riß sich los. »Ich denke, die Sache ist ausgestanden. Für mich jedenfalls. Wir haben uns nichts mehr zu sagen.«
»Aber hör mal, ich bin extra gekommen, um dir zu erklären...«
Sie schnitt ihm das Wort ab. »Das hast du ja auch getan. Es ist genug. Ich habe genug gehört. Ich will nichts mehr von dem ganzen Quatsch wissen.«
»Quatsch sagst du? Es geht um meine Existenz!«
»Ja, ich weiß. Ich habe verstanden. Um Häuser und Grundstücke, wahrscheinlich auch um Aktien und Wertpapiere. Das alles ist dir wichtiger als unser Glück.«
»Warst du denn glücklich mit mir?«
Sie stürmte weiter. »Oh ja, Jean-Paul, das war ich.«

»Dann lauf mir doch nicht davon! Wir werden wieder glücklich sein, viel glücklicher als vorher, wenn diese Sache erst ausgestanden ist. Wenn wir sie zusammen durchgestanden haben, Katrin, chérie, hilf mir!«
»Ich habe dir einen Vorschlag gemacht. Denk darüber nach.«
»Und wenn ich es wirklich tue? In deine Wohnung ziehe? Den Streit beende? Wird dann alles wieder wie früher sein?«
Die Frage war schwer zu beantworten. »Du wirst es ja doch nicht tun«, sagte sie.
»Wie kannst du so sicher sein?«
»Wenn dir so viel an mir läge, hättest du schon längst, von dir aus, die Scheidung eingereicht. Ich habe dich nie dazu gedrängt, weil ich immer wußte, daß dein Leben sich nicht um mich dreht. Ich habe genommen, was du mir geben wolltest, und nichts darüber hinaus verlangt. Ein paar glückliche Tage im Monat. Das war schon viel für mich.«
»Du hast mir mehr bedeutet.«
Sie begriff, daß er damit das Ende ihrer Beziehung akzeptierte, und es wurde ihr schwer ums Herz. Sie war nahe daran, in Tränen auszubrechen. Dadurch hätte sie ihn bestimmt gerührt, er hätte sie in die Arme genommen, und es wäre zu einer Versöhnung gekommen. Aber genau das hatte sie ja nicht gewollt.
Ihre Stimme zitterte, als sie sagte: »Fahr mich in die Stadt, bitte!« – Aber ihre Augen blieben trocken.
»Ma chérie, ma petite«, bat er und lächelte sie mit all dem Charme an, über den er verfügte, »willst du mir nicht wenigstens dies eine Wochenende schenken?«
Zorn und Enttäuschung wallten in ihr auf. »Wie unsensibel du doch bist!« fuhr sie ihn an.
Sein Lächeln erlosch. »Unsensibel? Das hat mir noch niemand vorgehalten.«
»Aber daß du ein verdammter Egoist bist, hast du schon des

öfteren zu hören bekommen, da bin ich sicher«, sagte sie wütend. Sie hatte gute Lust, ihn nach Kräften zu beschimpfen, ihn mit Anklagen und Vorwürfen zu überschütten, auch wenn sie ungerecht waren. Aber sie wußte, daß sie ihn damit nicht treffen würde. Jedes ihrer Worte würde von ihm abprallen und abgleiten wie Wassertropfen von einer Ölhaut. So zog sie es denn vor zu schweigen.
Sie schwieg auf der ganzen Rückfahrt in die Innenstadt, während er es sich nicht verdrießen ließ, auf sie einzureden. Sie hörte ihm nur mit halbem Ohr zu und verbiß sich jeden Kommentar. Alles, was er sagte, lief darauf hinaus, daß, trotz aller Schwierigkeiten, die Scheidung über kurz oder lang ausgestanden sein würde, und dann – ja, dann – würde eine wunderbare Zeit für sie beginnen.
Katrin glaubte ihm kein Wort. Wenn es ihm wirklich ernst mit seiner Liebe gewesen wäre, die er jetzt so hoch und heilig beteuerte, hätte er ihr Angebot angenommen und wäre auf der Stelle nach Düsseldorf gezogen. Dann hätten sie sich treffen können, wann immer er nicht auf Reisen war.
Aber wollte sie das denn noch? Sie wußte es nicht. Ganz sicher hätte sie ihre Mutter und ihre Tochter nicht verlassen, wenn er sie darum gebeten hätte. Der springende Punkt war, daß er diesen Wunsch nie geäußert hatte. Deshalb konnte er ihr auch nichts vormachen. Sie war für ihn immer nur ein Abenteuer gewesen, und sie mußte froh sein, daß sie mit ihm Schluß gemacht hatte.
Als sie die Ecke Berliner Straße fast erreicht hatten, sagte sie unvermittelt: »Bitte, laß mich hier aussteigen.«
»Kommt nicht in Frage. Ich fahre dich nach Hause.«
»Das ist gut gemeint, aber ich will das letzte Stück zu Fuß gehen.
»Warum?«
»Nur so.«
Er bremste, und da er in der zweiten Reihe stand, neben einem parkenden Auto, blieb keine Gelegenheit zu einem

langen Abschied. Sie küßte ihn flüchtig auf die Wange. »Leb wohl, Jean-Paul. Mach's gut.« Sie öffnete die Tür und schlüpfte hinaus.
»Wir sehen uns wieder!« rief er ihr nach. »Du wirst sehen ...«
Sie schlug die Tür ins Schloß, und der Knall überdeckte den Rest seines Satzes. Ohne sich noch einmal umzusehen, schlängelte sie sich durch die parkenden Fahrzeuge zum Bürgersteig.
Plötzlich fühlte sie sich sehr erleichtert. Es war ihr, als hätte sie eine drückende Last abgeworfen. Beschwingt ausschreitend beobachtete sie, wie sein Auto, nachdem es sich wieder in den Verkehrsstrom eingefädelt hatte, in der Ferne verschwand. Sie hätte im Wechselschritt laufen mögen, wie sie es als Kind getan hatte, so vergnügt war sie.
Es stimmte nicht, daß sie ausgestiegen war, um den letzten Rest des Weges zu Fuß zu gehen. Tatsächlich hatte sie sich erinnert, daß hier ganz in der Nähe eine Imbißbude sein mußte, und eine heiße Begierde nach Fritten und Currywurst hatte sie überfallen. Sie war schon hungrig gewesen, als sie Jean-Paul getroffen hatte. Jetzt aber kannte ihr Heißhunger keine Grenzen mehr.
Sie fand die Bude, erstand bei einem freundlichen alten Mann in angeschmutzter, einmal weiß gewesener Schürze – was sie im Augenblick aber nicht störte – eine Tüte voll fettiger Pommes frites, dazu eine scharfe Currywurst und eine Flasche lauwarme Cola. Stehend, mit dem Ellbogen auf die Theke gelehnt, verzehrte sie alles mit Genuß, der noch dazu verdoppelt wurde, daß beide, sowohl Jean-Paul als ihre Mutter, eine solche Mahlzeit grauenhaft gefunden hätten. Sie tat etwas absolut Verpöntes, und das mit sehr viel Vergnügen.
›Ob Ernst Claasen Verständnis für einen derartigen Ausrutscher haben würde?‹ schoß es ihr durch den Kopf.
Ihr boshafter, tyrannischer Magen, dem sie eine solche Nah-

rung noch nie zugemutet hatte, verhielt sich überraschend ganz brav. Ihr fiel auf, daß er seit der häuslichen Auseinandersetzung keinen Mucks mehr von sich gegeben hatte. Erst als sie ihre Mahlzeit beendet hatte, schickte er ihr ein paar kleine Rülpser hinauf, aber auch sie dienten nur der Erleichterung.
Trotzdem schlug, als Katrin sich gesättigt fühlte, ihre Stimmung ohne äußeren Anlaß um. Sie war Jean-Paul losgeworden, das stand fest, allen seinen Beteuerungen zum Trotz sehr wahrscheinlich für immer. Aber das konnte doch kein Grund zur Freude sein. Mit ihm war aller Glanz aus ihrem Leben gewichen. Sie hatte die Aufregung, die er ihr gebracht hatte, doch geliebt. Jetzt würde es zwar keine Enttäuschungen durch ihn mehr geben, aber auch mit den frohen Erwartungen war Schluß, mit den verliebten Kabbeleien und den Spaziergängen Hand in Hand.
Sie hatte erwartet, ohne Kummer darauf verzichten zu können. Aber das war ein Irrtum gewesen. Dort, wo sein Bild in ihrem Herzen gewesen war, gab es jetzt nur noch einen blinden Fleck.
Eine Traurigkeit überfiel Katrin, wie sie sie zuvor nur einmal im Leben gekannt hatte: beim Tod ihres Mannes. Damals hatte das Schicksal zugeschlagen. Darin hatte ein gewisser, wenn auch schwacher Trost gelegen.
Diesmal aber hatte sie selber einer Beziehung ein Ende gemacht. Es war notwendig gewesen, sagte sie sich wieder und wieder, unvermeidbar. Es hätte so nicht weitergehen können. Sie hatte es tun müssen.
Doch ihre Trauer über das verlorene Glück ließ sich mit Argumenten nicht verdrängen. Sie war tief unglücklich.

Zu Hause, in der Wohnung über der »Strickstube«, saßen Helga Großmann und Daniela am Wohnzimmertisch und spielten Karten. Das war bei diesem Wetter und zu dieser Tageszeit so ungewöhnlich, daß es Katrin, trotz ihrer Be-

nommenheit, sofort auffiel. Normalerweise wäre Daniela mit ihren Freundinnen auf der Straße gewesen, und Helga hätte sich auf ihrem Zimmer aufgehalten. Sie hatten sich nicht zusammengetan, um Karten zu spielen, sondern um auf sie zu warten.
Katrin versuchte ein Lächeln. »Hallo, da bin ich wieder.«
»Spielst du mit uns?« fragte Daniela.
Dazu hatte Katrin nicht die mindeste Lust, aber Daniela schob, ohne ihre Antwort abzuwarten, schon die Rommékarten zusammen, und Helga holte die Skatkarten heraus.
»Warum nicht?« sagte Katrin ohne Begeisterung. Sie setzte sich.
»Ich gebe«, sagte Helga, mischte die Skatkarten und legte den Stoß vor Katrin hin.
Katrin nahm ab, und Helga verteilte die Karten, einmal drei, dann vier, zwei in den Talon, und noch einmal drei für jeden. Noch ehe sie damit fertig war, stellte sie fest: »Du bist ihn also losgeworden.«
»Ja«, sagte Katrin.
»Das ist aber doch kein Grund, so ein Gesicht zu machen.«
»Nein, wirklich nicht, Mutti!« rief Daniela. »Ich verstehe nicht, wie du auf so einen Typen überhaupt hereinfallen konntest!«
»Sprich nicht so über ihn«, sagte Katrin matt, »du kennst ihn ja gar nicht.«
»Aber Oma hat mir alles über ihn erzählt. Gib zu, er ist ein süßer Schweinehund!«
Katrin ließ die Karten, die sie schon aufgenommen hatte, wieder sinken; sie glaubte, nicht recht gehört zu haben. »Ein – was?«
»Aber Daniela, Liebes!« sagte Helga mahnend.
»Hast du doch selbst gesagt, Omimi. So einer mit Schnauzer und falschen Zähnen.«
»Seine Zähne sind echt«, stellte Katrin richtig.

»Deshalb ist er aber doch ein süßer Schweinehund. Das hat Oma selbst gesagt.«
»Wißt ihr was?« Katrin warf ihre Karten auf den Tisch. »Ihr seid zum Kotzen.«
»Du weißt, Liebes, ich habe für alles Verständnis«, sagte Helga würdevoll, »aber das ist ein Ton, den du dir in meinem Haus nicht erlauben solltest. Entschuldige dich auf der Stelle!«
»Ich – mich? Wie käme ich denn dazu? Ihr zieht über einen Mann her, von dem ihr wißt, daß er mir viel bedeutet hat...«
Helga ließ sie nicht aussprechen. »Es besteht kein Grund, ihn zu verteidigen. Er hat dich doch nur ausgenutzt.«
»Das ist einfach nicht wahr.«
»Mein Gott, mein Gott, wie kann man nur so mit Blindheit geschlagen sein!«
»Wollen wir nicht endlich spielen?« fragte Daniela ungeduldig.
»Erst nehmt ihr die Behauptung zurück, daß er ein Schweinehund wäre!«
»Ein süßer«, verbesserte Daniela und kicherte; die Bezeichnung gefiel ihr zu gut.
»Er hat niemals je ein böses Wort über euch gesprochen.«
»Wie könnte er denn auch?« meinte Helga. »Wir haben uns ihm gegenüber ja auch keine Schwäche gegeben.«
»Er hat gewußt, daß du von Anfang an gegen unsere Freundschaft warst.«
»Freundschaft, daß ich nicht lache! Was ihr miteinander hattet, war doch nichts als ein schmutziges Verhältnis, eine ehebrecherische Beziehung. Statt die Nase hängen zu lassen, solltest du froh sein, daß es endlich vorbei ist. Wenn ich dir nicht den Rücken gestärkt hätte, hättest du es nie geschafft.«
»Ich soll dir also auch noch dankbar sein?«
»Ja, sicher.«

»Nein, Mutter, wirklich nicht. Ich wünschte, du würdest aufhören, dich in meine Angelegenheiten zu mischen.«
»Und ich wünschte, du würdest endlich erwachsen werden. Du hast mich gebeten, ihn abzuwimmeln, hast du das vergessen?«
»Du hättest es ablehnen können.«
»Ja, das hätte ich wohl. Aber meine Mutterliebe ist eben meine Schwäche. Ich habe dich immer aufgefangen, wenn du dich durch deine Triebhaftigkeit in Schwierigkeiten gebracht hast.«
Katrin sprang auf. »Triebhaftigkeit?«
»Ja, was sonst? Du weißt, ich habe dir nie einen Vorwurf gemacht, aber jetzt frage ich dich doch: war es zum Beispiel nötig, schon vor der Hochzeit mit Peter ins Bett zu schlüpfen?«
Danielas schwarze Augen wurden riesengroß. »Peter?« fragte sie. »Ihr redet von meinem Vater?«
»Bitte, Liebes«, sagte Helga, »zieh deine Jacke an und geh runter. Deine Freundinnen warten sicher schon.«
»Nö. Nicht jetzt, wo es gerade interessant wird.« – Daniela lehnte sich ostentativ zurück und verschränkte die Arme.
Helga konnte sich dennoch nicht bremsen. »Wenn ich nicht für dich dagewesen wäre, was wäre aus dir geworden? Du hättest schlechter dagestanden als Tilly, denn Peter hätte ja nicht einmal zahlen können. Ich war es, die ihn dazu gebracht hat, dich zu heiraten, ich habe ihn in mein Haus aufgenommen, ich habe für euch gesorgt.«
Bisher war Katrin ihrer Mutter immer dankbar gewesen, aber jetzt, plötzlich, sah sie die Situation in einem anderen Licht. »Du solltest dir nicht zuviel darauf einbilden«, sagte sie, »wenn du nicht eingegriffen hättest, würde Peter vielleicht noch leben.«
Helga verschlug es den Atem. »Das ist«, japste sie, »ungeheuerlich!«
»Wozu mußte er mich heiraten? Wir hätten Daniela doch

auch allein aufziehen können. Wir haben es ja dann auch gekonnt.«
»Du wolltest die Ehe.«
»Ja. Weil ich ihn wahnsinnig liebte und Angst hatte, ihn zu verlieren. Aber du hättest es besser wissen müssen.«
»Ich wollte doch nur helfen.«
»Wirklich? Wolltest du das? Das Haus war damals schuldenfrei. Du hättest nur eine Hypothek aufzunehmen brauchen und Peter das Geld geben. Dann wäre er wieder auf die Beine gekommen.«
»Das glaubst du doch selber nicht. Er hätte es genauso schnell verbraten wie den Bankkredit.«
»Du hattest eben kein Vertrauen zu ihm, und das hast du ihn fühlen lassen. Auf Schritt und Tritt. Ja, du hast uns bei dir aufgenommen, uns ein Dach über dem Kopf gegeben, und wir waren dir dankbar dafür, ach, so dankbar! Aber du hast ja auch verlangt. Du hast Peter nicht eine Sekunde vergessen lassen, daß es dein Haus und deine Wohnung war, in der wir Unterschlupf gefunden hatten.«
»Das habe ich euch niemals vorgehalten!«
»Vielleicht nicht mit Worten, aber mit deinem ganzen Gehabe. Alles mußte nach deinem Kopf gehen, wir hatten nichts zu sagen, und das war ja auch dein gutes Recht. Aber du hast von diesem Recht verdammt noch mal ausgiebig Gebrauch gemacht.«
»Wie wagst du es, so mit mir zu reden?«
»Weil die Wahrheit endlich mal heraus muß.«
»Unsinn. Ich bin sicher, du hast früher nie so gedacht. Das hätte ich doch gemerkt. Nur dein Ex-Liebhaber kann dir diese krausen Ideen in den Kopf gesetzt haben.«
»Das sieht dir ähnlich. Er muß an allem schuld sein, nur weil ich ihn liebe.«
Helga erhob sich und sagte so erschüttert, daß es geradezu drohend klang: »Du liebst ihn immer noch?«
Katrin glaubte, sich nur versprochen zu haben, aber das

wollte sie nicht zugeben. »Vielleicht werde ich nie ganz damit aufhören«, erwiderte sie trotzig.
»Bis der nächste Mann kommt und der nächste Zirkus stattfindet.«
»Kann schon sein. Ich habe nicht vor, als Nonne zu leben.«
»Bisher habe ich dir alles verziehen, Katrin, aber heute bist du entschieden zu weit gegangen. Wenn du nicht einmal bereit bist, den guten Vorsatz zu fassen, endlich mit deinen Männergeschichten Schluß zu machen, will ich dich nicht mehr bei mir haben.«
»Das trifft sich gut. Ich habe nämlich auch keine Lust, länger zu bleiben. Ich ziehe nach Düsseldorf. Kommst du mit, Danny?«
Daniela, die die Szene stumm, aber mit wachsendem Interesse in sich aufgenommen hatte, schüttelte heftig den Kopf.
»Na, denn nicht«, sagte Katrin, »ich bin ja nicht aus der Welt. Du kannst es dir immer noch überlegen.« – Sie wandte sich zur Tür.
»Katrin«, sagte Helga Großmann, »vergiß nicht, daß du immer noch bei mir angestellt bist.«
»Das weiß ich. Deshalb kündige ich zum nächsten Ersten.«
»Und wovon willst du leben? Deine Zeitschrift bringt dir bestimmt nicht genug ein.«
»Laß das nur meine Sorge sein. Wenn alle Stricke reißen, komme ich auch anderswo als Verkäuferin unter.« – Entschlossen ging Katrin zur Tür, blieb dann aber noch einmal stehen.
»Ja, Liebes?« fragte die Mutter. »Was ist?«
Katrin wandte sich halb um. »Kann ich mir den großen Koffer vom Speicher ausleihen? Ich bringe ihn dir wieder.«
»Von mir aus«, sagte Helga Großmann enttäuscht.
»Zieht Mutti wirklich aus?« fragte Daniela, als Katrin gegangen war.
»Ich denke schon.«
»Aber das ist doch schlimm.«

»Mach dir deswegen keine Sorgen, Liebes. Lange wird sie es ohne uns nicht aushalten.«
»Soll ich ihr nicht doch lieber nachlaufen und ihr gut zureden?«
»Nur das nicht. Sie muß endlich lernen, daß sie ohne uns nicht auskommt.«

Katrin hatte nie zuvor ein einsames Wochenende erlebt. Als sie die Wohnung ihrer Mutter Knall und Fall verließ – mit großem Gepäck und ihrer elektronischen Schreibmaschine, zusätzlich einem Karton mit Wollresten und ihrem Kofferradio –, hatte sie sich das gar nicht klargemacht.
Aber sie brachte die Zeit einigermaßen gut herum. Sie kaufte am Hauptbahnhof ein, was sie an Nahrungsmitteln für sich brauchte, und erstand bei der Gelegenheit auch einige Zeitungen und Zeitschriften. Am Abend kochte sie sich eine Kleinigkeit, aß, wobei sie Zeitung las, und durchforstete die Anzeigen nach einem Film, den sie sich am Sonntag ansehen wollte. Sie wählte einen jener großen französischen Liebesfilme mit dem unausweichlich bitteren Ende, wie ihre Mutter sie haßte. Zwischendurch schaukelte sie immer wieder, träumte und dachte nach und wunderte sich, daß sie sich trotz allem sehr wohl fühlte. Der Knoten in ihrem Magen schien sich völlig gelöst zu haben.
Die Auseinandersetzung mit ihrer Mutter tat ihr leid. Sie sah ein, daß sie mit ihren Beschuldigungen über das Ziel hinausgeschossen hatte. Aber ein Fünkchen Wahrheit hatten ihre Vorwürfe doch enthalten. Vielleicht wäre es ja auch ohne Helgas Eingreifen zu Peters Freitod gekommen, denn er war ein schwacher Mensch gewesen, das erkannte sie nachträglich. Aber dann hätte er es allein zu verantworten gehabt, und sie hätte nicht sich selber und der Mutter die Schuld daran zuschreiben müssen. Sie hatten ihn, beide aus egoistischer Liebe, in die Enge getrieben.
Aber es war vorbei. Sie brauchte nicht mehr darüber nach-

zugrübeln. Jetzt mußte und wollte sie ein neues Leben beginnen.
Am Montag morgen kam sie pünktlich ins Geschäft, gab sich höflich und distanziert. Sie lehnte es ab, mit Mutter und Tochter Mittag zu essen – sie hatte sich ein belegtes Brot und einen Apfel mitgebracht –, und nutzte die Pause, um vom nächsten Postamt aus Ernst Claasen anzurufen. Als er sich meldete, klang seine Stimme angenehm überrascht.
Trotzdem mußte sie einen inneren Anlauf nehmen, um die Frage zu stellen, die sie auf dem Herzen hatte: »Ist die Stellung, die Sie mir angeboten haben, noch frei, Herr Claasen?«
Eine kleine Pause entstand, die Katrin sofort Böses ahnen ließ.
»Sie sind also jetzt bereit, nach Hamburg zu kommen?« fragte er.
»Ja.« Zögernd fügte sie hinzu: »Ich wohne nicht mehr bei meiner Mutter.«
»Wann, genau, sind Sie frei?«
»Am Monatsende.«
»Gut. Ich werde Sie erwarten.«
»Aber, Herr Claasen, die Stellung ...«
»Ist unwichtig. Ich habe sie inzwischen vergeben. Aber wir werden etwas anderes für Sie finden. Bringen Sie Ihre Tochter mit?«
»Ich weiß es nicht. Ich werde es versuchen.«
»Samstag«, sagte er, und sie konnte sich vorstellen, wie er in seinem Terminkalender blätterte, »ist der einunddreißigste März. Fahren Sie gleich mittags los, dann sind Sie am Abend in Hamburg. Ich werde in der ›Pension Kreuz‹ ein Zimmer für Sie reservieren lassen. Am Sonntag können wir uns dann die Wohnung für Sie ansehen. Sie ist noch unmöbliert.«
»Ich weiß nicht«, sagte sie, unsicher geworden, »unter diesen Umständen ...«
»Ich rufe Sie am Samstagabend an.«

Ehe Katrin noch weitere Einwände erheben konnte, war die Verbindung unterbrochen.
Katrin war enttäuscht und wiederum auch nicht. Die Stellung war also weg, und sie mußte sich zugeben, durch ihre eigene Schuld. Sie hätte sich eher entschließen sollen.
Aber es war ganz deutlich, daß Ernst Claasen sie in Hamburg haben wollte. Wenn er sagte, daß er eine Beschäftigung für sie finden würde, dann konnte sie sicher sein, daß das der Wahrheit entsprach. Er verfügte in der Hansestadt über unzählige Verbindungen und, was noch wichtiger war, er war kein Mann, der leere Versprechungen machte. Sie hatte ihrer Mutter zwar damit gedroht, aber Lust, in einem fremden Geschäft hinter der Theke zu stehen, hatte sie nie gehabt. Also auf, nach Hamburg! –
Helga und Daniela hatten schon gegessen, als Katrin hereinkam, um ihnen vom neuen Stand der Dinge zu berichten.
»Willst du nicht mitkommen, Daniela?« bat sie sie. »Claasen hat ausdrücklich nach dir gefragt. Er hat auch schon eine Wohnung für uns besorgt.«
›Also auf zum nächsten Kerl!‹ dachte Helga, aber sie sprach es nicht aus, es hatte schon Ärger genug gegeben.
»Was soll ich in Hamburg?«
»Bei mir sein. Hamburg ist eine wunderbare Stadt. Es wird dir bestimmt gefallen.«
»Bestimmt nicht. Ich bleibe bei Oma.«
Das tat weh. Katrin hing an ihrer Tochter und wußte, daß sie sie vermissen würde. Aber sie wollte sich nicht aufs Bitten und Betteln verlegen. Zudem war sie überzeugt, daß es nichts nutzen würde. »Vielleicht überlegst du es dir doch noch anders«, sagte sie nur, »du wirst mir jederzeit willkommen sein.«
Danielas Augen wurden naß. »Du wirst mir so fehlen, Mutti.«
»Du mir doch auch, Liebling.«
»Dann bleib hier.«

»Das kann ich nicht. Hier habe ich keine Zukunft.«
»Mutti wird dich jeden Abend anrufen, Liebes«, versprach Helga.
»Nein, das werde ich nicht. Erstens würde es viel zu teuer. Ich kann mir das einfach nicht leisten, und zweitens lasse ich mich nicht mehr unter Druck setzen.«
»Wer hat das je getan?« rief Helga.
Katrin verzichtete darauf, zu antworten. Sie wunderte sich darüber, daß die Mutter sich so wenig selbst beurteilen konnte.

Katrin lud den Vater in ihre Wohnung ein, die ja eigentlich seine war. Sie hatte für diese Gelegenheit Rotwein und Käsecracker besorgt. Er hörte sich in aller Ruhe an, was sie ihm zu sagen hatte.
»Du gehst also einer unsicheren Zukunft entgegen«, meinte er, »aber das soll beileibe keine Warnung sein. Solange die Zukunft noch unsicher ist, ist das Leben interessant.«
»Du findest es also nicht unvernünftig, daß ich nach Hamburg ziehe?«
»Im Gegenteil, ich bin froh, daß du endlich die Kraft aufbringst, dich von deiner Mutter zu lösen. Um die Wahrheit zu sagen: ich hatte schon fast die Hoffnung aufgegeben, daß das je passieren würde.«
Katrin mußte lächeln. »Späte Rache, wie?«
»Ja, das vielleicht auch«, gab Gustav Großmann zu, »aber ich habe mir wirklich Sorgen um dich gemacht. Deine Mutter ist eine ungemein dominierende Frau. Aber wem erzähle ich das.«
»Sie hat es immer gut gemeint.«
»Nur zu gut.« Er machte eine wegwerfende Handbewegung. »Aber lassen wir das. Ich nehme an, du brauchst meine Hilfe. Ein paar Scheinchen?«
»Nein, das nicht. Aber ich will diese Wohnung hier vermieten. Doch dazu reicht meine Zeit nicht mehr.«

»Überlaß das nur mir. Nimmst du die Möbel mit?«
»Eigentlich«, gestand Katrin, »gefallen sie mir nicht mehr.«
»Dann laß sie hier. Du ersparst dir die Transportkosten und kannst eine höhere Miete verlangen.«
Katrin hätte wenigstens das Bett gerne in Hamburg gehabt, aber sie verstand, daß das nicht gut möglich war. »Nur das Seestück«, sagte sie und wies mit dem Kinn auf den heiteren, selbst entworfenen und gestickten Gobelin, »nehme ich mit.«
»Das bleibt dir unbenommen. Und natürlich solltest du auch deinen Toaster, die elektrische Kaffeemaschine und was du dergleichen mehr hast, einpacken, die Bettwäsche bis auf zwei Garnituren, Handtücher und Küchentücher, Geschirr.«
»Gute Idee, Vater. Aber ich fürchte, das Zeug kriege ich gar nicht in mein Auto.«
»Ich werde dir ein oder zwei Kisten bringen lassen. Die packst du voll, und sobald du deine neue Adresse weißt, laß ich sie mit einer Spedition nach Hamburg transportieren.«
»Ach, Vater«, sagte Katrin ganz ehrlich, »wenn ich dich nicht hätte!« – Es tat ihr weh, daß sie so viele Jahre ohne ihn hatte sein müssen. Das war etwas, dachte sie, das die Mutter nie wieder würde gutmachen können.

Die Wohnung, die Ernst Claasen ihr versprochen hatte, erwies sich als ein Häuschen in Blankenese. Am nördlichen Steilufer der Elbe lag es gedrängt zwischen anderen kleinen Häusern in der dritten Reihe von unten, aber man konnte vom ausgebauten Dachgeschoß immerhin noch den Strom und das gegenüberliegende Ufer erkennen.
Katrin war begeistert, und sie sagte es, während sie mit Ernst Claasen durch die frisch geweißten Räume und die ächzenden Holztreppen hinauf und hinunter lief. »Ich habe an so etwas nicht einmal im Traum gedacht«, rief sie, »und

doch kommt es mir vor, als hätte ich es mir mein Leben lang gewünscht.«
Er freute sich; in Jeans und einem weißen Rippenpulli sah er ganz anders aus, als sie ihn sonst gekannt hatte, jünger, lokkerer, aber auch verletzlicher.
»Wie haben Sie dieses Haus bloß aufgetrieben?« wollte sie wissen.
»Es gehört meinem Vater. Er hat hier nach seiner Pensionierung gelebt. Bis vor kurzem. Aber gegen sein Rheuma war kein Kraut gewachsen, die Treppen wurden ihm zu steil, und er ist in ein Altersheim umgezogen.«
»Warum haben Sie es dann nicht selber übernommen?«
»Weil ich nach dem Tod meiner Frau die ideale Behausung gefunden habe, ein sehr praktisches Apartment nahe der Redaktion.«
»Das wußte ich nicht«, sagte Katrin bestürzt, »ich hatte gedacht, Sie wären gegen die Ehe.«
»Gerade deshalb.«
Katrin schwang sich auf ein Fenstersims und sah ihn an; die neue Wohnung war ihr im Augenblick ganz uninteressant, sie hoffte, daß er mehr von sich geben würde.
»Sie hatte einen Autounfall«, sagte er trocken.
Katrin wollte nichts Banales sagen, wie ›schrecklich‹ oder ›oh, Sie Ärmster!‹, also schwieg sie weiter, ohne den Blick von ihm zu wenden.
»Alle dachten, ich müßte zusammenbrechen. Wir galten als ein beneidenswert glückliches Paar. Tatsächlich war mir Inge aber schon seit einiger Zeit gleichgültig geworden. Nur mit Mühe hatte ich es verbergen und die Fassade aufrechterhalten können. Es war abzusehen gewesen, wann mir das lästig geworden wäre. Nur ihr Tod hat uns eine Scheidung erspart.«
»Nein«, widersprach Katrin, »das dürfen Sie so nicht sehen. Wahrscheinlich war Ihre Ehe nur in eine Krise geraten. Wäre sie am Leben geblieben, hätte sich alles wieder eingerenkt.«

Er lächelte schief. »Hätte ich mir denken können, daß Sie es besser wissen als ich.«
»Das wollte ich nicht sagen.«
»Aber genau das haben Sie getan. Verteidigen Sie sich nicht! Ich wollte Ihnen Ihren Glauben an die Ehe auch nicht rauben, sondern Ihnen nur meine Einstellung klarmachen.«
»Ich danke Ihnen dafür.« Sie rutschte von der Fensterbank. »Darf ich mich weiter umschauen?«
»Natürlich dürfen Sie. Es sind übrigens noch ein paar alte Möbel und Gegenstände, nichts Besonderes, knapp zu schade für den Sperrmüll, vorhanden. Die guten Stücke hat Vater natürlich mitgenommen.«
Die Möbel befanden sich im Keller unter der Garage – zwei Holzstühle und ein rechteckiger Tisch, ein Sessel mit einem Sitz aus Rohrgeflecht, eine Kommode und einige hohe Bretter.
»Das ist ein Schrank«, erklärte Ernst Claasen, während er auf das Holz klopfte, »er muß wieder zusammengesetzt werden. Die Stühle und der Tisch gehören in die Küche.«
»Wunderbar! Darf ich sie übernehmen? Dann brauche ich fürs erste nur eine Matratze.«
»Ich werde Ihnen helfen, die Sachen nach oben zu bringen.«
»Nein, erst muß ich putzen.«
»Auch dabei kann ich helfen. Eimer und Schrubber habe ich irgendwo herumstehen sehen, Scheuerpulver, Spiritus und solches Zeug habe ich mitgebracht.«
»Daran haben Sie gedacht?« fragte Katrin erstaunt.
Er zuckte die Achseln. »Das war doch naheliegend.«
So machten sie sich denn an die Arbeit. Es war für Katrin ganz ungewohnt, sich gemeinsam mit einem Mann im Haushalt zu betätigen. Peter hatte niemals einen Finger gerührt. Aber das war ja auch gänzlich überflüssig gewesen.
Das Haus hatte vier Räume, im Erdgeschoß, über Garage

und Keller, ein großes Zimmer, die Küche und eine Toilette, im ersten Stock zwei kleine Zimmer – eines bestimmte Katrin in Gedanken sofort für Daniela – und ein Bad, darüber das ausgebaute Dachgeschoß mit schrägen, holzgetäfelten Wänden, das ihr Arbeitszimmer werden sollte.

Es war, wie gesagt, ein kleines Haus, und trotzdem wäre Katrin, wenn sie es allein hätte saubermachen sollen, ganz schön ins Schwitzen gekommen. Aber zu zweit schafften sie es bis zur Mittagszeit. Dann holten sie den Tisch und die Stühle in die Küche hinauf und legten eine Pause ein.

Ernst Claasen hatte vorsorglich nicht nur das Putzzeug mitgebracht, sondern auch Brot, Butter und Aufschnitt, ein Messer, zwei Keramikteller, die dazugehörigen Tassen und eine Thermosflasche mit heißem, süßem Tee.

Es wurde eine vergnügliche kleine Mahlzeit. Das Schuften hatte beiden Appetit gemacht, und die primitiven Umstände gaben ihnen Anlaß zum Scherzen.

»Komisch«, sagte Katrin, »mein Magen tut keinen Mucks.«

Er sah sie fragend an.

»Ich konnte oft wochenlang kaum etwas herunterbringen«, erklärte sie, »deshalb bin ich auch so dünn. Aber jetzt hat er sich schon seit einiger Zeit nicht mehr gerührt.« Sie lachte. »Wenn das so bleibt, werde ich bald aufgehen wie ein Hefeteig.«

»Ein paar Kilo mehr, Katrin, könnten Sie ruhig vertragen.«

»Ja, ich weiß.«

»Ich habe übrigens nie gemerkt, daß Sie irgendwelche Schwierigkeiten beim Essen hatten«, sagte er fast vorwurfsvoll.

»Denken Sie nur nicht, daß ich mich verstellt hätte, Ernst! Wenn Sie mich eingeladen haben, war mein Magen immer brav, auch bei Jean-Paul ...« Sie stockte.

»Wer ist das?«

»Mein gewesener Freund. Er aß gern und gut, und immer habe ich es vertragen.«
»Nur zu Hause, bei Ihrer Mutter, hat der Magen revoltiert.«
»Ja«, sagte sie erstaunt, »genau so war es. Es ist mir nur nie aufgefallen. Wie sind Sie darauf gekommen?«
»Es war nicht zu übersehen, daß Sie unter Druck standen.«
»Tatsächlich? Ich hatte selber nie das Gefühl.«
»Weil Sie es sich nicht klarmachten, ist es Ihnen auf den Magen geschlagen. Aber lassen wir das. Ich will nicht den Psychoamateur spielen.«
»Einverstanden.«
»Aber sollte Ihr Magen wieder einmal streiken, sagen Sie mir sofort Bescheid.«
»Wozu?«
»Damit wir der Sache auf den Grund gehen.«
»Und Sie meinen, das würde helfen?«
»Unbedingt.«
Seine hellen Augen blickten so aufrichtig besorgt, daß es ihr ganz warm ums Herz wurde.
»Wie soll es jetzt weitergehen?« fragte sie. »Praktisch, meine ich. Für die Miete werde ich aufkommen können, denke ich. Aber von meiner Mitarbeit bei der ›Libertà‹ allein kann ich nicht leben.«
»Wollten Sie nicht ein Buch schreiben? ›Schöpferisches Handarbeiten‹?«
»Jetzt?« fragte sie, fast erschrocken.
»Warum nicht? Jetzt haben Sie die Zeit dazu. Ich gebe Ihnen einen Vorschuß für den Abdruck in meiner Zeitschrift, und sobald die ersten drei Kapitel auf dem Tisch liegen, werden wir einen Buchverlag für Ihre Arbeit interessieren. Dann kommt noch einmal Geld herein.«
»Das hört sich verdammt verlockend an.«
»Darüber hinaus erwarte ich natürlich Ihre normale Mit-

arbeit bei der ›Libertà‹, und zwar, da Sie jetzt ja jederzeit greifbar sind, in erweitertem Umfang. Werden Sie das schaffen?«
Sie streckte den Arm aus und berührte über den Tisch weg seine Hand. »Ach, Ernst, ich bin Ihnen so dankbar!«
»Beweisen Sie mir, daß ich mich nicht in Ihnen getäuscht habe, Katrin! Ich habe von Anfang an gefühlt, daß viel mehr in Ihnen steckt, als Sie bisher zeigen konnten.« Er stand auf. »Aber jetzt sollten wir uns sputen. Wir müssen noch die Kommode und den Schrank nach oben bringen. Das können Sie nicht allein.«
Er wickelte den Rest des Aufschnitts und das Brot wieder ein und legte es vor das Fenster. »Sie brauchen so bald wie möglich einen Kühlschrank«, stellte er fest.
Sie räumte Teller und Tassen in das Spülbecken, und dann machten sie sich an die Arbeit. Den Sessel, die Kommode und die einzelnen Schubladen heraufzuschleppen, war noch einfach, aber für das Zusammenfügen des Schrankes brauchten sie mehr als eine Stunde. Dafür machte er sich dann auch sehr gut in dem Raum, den Katrin als ihr Schlafzimmer vorgesehen hatte.
»Ohne Sie, Herr Claasen«, sagte sie, »hätte ich das nie und nimmer geschafft.«
»Waren wir nicht schon bei unseren Vornamen gelandet?« fragte er lächelnd.
»Doch«, gab sie zu, »Ernst.«
»Meine liebe Katrin«, sagte er, »ich werde mir noch die Hände waschen, und dann muß ich Sie verlassen.«
Das kam überraschend. Sie wußte nicht, was sie erwartet hatte, jedenfalls nicht, daß er sich jetzt schon verabschieden würde. Sie hatte Mühe, sich ihre Enttäuschung nicht anmerken zu lassen.
»Oder soll ich Sie mit in die Stadt nehmen?« fragte er.
»Nein, danke, ich bleibe noch hier. Ich nehme dann später die S-Bahn.«

»Ist ohnehin praktischer.«
Sie folgte ihm die Treppe hinunter und sah zu, wie er sich die Hände wusch. Sein sonst stets glattgekämmtes blondes Haar war zerzaust, sein hageres Gesicht vor Anstrengung gerötet, und sein weißer Pulli hatte Flecken bekommen. Es war das erste Mal, seit sie ihn kannte, daß er nicht wie aus dem Ei gepellt wirkte.
Er riß ein Papiertuch von der Rolle und trocknete sich ab.
»Wir sehen uns dann Montag morgen in der Redaktion«, sagte er, »so gegen zehn Uhr.«
›Also nichts mit einem gemeinsamen Abend‹, dachte sie, aber sie verzog keine Miene. »Ich werde pünktlich sein«, erklärte sie nur. –
Später, als sie allein in dem kleinen alten Haus war, das von nun an ihre Heimstatt sein sollte, schimpfte sie mit sich selber. »Was für eine dumme Pute du doch bist, Katrin! Er hat dir beim Putzen geholfen, er hat mit dir Möbel geschleppt, er hat dir viele Stunden geopfert – das war doch viel mehr, als du je erwarten konntest! Bildest du dir etwa ein, er wird dir sein ganzes Leben widmen?«
Sie hatte doch allen Grund, froh zu sein, daß er sie nicht beschlagnahmte. Zwar gab sie sich zu, daß er ihr viel bedeutete. Seit Jean-Pauls völlig unbegründetem Eifersuchtsanfall damals hatte sie angefangen, Ernst Claasen mit anderen Augen zu sehen, ihn als Mann, nicht nur als Chefredakteur, in Betracht zu ziehen.
Aber wäre es denn richtig gewesen, von einer Liebschaft in die andere zu wechseln? Noch war ihr Schmerz über die Trennung von Jean-Paul nicht geheilt. Sie hatte sich nicht so weit von ihm gelöst, daß sie nicht ständig Vergleiche zwischen den beiden Männern angestellt hätte.
Nein, es war alles gut so, wie es gekommen war. Sie mußte dankbar für seine Zurückhaltung sein, was auch immer dahinterstecken mochte. Wahrscheinlich, dachte sie, war es Angst vor einer Bindung.

Sie spülte Teller und Tassen, wischte den Schrank und die Kommodenschubladen feucht aus. In dem Karton, in dem Ernst Claasen die Putzmittel gebracht hatte, fand sie eine Dose Politur, mußte über seine Vorsorge lächeln, und machte sich daran, die Möbel damit zu bearbeiten.
Erst als es nichts, gar nichts mehr zu tun gab, fuhr sie in die Innenstadt zurück.

Noch am gleichen Abend rief sie von der Pension aus ihre Mutter und ihre Tochter an. Beide waren nicht bereit, sich mit ihr über das hübsche Häuschen zu freuen, das sie gefunden hatte. Beide gaben sich beleidigt und abweisend. Sie ließen Katrin spüren, daß sie nicht bereit waren, ihr den Absprung in die Freiheit zu verzeihen.
»Ihr werdet einige Zeit nichts mehr von mir hören«, erklärte sie, »ich ziehe so bald wie möglich nach Blankenese um. Ein Telefon ist dort zwar vorhanden, aber es muß erst wieder angeschlossen werden. Sobald es soweit ist, gebe ich euch die Nummer.«
»Es gibt auch Telefonzellen«, erwiderte Helga spitz.
»Ja, die gibt es«, gab Katrin zurück, »ihr solltet daran denken, falls eine von euch mal allein mit mir sprechen möchte.«
»Wir haben keine Geheimnisse voreinander.«
»Ja, leider. Auch das Briefgeheimnis gilt für euch nicht.«
»Wozu auch?«
»Gib mir doch noch mal Daniela.«
»Ja, Mutti?« meldete sich das Mädchen; ihre Stimme klang sehr jung.
»Hast du mitgehört, was ich eben gesagt habe?«
»Ja.«
»Hast du es auch verstanden?«
»Ja.«
»Wenn du also mal ganz allein mit mir sprechen willst ...«

»Das will ich gar nicht.«
»Aber du solltest wissen, daß du es könntest.«
Daniela tat einen tiefen Atemzug. »Komm wieder zurück, Mutti!«
Helgas Stimme fuhr dazwischen. »Sag doch so was nicht, Liebes! Sie bildet sich bloß was darauf ein!«
»Warum läßt du Daniela nicht für sich selber sprechen?« fuhr Katrin sie an.
»Weil sie zu jung und zu dumm ist, um zu begreifen, was dich treibt.«
»Ich bin sicher, du wirst es ihr erklären.«
»Und ob.«
»Daniela, hörst du mich? Ich spreche mit dir! Auf alle Fälle wirst du in meinem Häuschen ein eigenes Zimmer haben. Wenn ich aus dem Gröbsten heraus bin, richte ich es für dich ein.«
»Was ist das Gröbste?« fragte das Mädchen.
»Ich muß hier ganz neu anfangen, verstehst du? Ich kann mir nicht mal ein Bett leisten, sondern vorerst nur eine Matratze.«
»Bist du ja selber schuld. Warum bist du abgehauen?«
»Um endlich selbständig zu werden. Aber jetzt müssen wir Schluß machen. Euch geht es gut, ja? Mir auch. Das ist die Hauptsache.«
Als Katrin auflegte, blieb ein Gefühl von Unbefriedigung und Trauer in ihr zurück. Der Preis, den sie für ihre Freiheit bezahlt hatte, war sehr hoch. Sie war entschlossen, sich und der Welt zu beweisen, daß er es wert war.

Auf der Redaktionssitzung lernte Katrin Frau Pöhls Nachfolgerin kennen, Serena Kipp, eine Frau um die Dreißig, sehr schlank, sehr hübsch und sehr energisch, und dazu eine echte Blondine. Niemand wußte etwas über die Art ihrer Ausbildung. Es hieß, daß sie, was immer auch sie studiert oder gearbeitet hatte, die letzten Jahre verheiratet gewesen

war und deshalb pausiert hatte. Die Stellvertretende behauptete, daß Serena Kipp eine alte Freundin des Chefs wäre.
Ob das nun stimmt oder nicht, befreundet waren sie jedenfalls, denn sie duzten sich. Katrin befiel eine leichte Eifersucht, die sie aber mit Erfolg bekämpfte. Ihre Gefühle hatten ja keine Rolle zu spielen, sondern es mußte ihr nur darum gehen, ihre Stellung als freie Mitarbeiterin zu behaupten, ihre Ideen durchzusetzen und möglichst viel Platz im nächsten Heft zu bekommen. Sie spürte, daß Intrigen gegen die »Neue« im Gang waren. Ellen Rieger fühlte sich zurückgesetzt und Ilse Möbius bei der Vergabe der Stellung übergangen. Das war für Katrin durchaus verständlich. Aber sie hielt es für richtiger, sich gut mit Serena Kipp zu stellen, schon weil der Chef sie favorisierte, als gegen sie zu stänkern. Eine gespannte Atmosphäre, fürchtete sie, würde die Teamarbeit nur stören.
Die Vorgänge in der Redaktion – sie brauchte nur einmal in der Woche zu erscheinen – waren ihr davon abgesehen gar nicht so wichtig. Sie brannte vielmehr darauf, mit der Arbeit an ihrem Buch zu beginnen. Sobald die Matratze geliefert worden war, zog sie in das Haus in Blankenese ein, und noch bevor sie ihre Koffer ganz ausgepackt hatte, machte sie am Küchentisch ihre ersten Skizzen. Das Manuskript wuchs im gleichen Tempo, wie das Haus wohnlich wurde. Die Kisten, die ihr Vater ihr nachgeschickt hatte, wurden ausgepackt und wanderten in den Keller. Katrin erstand einen kleinen Kühlschrank, um nicht jeden Tag einkaufen zu müssen. Bei einem Trödler fand sie einen mächtigen Schreibtisch, der ihren Anforderungen entsprach. Sie ließ ihn ins Dachgeschoß bringen, entfernte den zersplitterten und blasigen Lack und beizte die Platte. Hier oben fühlte sie sich freier als in der kleinen Küche. Sie stellte den Sessel zwar mit dem Rücken zum Fenster hin, damit das Licht auf den Schreibtisch fiel. Aber oft, wenn sie eine Pause machte,

stand sie auf und blickte hinaus auf den breiten Strom und die vorbeigleitenden Schiffe.
Sie genoß das ungezwungene Leben, das sie jetzt führte. Als sie noch in der »Strickstube« arbeitete, hatte sie jeden Tag gut angezogen sein müssen, und auch an den Wochenenden duldete ihre Mutter keine Schlamperei. Hier, in ihrem Häuschen, lief sie in Jeans oder, je wärmer es wurde, in Shorts und T-Shirts herum und verzichtete auf Büstenhalter und Strümpfe. Sie stand auf, wenn sie ausgeschlafen war, arbeitete grundsätzlich zuerst an ihrem Manuskript und machte sich, erst wenn sie ein bestimmtes Pensum geschafft hatte, ans Bettenmachen und Putzen. Anschließend, gleichsam als Erholung, fertigte sie die Handarbeiten an, die in der Zeitschrift und später auch im Buch abgebildet werden sollten. Ihr kam die Idee, sie selber zu fotografieren, und nach einigen Fehlschlägen klappte es ganz gut.
Einsam fühlte sie sich nie.
Manchmal, meist nach ihren Vorsprachen in der Redaktion, besuchte sie mit Ernst Claasen, mit Ellen Rieger oder sogar mit Serena Kipp ein Lokal. Die »Neue« war ihr dankbar und versuchte, sie ganz auf ihre Seite zu ziehen. Katrin sah sich in die Rolle der verständnisvollen Ermutigerin gedrängt. Die Rieger benutzte das Beisammensein, um über die anderen Mitglieder der Redaktion und besonders die »Neue« herzuziehen. Aber sie tat es immerhin mit so viel Humor, daß sie Katrin zum Lachen brachte. Zu einem persönlichen und guten Gespräch kam es immer nur mit Ernst Claasen.
In Hilden rief sie sehr selten an, denn die Reaktionen von Mutter und Tochter waren immer wieder niederschmetternd. Aber jeden Sonntag nahm sie sich frei und schrieb ihrer Tochter einen langen Brief voller Beobachtungen und Erinnerungen, in dem sie versuchte, ihr nahezukommen.
Ende Mai waren die ersten Kapitel ihres Manuskriptes fertig. Die »Schöpferischen Handarbeiten« waren mit Farb-

fotos und Zeichnungen sehr hübsch und sehr deutlich illustriert. Katrin war mit ihrem Werk zufrieden.
Sie schrieb einen kurzen Brief dazu. »Lieber Ernst, so weit bin ich jetzt, und ich finde es gut. Trotzdem möchte ich nicht dabeisein, wenn Sie es sich ansehen. Bitte, zeigen Sie es auch Frau Kipp. Dann können wir am Montag darüber sprechen.«
Brief und Manuskript steckte sie in einen großen Umschlag, den sie selber zur Redaktion brachte, aber beim Empfang abgab. Dann eilte sie davon, froh, daß sie niemandem außer der Velbert begegnet war, fast als hätte sie ein schlechtes Gewissen. Dabei mußte sie über sich selber lachen.

Am Sonntag morgen hatte Katrin lange geschlafen. Gleich nach dem Aufstehen hatte sie sich darangemacht, ihren Brief an Daniela zu schreiben. Das fiel ihr leichter als gewöhnlich, denn sie war sehr vergnügt.
Draußen schien die Sonne und verwandelte den meist eher trüben grauen Strom in ein glänzendes Silberband. Von den Ausflugsschiffen klangen Fetzen heiterer Musik bis ins Haus. Katrin nahm sich vor, einen langen Spaziergang zu machen.
Als es an der Haustür klingelte, war sie mehr als überrascht. Sie erwartete keinen Besuch. Ihre Nachbarn waren zwar höflich, aber sehr zurückhaltend. Von ihnen würde bestimmt niemand auf die Idee kommen, an ihrer Tür zu klingeln. Vielleicht war es ein Telegramm, dachte sie, aber wurden die nicht telefonisch durchgesagt? Sie sah auf ihre Armbanduhr. Es war zwanzig nach elf.
Wieder ertönte die Klingel. Katrin sprang auf, lief mit klappernden Sandalen die Treppe hinunter und riß die Haustür auf.
Ernst Claasen stand vor ihr. Er trug einen sehr korrekten Anzug mit einem blauen Hemd, das die Farben seiner Augen verstärkte.

»Oh, je!« rief Katrin bestürzt; sie war sich bewußt, daß sie in ihren abgeschnittenen Jeans und mit zerzaustem Haar einen ziemlich verwilderten Eindruck machen mußte.
»Das ist vielleicht eine Begrüßung!« sagte er mit einem verhaltenen Lächeln.
»Du hättest vorher anrufen sollen!« – Das Du war ihr herausgerutscht, ohne daß sie es selber merkte.
»Katrin, du bist unwiderstehlich!« – Er nahm sie in die Arme und küßte sie zärtlich.
Als er sie wieder freigab, war sie noch verwirrter.
»Willst du mich nicht hereinlassen?« fragte er.
»Doch. Natürlich. Aber bei mir ist alles durcheinander. Ich habe noch nicht aufgeräumt.«
»Das macht doch nichts.«
»Dir vielleicht nicht, aber mir.« Endlich gab sie die Tür frei. »Geh schon mal nach oben, damit ich mich wenigstens anziehen kann.«
»Aber das bist du doch.«
»Du weißt genau, wie ich es meine.«
Sie fühlte sich wehrlos und überrumpelt und war dankbar, daß er keinen erneuten Versuch machte, sie in die Arme zu nehmen. Sie hätte sich nicht zu verteidigen gewußt. Statt dessen stieg er brav vor ihr die Treppen hinauf.
Sie schlüpfte in ihr Schlafzimmer. Das Herz klopfte ihr bis zum Halse. Sie verstand nicht, warum sie sich so aufregte. Immerhin war es ihr gelungen, ihn an der ungeputzten Küche – sie hatte sich am Abend zuvor an einem Käsesoufflé versucht – vorbeizudirigieren. Ins Wohnzimmer hatte sie ihn nicht bitten können, denn dort standen noch keine Möbel.
Rasch streifte sie Jeans und T-Shirt ab und ließ sie achtlos zu Boden fallen – jetzt kam es auch nicht mehr darauf an. Als sie ihren Büstenhalter angezogen hatte, fühlte sie sich wieder sicherer. Dann wählte sie ein grau-weiß gestreiftes Sommerkleid und bürstete ihr rabenschwarzes Haar, bis es wie-

der glänzte und sich zu einer Frisur fügte. Auf Lidschatten und Lippenstift verzichtete sie, zog aber nach kurzem Überlegen doch Strümpfe und ein Paar weiße Schuhe mit halbhohem Absatz an.
Ernst Claasen saß auf dem Sessel hinter ihrem Schreibtisch, als sie das Arbeitszimmer unter dem Dach betrat. Aber er erhob sich sofort.
»Du mußt das verstehen«, sagte sie entschuldigend.
»Aber das tue ich doch.«
»Es ist einfach so, meine Schaffenskraft ist am größten, wenn ich mich vorher nicht mit Schönheitspflege, Anziehen und Hausputz verplempere.«
»Du versuchst, deine verlorene Jugend nachzuholen.«
»So? Tue ich das? Darauf wäre ich nie gekommen.«
»Die meisten jungen Leute haben mal eine Zeit, in der sie mit Unordnung und Unpünktlichkeit gegen das geregelte Leben im Elternhaus protestieren. Du hast dir das nie erlauben dürfen.«
»Ja, das stimmt«, gab sie zu. »Wie kommt es, daß du soviel über mich weißt?«
»Ich habe über dich nachgedacht.«
»Das ist sehr schmeichelhaft.«
»Du bist es mir wert.« Er setzte sich auf einen festen Koffer, der ihr als Büroschrank diente. »Fragst du dich nicht, warum ich überhaupt gekommen bin?«
Sie nahm die leere Kaffeetasse, die neben ihrer Schreibmaschine stand. »Laß mich das eben forträumen.«
»Nein, nein, das ist doch ganz überflüssig. Setz dich endlich.«
Sie nahm im Sessel Platz und überflog das Blatt, das in der Maschine steckte.
»Um dir zu gratulieren«, sagte er, »ich und Serena – das klingt unhöflich, fällt mir gerade auf, aber immerhin bin ich ja der Boß –, also, wir haben deine ersten drei Kapitel gelesen und finden sie großartig.«

»Danke, Ernst. Es tut gut, das zu hören. Obwohl ich selber den Eindruck hatte, daß sie gelungen sind – ein Rest Unsicherheit bleibt immer, bevor jemand einen bestätigt.«
»Jemand?« fragte er mit einem schiefen Lächeln.
»Ich meine dich natürlich. Dein Urteil ist mir am wichtigsten.«
»Das will ich auch hoffen. Was schreibst du übrigens da im Moment?«
»Du hast geschnüffelt?«
»Ich wollte nicht indiskret sein. Aber auf dem Platz vor deiner Schreibmaschine blieb mir kaum etwas anderes übrig als zu lesen, oder hätte ich die Augen zukneifen müssen?«
»Von einem Gentleman hätte ich das erwartet.«
»Wie du merkst, bin ich eben doch keiner. Ein Brief an deine Tochter, ja?«
»Ich schreibe ihr jede Woche. Ich ...« Sie suchte nach Worten, sich ihm zu erklären. »... ich will das Band zwischen uns nicht abreißen lassen.«
»Hoffentlich machst du dir Durchschläge.«
»Das tue ich immer. Warum fragst du das?«
»Weil ich denke, daß sich ein Buch daraus machen ließe. ›Briefe an eine verbockte Tochter‹.«
»Wen würde das schon interessieren?«
»Millionen von Müttern und Töchtern. Zwischen allen gibt es doch ähnliche Konflikte. Du versuchst sie in deinen Briefen aufzuarbeiten, wenn ich mich nicht täusche.«
»Ja, das stimmt«, gab Katrin nachdenklich zu.
»Vielleicht ließen sie sich auch in der ›Libertà‹ verwenden.«
»Nein«, sagte Katrin sehr entschieden, »das will ich nicht.«
Er versuchte nicht, sie zu überreden, sondern sah sie nur an und wartete auf eine nähere Erklärung.
»Nicht, daß du glaubst, die Zeitschrift wäre mir nicht gut genug für eine Veröffentlichung. Du weißt, wie sehr sie mir am Herzen liegt. Aber dies ist doch eine ganz private Angelegenheit zwischen mir und meiner Tochter. Ich schreibe die

Briefe nur für Daniela und will dabei nicht mit dem einen Auge auf eine möglichst große Leserschaft schielen.«
»Ich verstehe dich schon. Aber ich finde es schade. Hoffentlich ist es nicht dein letztes Wort.«
»Nein«, sagte Katrin, »das ist es nicht. Falls Daniela doch zu mir findet und falls sie dann einverstanden ist, werde ich die Durchschläge gerne mit dir durchsehen. Wahrscheinlich müßte sehr viel gestrichen werden, weil ich mich naturgemäß häufig wiederhole.«
»Einverstanden, Katrin. So machen wir es.«
Katrin wurde sich bewußt, daß sie eine schlechte Gastgeberin war. »Kann ich dir nicht etwas anbieten, Ernst?« fragte sie. »Tee? Kaffee? Saft oder ein Glas Wein?«
»Danke, ich will dich zum Essen ausführen.«
»Oh, das ist nett!« Sie sprang auf. »Dann will ich mich aber doch ein bißchen anmalen.«
Er lachte. »Ihr Frauen habt es gut. Wenn ihr schön sein wollt, greift ihr zu Pinsel und Farbstift. Und was für eine Möglichkeit haben wir armen Männer?«
»Ihr habt den unvergleichlichen Vorteil, daß ihr nicht schön zu sein braucht. Niemand erwartet das von euch. Ein schöner Mann ist den meisten geradezu verdächtig.«
»Das ist immerhin ein Trost.«
Katrin nahm die gebrauchte Kaffeetasse und ging zur Tür. »Ich bin in ein paar Minuten fertig.«
»Sag mal, wie geht es denn zu Hause?«
Katrin runzelte die Stirn. »Nicht besonders gut, fürchte ich. Meine Mutter will es zwar nicht zugeben, aber ich habe den Eindruck, daß die ›Strickstube‹ nicht mehr besonders läuft.«
»Kein Wunder. Du warst ja die Seele des Geschäfts.«

Die Dinge standen in Hilden wirklich nicht zum besten. Helga Großmann hatte geglaubt, »Die kleine Strickstube« auch ohne Katrins Hilfe genauso erfolgreich weiterführen zu können. Sie allein war es ja gewesen, die das Geschäft aus dem Boden gestampft hatte, damals, als sie in ihr Elternhaus zurückgekehrt war. Es machte ihr sogar Spaß, den Einkauf, den Katrin ihr in den letzten Jahren abgenommen hatte, diesmal allein zu tätigen. Sie deckte sich in großem Stil mit Garnen für die warme Jahreszeit ein.

Natürlich war Tilly, die ihr gelegentlich half, bei weitem nicht so tüchtig wie Katrin. Handarbeitskenntnisse hatte sie sich erst in der »Strickstube« angeeignet, aber die reichten nicht aus, um die Kunden wirkungsvoll zu beraten. Das hatte Helga einkalkuliert. Schlimmer war, und daran konnte sie sich durchaus nicht gewöhnen, die Undiszipliniertheit der jungen Person. Wenn Helga sie gerade brauchte, mußte Tilly unbedingt zum Friseur, und bei gutem Wetter zog sie es vor, mit Evchen spazierenzugehen.

Das brachte Helga auf. Mit ihrer Methode des sanften Drucks konnte sie bei Tilly gar nichts erreichen. Es kam zu bösen Auseinandersetzungen, die nichts brachten, weil beide Frauen sich im Recht fühlten.

Helga begann, sich nach einer anderen Angestellten umzusehen, aber die Frauen und Mädchen, die sich für den Job interessierten, waren entweder ungeeignet, oder sie verlangten zuviel Geld. Sie kam zu der unliebsamen Erkenntnis, daß sie Katrin wohl hätte besser bezahlen müssen.

Aber dies war nicht das Schlimmste. Schon nach ein paar Wochen mußte sie feststellen, daß eine zweite Kraft im Laden ganz überflüssig geworden war. Sie hatte kaum selber noch genug zu tun.

Die Kundinnen kamen, waren überrascht, daß Katrin nicht mehr da war, und erkundigten sich neugierig nach dem Wieso und Warum. Manchmal kam es dann zu einem amüsanten kleinen Schwatz, den Helga genoß. Aber danach blieben die Stammkundinnen, eine nach der anderen, aus. Ohne Katrin mit ihren vielen guten Ideen, ohne Katrin, die so gut erklären und jeden Fehler in Kürze finden konnte, die im-

mer bereit gewesen war, ein paar Reihen selber aufzuribbeln und neu zu stricken, hatte die »Strickstube« ihre Anziehungskraft verloren.
Das gab sich Helga zwar nicht zu. Sie sagte: »Handarbeiten scheint altmodisch geworden zu sein«, oder: »Wolle kann man auch im Kaufhaus kaufen, und da ist sie auch noch billiger.«
Aber selbst wenn sie die Ursache des Debakels richtig erkannt hätte, würde das an der traurigen Tatsache doch nichts geändert haben.
Dazu kam, daß sie auf der Straße geschnitten wurde. Frühere Kundinnen sahen über sie hinweg oder wichen ihr aus. Es war ihr klar, daß nicht Verachtung die Ursache war, sondern das schlechte Gewissen dieser Frauen, die fürchteten, um eine Erklärung für ihr geändertes Kaufverhalten gebeten zu werden. Unangenehm war es trotzdem.
Die ganze Situation bedrückte Helga, machte sie nervös und gereizt. Daniela spürte das, verstand aber die Gründe nicht, sondern bezog die Unduldsamkeit der Großmutter auf sich selber.
Noch hoffte Helga, gegen alle Vernunft, auf einen Umschwung. Sie erinnerte sich, wie mühsam das Geschäft nach seiner Gründung begonnen hatte, um dann, den Unkereien ihrer Eltern zum Trotz, doch noch zu einem Erfolg zu werden. Sie war noch nicht bereit, die Flinte ins Korn zu werfen.
Doch es war äußerst langweilig, den ganzen Tag im Laden zu stehen – oder auch es sich in einem Sessel mit einem Buch bequem zu machen, wie sie es sich in letzter Zeit herausnahm –, wenn die Türglocke niemals bimmelte.
Als Katrin noch klein gewesen war, war sie gleich nach der Schule ins Geschäft gekommen und hatte den ganzen Tag dort verbracht, hatte ihre Schulaufgaben im Hinterzimmer erledigt oder Helga im Laden Gesellschaft geleistet. Hier hatte sie unter der Anweisung der Mutter die ersten größe-

ren Stücke, Schals und Strümpfe, gestrickt und gehäkelt. Auch an stillen Tagen, wenn nur wenige Kunden kamen, war die Zeit schnell vergangen.
Aber Daniela wollte das nicht. Handarbeiten interessierten sie nicht. Die Schulaufgaben machte sie lieber auf ihrem Zimmer – bei Radiomusik, was eigentlich verboten war –, und danach spielte sie bei schönem Wetter mit Ilse und Tanja auf der Straße, im Park oder in Hinterhöfen. Wenn es regnete, hockte sie vor dem Fernseher.
Es kam zu Zusammenstößen. Doch Daniela begriff gar nicht, was die Großmutter eigentlich von ihr wollte, und Helga war es nicht gegeben, sich zu ihrer Einsamkeit zu bekennen und das Mädchen zu bitten, bei ihr zu bleiben. Helga konnte ihren Wunsch nur damit begründen, daß Daniela unter ihrer Aufsicht besser arbeiten würde, und Daniela empfand ihn als schikanös und einen Versuch, ihre Freiheit zu beschneiden.
Unausweichlich kam es zu dem Punkt, an dem Helga einsehen mußte, daß es so nicht weiterging. Ihr Geschäft brachte ihr keinen Gewinn mehr, sondern nur noch Verluste ein. Sie verbrachte schlaflose Nächte und sehnte sich nach einem Menschen, der ihr mit Rat und Tat zur Seite stände. Aber es gab niemanden. Sie mußte allein mit der verfahrenen Situation fertig werden. Aber noch war sie stark genug, es zu schaffen. Sie entschloß sich, das Geschäft aufzugeben, einen Ausverkauf für die Waren anzumelden und die Räume zu vermieten. Es war ein schmerzlicher Entschluß, doch zum Glück war er sehr leicht zu verwirklichen.
Eines Tages verkündete sie beim Mittagessen: »Ich habe eine gute Nachricht, mein Liebes!«
»Was denn?« fragte Daniela mit leichtem Mißtrauen.
»Ich schließe das Geschäft.«
Daniela, die die Schwierigkeiten der Großmutter zwar geahnt, aber nicht wirklich begriffen hatte, war überrascht.
»Wovon sollen wir dann leben?«

»Ich vermiete die Räume an eine Parfümerie. Das bringt fast soviel ein wie die ›Strickstube‹ in ihren besten Zeiten. Da deine Mutter mir nun nicht mehr auf der Tasche liegt, können wir gut damit auskommen.«
»Mutti hat doch für dich gearbeitet.«
»Aber wie man jetzt sieht, hat es im Grunde nichts gebracht.«
Daniela spürte, daß dieser Angriff ungerecht war. »Aber dafür konnte sie doch nichts. Du warst schließlich die Chefin.«
»Mußt du immer so widerborstig sein, Liebes?« fragte Helga mit sanfter Stimme.
»Entschuldige, Oma, ich versteh' das bloß nicht.«
»Brauchst du ja auch nicht. Laß mich nur machen. Jedenfalls werde ich in Zukunft viel mehr Zeit für dich haben.«
Daniela wurde es ein wenig blümerant bei dieser Vorstellung, ließ es sich aber nicht anmerken, weil sie die Großmutter nicht unnötig reizen wollte.
Doch als Katrin am selben Abend anrief, sagte sie hastig: »Oma gibt das Geschäft auf! Findest du das gut?«
»Ist das wirklich wahr?«
Helga nahm Daniela den Hörer aus der Hand. »Ja, du hast ganz richtig gehört. Ich vermiete die Räume.«
»Das ist eine sehr gute Idee. Dann mußt du dich nicht mehr so plagen. Aber vergewissere dich, daß der Mieter seriös ist.«
»Keine Sorge. Es ist eine sehr starke Parfümeriekette.«
»Und sieh zu, daß du einen langfristigen Vertrag bekommst.«
»So klug bin ich selber.«
»Natürlich bist du das, Mutter. Ich weiß doch.«
»Ich werde einen Ausverkauf machen. Hoffentlich kommt was dabei heraus.«
»Waren, die du noch nicht bezahlt hast, kannst du noch an die Hersteller zurückgeben. Überhaupt würde ich versuchen, mich mit denen zu einigen, selbst wenn du drauf-

zahlen mußt. Das wird beim Ausverkauf ja nicht anders sein, aber auf diese Weise wirst du größere Posten los.«
»Zerbrich dir nur nicht meinen Kopf!«
Tatsächlich war Katrin nicht mehr sehr von der Geschäftstüchtigkeit ihrer Mutter überzeugt, aber sie sagte nur: »Das tut man doch unwillkürlich.« –
Katrin war nicht überrascht, als sie bei einem Anruf Wochen später erfuhr, daß Helga auf einem immer noch beträchtlichen Teil ihrer Ware sitzengeblieben war. »Aber ich bin sicher, du kannst sie brauchen«, erklärte Helga munter, »du hast doch das Talent, auch noch den letzten Dreck zu verwerten.«
»Falls das ein Kompliment sein soll, bedanke ich mich.«
»Also, nimmst du mir die Restposten ab?«
»Nicht gegen Geld, wenn du das erwartest.«
»Ich dachte, du verdienst so gut.«
»Stimmt schon. Aber ich muß mich doch von Grund neu einrichten.«
»Wenn ich die Posten umsonst abgeben soll, kann ich sie genausogut auf den Müll werfen.«
»Ja, das kannst du«, erwiderte Katrin gelassen, »und du sparst dir dadurch die Transportkosten.« – Natürlich wußte sie, daß Helga das, genausowenig wie sie selber, über sich bringen würde, und überlegte schon, daß sie die Restposten sortieren und in den Kisten im Keller aufbewahren konnte.
»Und wie geht es Daniela?« fragte sie.
»Ich gebe sie dir.«
Danielas helle Stimme ließ sich hören. »Alles okay, Mutti! Wir fliegen dieses Jahr nach Mallorca.«
»Wie schön für euch.«
»Wir bleiben dort die ganzen Ferien.«
»Hättet ihr nicht Lust, einen Abstecher nach Hamburg zu machen und mich zu besuchen? Vielleicht für eine Woche oder vierzehn Tage?«
»Aber, Mutti, das ist doch eine ganz andere Richtung!«

Katrin hätte ihrer Tochter sagen mögen, daß man im Leben die Richtung auch ändern kann. Aber sie ließ es dabei bewenden. Es war offensichtlich, daß Daniela keine Lust hatte, zu ihr zu kommen. Sie dazu zu drängen wäre, Katrins Ansicht nach, unsinnig gewesen.
Sie wollte es nicht wahrhaben, doch Danielas spontane Absage hatte sie tief verletzt.

Katrin und Ernst Claasen gingen nicht sehr oft zusammen aus, aber wenn sie es taten, fühlten sie sich wohl miteinander. Als er sie zu einem Besuch der Hamburger Staatsoper einlud, freute sie sich. Sie war nicht gerade ein Opernfan, aber sie liebte klassische Musik.
Es wurde »Der Rosenkavalier« von Richard Strauß und Hugo von Hofmannsthal gegeben. Sie saßen nebeneinander in einer Loge, und die wunderbaren Klänge bezauberten sie. Bei der ersten großen Walzerszene, heiter und melancholisch zugleich, suchte sie seine Hand, und er umschloß ihre Finger mit warmem, festem Griff bis zum Ende des Aktes.
In der Pause spazierten sie, innerlich durch das Musikerlebnis gehoben, durch die festlich gekleidete Menge. Er in schwarzem Anzug mit weißem Rüschenhemd, sie in einem sehr schlichten Kleid aus schimmerndem schwarzem Samt, das ihre schmale Taille und ihren schönen Busen voll zur Geltung brachte, waren sie sich bewußt, ein sehr gutaussehendes junges Paar zu sein. Er grüßte hierhin und dorthin, erläuterte Katrin, wem sie begegnet waren, und machte sie mit einem sehr distinguierten älteren Ehepaar bekannt.
Katrin fühlte sich auf der Höhe des Lebens. Ihr Buch gedieh, sie hatte dafür einen Verleger gefunden und einen Vorschuß erhalten. Auf der Redaktion hatte sie an Achtung und Einfluß gewonnen, und an Ernst Claasens Seite fühlte sie sich als Persönlichkeit.
Plötzlich zuckte sie zusammen. Sie hatte Jean-Paul in der Menge entdeckt. Er sah, mit seinem Bärtchen, der gesunden

Gesichtsfarbe und den dunkelblonden Locken, immer noch sehr gut aus. Aber sein Anzug aus hellgrauer Rohseide war zu auffallend, die breite gelbe Krawatte zu grell. Oder war es das Mädchen, mit dem er plauderte, das ihn so alt erscheinen ließ? Es war blond und zierlich und sehr jung – knappe zwanzig Jahre, schätzte Katrin.
Rasch hatte sie sich gefaßt und wollte weitergehen.
Aber Ernst Claasen hatte ihre Erschütterung bemerkt. »Was ist?« fragte er. »Was hast du?«
Sie hatte nicht darüber sprechen wollen, aber plötzlich schien ihr jedes Verschweigen sinnlos. »Da vorne«, sagte sie, »schau jetzt nicht hin, steht ein Mann, der mir sehr viel bedeutet hat.«
»Jean-Paul?«
»Genau der. Komm! Tun wir so, als wär' nichts.«
»Aber warum denn? Ich würde ihn gern kennenlernen.«
Sie zögerte, bevor sie sich entschied. »Wie du willst.« Hocherhobenen Kopfes steuerte sie auf Jean-Paul los.
Er stand nahe einer Säule, ein Glas in der Hand, und versprühte Charme auf seine junge Begleiterin, die bewundernd zu ihm aufschaute. Er bemerkte Katrin nicht, bis sie dicht vor ihm stand.
»Hallo, Jean-Paul!« sagte sie lächelnd. »Reizender Zufall, sich hier zu treffen.«
Er schrak so sehr zusammen, daß sein Glas überschwappte. »Du hier?« fragte er töricht; da er sie nie beim Namen genannt hatte, fehlte ihm jetzt die Anrede.
»Es sieht ganz so aus!« erwiderte sie amüsiert. »Darf ich dich mit Ernst Claasen bekannt machen? Chefredakteur der ›Libertà‹? Ernst, das ist der berühmte Jean-Paul Quirin.«
Die beiden Männer verbeugten sich knapp, Ernst Claasen mit einem verhaltenen Lächeln.
Jean-Paul war deutlich verärgert. »Also doch!« sagte er.
»Was meinst du damit?« fragte Katrin sanft, obwohl sie sehr gut verstanden hatte.

»Mein Verdacht war also berechtigt.«
»Ach, weißt du«, sagte sie gelassen, »denk, was du willst. Mittlerweile ist es mir völlig egal.«
»Ich wünsche Ihnen weiterhin einen schönen Abend!« fügte Ernst Claasen mit ausgemachter Höflichkeit hinzu.
Dann wandten Katrin und Ernst sich ab und schlenderten davon.
»Ist es sehr indiskret zu fragen, was der Gute mit seiner Bemerkung meinte? Womit will er recht behalten haben?«
Katrin erzählte es ihm.
»Dann muß ich ihm ja tatsächlich dankbar sein. Es scheint, er hat dich dazu gebracht, mich als Mann zu sehen.«
»Und wann hast du zuerst die Frau in mir gesehen und nicht nur die freie Mitarbeiterin?«
»Vom Augenblick an, als du zum ersten Mal in der Redaktion aufkreuztest. Du trugst ein rosenholzfarbenes Kostüm mit einem weißen Seidenpulli.«
»Das weißt du noch?« fragte sie beeindruckt.
»Ich weiß alles«, versicherte er.
Der zweite Akt war genauso anrührend wie der erste, die Handlung steigerte sich, und die Musik wurde noch mitreißender. Aber an Katrin und Ernst rauschten die Ereignisse auf der Bühne und die Musik vorbei. Sie waren innerlich nicht mehr bereit, sich verzaubern zu lassen, sondern ihre Seelen waren nur noch einander zugewandt.
»Ich schlage vor, wir schenken uns den letzten Akt!« sagte er bei Beginn der letzten Pause. »Oder wärst du sehr böse?«
»Gar nicht«, stimmte sie rückhaltlos zu, »ich mag die Szene sowieso nicht, wo sie den armen alten Ochs von Lerchenau so foppen. Vielleicht hat er es verdient. Aber ich fand es trotzdem immer gemein.«
Sie holten ihre Garderobe, er half ihr in ihren Umhang, und sie traten auf die nächtliche Straße hinaus. Der Abend war kühl und ein wenig diesig.
»Und wohin gehen wir jetzt?« fragte er.

»Nimm mich mit zu dir!«
»Willst du das wirklich?
»Ja, Ernst.«
»Aber ich verspreche dir nichts.«
»Du hast so viel gehalten, daß ich kein Versprechen von dir brauche.«
Sie küßten sich unter einer Laterne, bis ihre Sehnsucht ins Unermeßliche stieg. –
Sie blieb die ganze Nacht bei ihm, und als sie in der Frühe nach Hause fuhr, lag die graue Stadt im rosigen Schimmer der Morgenröte.

Daniela genoß ihre Ferien auf Mallorca. Sie wohnte mit ihrer Großmutter im »Plaza«, einem guten, gepflegten Hotel mit einem riesigen Swimmingpool unter Palmen. Es gab Kinder jeder Altersstufe dort, Jungen und Mädchen, und sie hatte sofort Anschluß gefunden. Den ganzen Tag tummelte sie sich im Wasser, am Strand und auf dem Spielplatz. Nur zu den Mahlzeiten und zum Schlafen trudelte sie bei der Großmutter ein.
Auch Helga genoß die Ferien, auch sie machte Bekanntschaften, aber anders als bei Daniela blieb es immer nur bei vereinzelten Gesprächen, einem netten Abend oder einem gemeinsamen Ausflug. Ansonsten aalte sie sich in der Sonne oder im Schatten, schwamm mehrmals am Tag eine Runde, las viel und handarbeitete. Noch gab sie es sich nicht zu, aber sie begann sich zu langweilen.
Auch früher hatten Katrin und sie die Ferien stets so geplant, daß vor allem Daniela ihren Spaß hatte. Aber sie waren doch immer zwei Frauen gewesen, die sich ihre Gedanken mitteilen und über die gleichen Dinge lachen konnten. Jetzt, zum ersten Mal, war Helga allein.
Sie fand, daß sich Daniela wenigstens hin und wieder von ihrer Clique hätte trennen und ihr Gesellschaft leisten können. Aber Daniela dachte gar nicht daran.

Einmal versuchte Helga, sie zu einem Kartenspiel zu animieren.
Aber Daniela lehnte ab. »Bei dem Wetter? Das ist doch nur was für kalte Wintertage.«
Helga mochte sich nicht aufdrängen, also wiederholte sie diesen Vorschlag kein zweites Mal.
Auch als von der Hotelleitung ein Tagesausflug auf die Sierras de Levante organisiert wurde, war Daniela nicht zu bewegen mitzukommen. »Im Bus wird mir schlecht«, behauptete sie.
»Halb so schlimm«, entgegnete Helga, »dafür bekommst du die berühmte ›Cueva del Drach‹, eine riesige Kalksteinhöhle, zu sehen. Das lohnt sich ganz bestimmt.«
»Markus hat die Tour vor ein paar Tagen mit seinen Eltern gemacht. Markus sagt, es wäre stinklangweilig gewesen.«
Helga hätte ihrer Enkelin gern erklärt, was sie von ihrer Freundschaft zu diesem Markus, einem groben, großen, schlechterzogenen Jungen hielt. Aber da sie wußte, daß sie durch eine derartige Bemerkung Daniela nur gegen sich aufbringen würde, unterließ sie sie. Am Ende der Ferien würde diese Verbindung sowieso für immer unterbrochen sein, also lohnte es sich nicht, deswegen den Mund aufzumachen.
»Ich verstehe ja, daß du lieber mit den anderen herumtollst«, sagte sie, »und du sollst ja auch deinen Spaß haben. Es sind schließlich deine Ferien. Aber denkst du denn gar nicht an mich?«
»Natürlich tue ich das. Von mir aus kannst du ruhig mitfahren. Ich komme schon allein zurecht.«
»Aber wenn mir nun etwas zustößt.«
Daniela riß die schwarzen Augen auf. »Zustößt? Was denn?«
»Würde es dir dann nicht ewig leid tun?«
»Du tust gerade so, als würdest du zu einer Expedition ins wilde Turkistan aufbrechen. Dabei geht es doch nur um einen harmlosen Ausflug.«

»Ich behaupte ja auch nicht, daß ich mich in Lebensgefahr begebe. Aber ich könnte doch ausrutschen und mir ein Bein brechen oder auch nur einen Fuß verstauchen.«
»Und wenn ich dabei bin, kann dir das nicht passieren?«
»Du könntest dich um mich kümmern.«
»Das kann der nette Carlos ...« – Carlos war der Chauffeur. –
»... viel besser als ich.«
Helga mußte einsehen, daß sie, ohne Befehlsgewalt auszuüben, bei dem Mädchen nichts erreichen würde. Immerhin war es ihr gelungen, der Enkelin den Tag zu verderben. Daniela war sensibel genug, um beunruhigt zu sein, und als der Bus nicht zur vorgesehenen Zeit zurückkam, geriet sie fast in Panik. Daß sie sich gezwungen sah, ihre Angst vor Markus und den anderen Gefährten, die sie bestimmt nur ausgelacht hätten, zu verbergen, machte es noch schlimmer.
Als der Bus dann mit halbstündiger Verspätung vor dem Hotelportal hielt und alle Gäste heil und gesund, schwatzend und lachend, ausstiegen, wäre Daniela der Großmutter fast vor Freude und Erleichterung um den Hals gefallen. Das war ihre erste Regung. Die zweite kam ihr völlig unerwartet: wilder Zorn, weil sie sich umsonst Sorgen gemacht hatte. Sie kam sich vor wie an der Nase herumgeführt.
Helga ahnte nicht, was in dem Mädchen vorging; sie interessierte sich im Augenblick auch gar nicht dafür. Auf der Fahrt in die Sierras war sie mit einem älteren Ehepaar ins Gespräch gekommen, den Terbrügges, beide Pensionisten und, wie Helga, mit ihren Enkelkindern auf Mallorca. Auch die hatten keine Lust gehabt, den Ausflug mitzumachen, was die Terbrügges ganz normal fanden und was Helga besänftigte.
»Wir fahren jedes Jahr mit unseren Enkeln in Urlaub, damit unsere Kinder auch mal etwas allein zusammen unternehmen können«, hatte Frau Terbrügge erzählt, »das ist gut für den Familienfrieden.«

»Aber unser eigener Urlaub«, hatte ihr Mann hinzugefügt, »kommt erst noch. Wir gehen im Herbst auf Weltreise.«
»Wäre das nicht auch was für Sie, Frau Großmann?«
»Nein. Unmöglich. Daniela lebt bei mir.«
»Das ist schade.«
Zum ersten Mal hatte Helga empfunden, daß sie durch ihre Verantwortung für Daniela unangemessen gebunden war.
Ansonsten verliefen die Ferien ohne besondere Zusammenstöße. Jede verlebte sie für sich.
Der große Krach kam erst, als sie schon vierzehn Tage wieder zurück in Hilden waren.
Daniela kam eines Mittags sehr bedrückt aus der Schule. Helga versuchte herauszubringen, was geschehen war, aber das Mädchen reagierte mundfaul.
Nach dem Essen weigerte sie sich, in der Küche zu helfen.
»Tut mir leid, Omi, ich habe heute einfach keine Lust abzutrocknen.«
»Bist du krank?« Helga legte ihr prüfend die Hand auf die Stirn. »Keine Spur von Fieber.«
Daniela wich rasch mit dem Kopf zur Seite. »Ich habe ja auch nicht behauptet, daß ich krank bin«, erklärte sie mürrisch, »ich habe nur einfach keine Lust.«
»Was soll das heißen? Hausarbeit ist keine Sache der Lust, sondern der Pflicht.«
»Ich habe ja nicht gesagt, daß ich nie mehr helfen will. Bloß heute nicht.«
»Was willst du denn sonst tun?«
»Mich ein bißchen hinlegen.«
»Am hellen Tag? Du bist doch kein Baby mehr.«
»Aber ich bin müde.«
»Ich bin auch manchmal müde, Liebes. Trotzdem tue ich immer, was getan werden muß.«
Daniela lümmelte sich gegen die Tür. »Kann ich mich jetzt hinlegen?«

»Wie würde es dir gefallen, wenn eines Tages kein Essen auf dem Tisch stünde?«
»Dann würde ich mir ein Butterbrot machen oder 'ne Tüte Pommes holen.«
»Daniela«, sagte die Großmutter betroffen, »so kenne ich dich ja überhaupt nicht. Was ist bloß in dich gefahren?«
»Na schön, wenn du es genau wissen willst ...« Daniela verlor die Beherrschung. »... ich hab 'ne Sechs in Mathe geschrieben!« Sie stürzte in ihr Zimmer und knallte die Tür hinter sich zu.
Helga war entsetzt.
Aber während sie den Abwasch machte, hatte sie Zeit, sich zu beruhigen und zu überlegen. Eine schlechte Note war schließlich kein Beinbruch. Es sprach ja nur für Daniela, daß sie sich so darüber aufregte. Helga räumte das Geschirr fort, cremte sich die Hände ein, klopfte ans Zimmer ihrer Enkelin und trat ein.
Sie hatte erwartet, daß Daniela heulend auf ihrer Bettcouch liegen würde. Statt dessen saß sie im Schneidersitz darauf, hatte ihre Kopfhörer auf und hörte Musik.
Entschlossen stellte Helga den Apparat ab.
Daniela schrak zusammen. »Was ist?«
Helga setzte sich auf die Bettkante. »Ich denke, wir sollten mal in Ruhe über alles reden.«
»Wozu?«
»Wir müssen überlegen, was da zu machen ist.«
»Das nützt doch nichts.«
»Du hast eine Arbeit verpatzt. Das läßt sich natürlich nicht ungeschehen machen. Aber wir können dafür sorgen, daß das nicht noch einmal passiert.«
»Wie denn?«
»Zeig mir mal, wo du in Mathematik bist. Vielleicht kann ich dir helfen.«
»Das fehlte noch.«
Helga brauste auf. »Du bist unverschämt!«

»Kann ich nicht finden.«
Helga erhob sich. »Jetzt hör mal zu, Liebes. Ich opfere mich für dich auf...«
»Du mischst dich in alles ein, Oma. Jetzt auch noch in meine Schulangelegenheiten.«
Helga sah ein, daß dieser Vorwurf nicht ganz unberechtigt war. Seit ihr Geschäft geschlossen war, hatte sie sich mehr als früher um Daniela gekümmert. Sie hatte versucht, ihre Fürsorge zu dämmen, aber es war ihr anscheinend schlecht gelungen. »Es tut mir leid, daß du das so empfindest«, sagte sie und spürte selbst, wie lahm das klang, »aber du bist eben noch zu klein, um mit allem allein fertig zu werden.«
»Mit allem will ich ja auch gar nicht. Aber wenigstens mit der Schule. Ich habe gleich gewußt, daß du ein Riesentrara wegen dem Sechser machen würdest.«
»Vielleicht solltest du Nachhilfeunterricht nehmen.«
»Wegen einer verkorksten Arbeit? Quatsch.«
»Sprich nicht in einem solchen Ton zu mir! Dazu hast du kein Recht.«
»Und du hast kein Recht, auf mir rumzutrampeln, nur weil ich mal eine Arbeit verhauen habe.«
»Deine Mutter hat deine Erziehung in meine Hände gelegt.«
»So? Hat sie das? Das ist mir gar nicht aufgefallen.«
Unwillkürlich seufzte Helga auf. »Oh, mein Liebes, was soll ich bloß mit dir anfangen?«
»Mich in Ruhe lassen. Das ist doch nicht zuviel verlangt.«
»Aber die Schule ist doch so wichtig.«
»Für mich nicht«, gab Daniela aufsässig zurück.
Helga glaubte nicht recht gehört zu haben. »Was hast du da gesagt?«
»Du hast mich sehr gut verstanden, Oma. Ich will Schauspielerin werden.«
Helga wurden die Knie weich; sie zog den Schreibtischstuhl zu sich heran und ließ sich darauf niedersinken. »Schauspie-

lerin!« wiederholte sie fassungslos. »Wie kommst du nur auf so etwas Verrücktes?«
»Ich weiß, daß ich das kann. So eine wie die ›Eliza‹ kann ich auch spielen. Genausogut.« – Daniela sprang von der Bettcouch und legte mit einer Imitation der Blumenverkäuferin los.
Helga hatte nicht die geringste Lust, sich das anzuhören. »Du bist größenwahnsinnig!« unterbrach sie sie. »Größenwahnsinnig wie dein Vater.«
Daniela verstummte von einer Sekunde zur anderen und sah Helga aus großen Augen an.
Helga fing sich wieder. »Entschuldige, daß ich das gesagt habe, Liebes. Aber dein Vater war wirklich solch ein Träumer. Du mußt aufpassen, daß du nicht nach ihm gerätst.«
»Du hast ihn nie gemocht.«
»Mit ›mögen‹ hat das nichts zu tun.«
»Gib doch zu: du warst gegen ihn.«
»Ich habe ihn und deine Mutter bei mir aufgenommen. Ohne mich wären sie vor die Hunde gegangen.«
Daniela ließ sich nicht beeindrucken. »Vielleicht«, sagte sie, »vielleicht aber auch nicht.«
»Sie wären verhungert.«
»Glaube ich nicht. Bei uns verhungert niemand. Wir leben ja nicht in Afrika.«
Helga erhob sich wieder. »Es besteht überhaupt kein Grund, diese ganze traurige Geschichte noch einmal aufzurollen.«
»Was war denn so traurig daran? Daß er mit dem Auto verunglückt ist? Das kann doch jedem passieren.«
»Daß er unfähig war, für dich und deine Mutter zu sorgen.«
»Und das hast du ihm so lange unter die Nase gerieben, bis er durchgedreht und mit dem Auto gegen den nächsten Brückenpfeiler geknallt ist.«
»So war es nicht.«

»Wie denn?«
»Du bist zu klein, um das zu erfahren.«
»Ich will es aber jetzt wissen! Immer kriegt ihr so komische Gesichter und redet ganz künstlich, wenn ihr über meinen Vater sprecht. Meinst du, ich hätte das nicht längst gemerkt? Ich will jetzt endlich wissen, was mit ihm los war.«
»Vielleicht«, sagte Helga, schon halb überzeugt, »wäre es wirklich das beste, es dir zu erzählen. Damit du endlich beginnst, die Dinge realistisch zu sehen.«
»Nun sag schon!« drängte Daniela.
»Er hat sich das Leben genommen.«
Daniela verschlug es für einen Moment die Sprache. »Was?« krächzte sie dann.
»So war es«, bestätigte Helga.
»Bist du ganz sicher?«
»Ja.« Mit einer Grausamkeit, derer sie sich selber schämte, fügte sie hinzu: »Mit Schlaftabletten. In einem Kölner Hotel. Deine Mutter mußte ihn identifizieren.«
»Und warum? Warum hat er das getan?«
»Weil er einsehen mußte, daß er ein Versager war.«
»Nein«, erklärte Daniela mit Entschiedenheit, »nein, das glaube ich nicht.«
»Man verändert die Tatsachen nicht, indem man sie nicht wahrhaben will. Das ist auch etwas, das du noch lernen mußt, Liebes.«
»Du lügst!« schrie Daniela außer sich.
Helga mußte sich beherrschen, ihr nicht in das glühende Gesicht zu schlagen. »Frag deine Mutter!«
»Das werde ich!« – Daniela wollte aus dem Zimmer stürzen.
Helga hielt sie zurück. »Du brauchst nicht zur Post zu gehen. Du kannst von hier aus telefonieren. Ich höre nicht zu.«
Daniela zögerte. »Von mir aus kannst du ruhig zuhören.«
»Dann ruf jetzt an!«

Danielas Hände zitterten, als sie die Nummer in Blankenese wählte. Sie ließ es lange läuten. Aber niemand kam an den Apparat.
»Heute ist Montag«, erinnerte sie sich, »das ist der Tag, an dem sie im Verlag ist.« Sie legte auf und wählte die Nummer der ›Libertà‹.
»Willst du nicht lieber bis heute abend warten?« fragte Helga, der es plötzlich besser schien, Zeit zu gewinnen.
Daniela schüttelte den Kopf. »Ich will meine Mutter sprechen«, verlangte sie, als sich am anderen Ende der Leitung Frau Velbert mit dem Namen der Redaktion meldete, »Frau Katrin Lessing.« –
Die Sitzung war beendet, aber Ernst Claasen, Frau Rieger, Serena Kipp, Ilse Möbius und Katrin waren noch im Konferenzzimmer beisammen, plauderten Privates und versuchten sich zu entspannen. Wie meist waren die Gegensätze heftig aufeinandergeprallt.
Das Telefon klingelte, Ernst Claasen nahm ab, lauschte und gab den Hörer an Katrin weiter. »Für dich.«
Katrin hörte die aufgeregten Fragen ihrer Tochter. »Nein«, sagte sie, »dein Vater war kein Versager, natürlich nicht. Er hat Pech gehabt, es war eine ganz unglückselige Situation. Viele Dinge sind zusammengekommen. Ich habe mich falsch verhalten, vieles falsch verstanden. Wir alle haben Fehler gemacht. Er war ein wertvoller Mensch, das mußt du glauben, und ich habe ihn über alles geliebt.«
»Aber Oma hat ihn gehaßt.«
»Sagt sie das?«
Die anderen merkten, daß es sich um ein sehr privates Gespräch handelte, und zogen sich, bis auf Ernst Claasen, taktvoll zurück.
»Mutti«, brach es aus Daniela heraus, »ich will nicht länger bei ihr bleiben. Darf ich zu dir kommen?«
»Natürlich, Danny. Ich warte ja nur auf dich.«
»Sprich, bitte, mit Oma!«

Helga meldete sich.
»Ich nehme an, du weißt, um was es geht«, sagte Katrin.
»Ich schicke dir deine Tochter gleich morgen mit dem Zug. Sie wird ja einiges Gepäck dabeihaben.«
»So einfach geht das plötzlich?«
»Aber mach ihr, bitte, klar, daß sie nicht mehr zu mir zurück kann. Nie mehr.«
»Und was hast du jetzt vor, Mutter?«
»Mach dir um mich nur keine Sorgen. Als erstes werde ich jetzt eine Weltreise unternehmen. Ich werde meine Freiheit genießen. Ich kann gar nicht mehr verstehen, wieso ich mich all die Jahre für euch aufgeopfert habe.«
»Du rufst mich noch einmal an, sobald du den Zug weißt?«
»Ja, sicher.«
Sie legten beide gleichzeitig auf.
»Das kam plötzlich«, sagte Ernst Claasen mit einem verhaltenen Lächeln.
»Ja, stimmt. Aber ich freue mich wahnsinnig. Aber ein bißchen ängstlich bin ich auch.«
»Wir werden sie gemeinsam vom Zug abholen.«
»Das ist sehr lieb von dir, aber ...«
»Es ist richtig so, glaub mir. Ich will nicht, daß sich an unserer Beziehung etwas ändert. Auf diese Weise ersparen wir uns alle diplomatischen Schachzüge. Sie soll sofort klipp und klar erfahren, daß ich dein Freund bin.«
Sie nahm die Brille ab und sah ihm lächelnd in die Augen.
»Ich gebe zu, das trifft nicht den Punkt«, fügte er hinzu, »tatsächlich bin ich ja doch wohl mehr als ein Freund, Katrin – ich bin der Mann, der dich liebt.«